Moriz Schmidt

Pindar´s Olympische Siegesgesänge

Salzwasser

Moriz Schmidt

Pindar´s Olympische Siegesgesänge

1. Auflage | ISBN: 978-3-84605-586-1

Erscheinungsort: Frankfurt, Deutschland

Erscheinungsjahr: 2020

Salzwasser Verlag GmbH

PINDAR'S SIEGESGESÆNGE

MIT PROLEGOMENIS

UEBER

PINDARISCHE KOLOMETRIE UND TEXTKRITIK

VON

MORIZ SCHMIDT.

ERSTER BAND.

JENA

MAUKE'S VERLAG

(HERMANN DUFFT)

1869.

PINDAR'S

OLYMPISCHE SIEGESGESÆNGE

GRIECHISCH UND DEUTSCH

VON

MORIZ SCHMIDT.

JENA

MAUKE'S VERLAG

(HERMANN DUFFT)

1869.

THEODOR BERGK

ZU

FREUNDLICHER ERINNERUNG

AN

DIE TAGE IN REINHARTSBRUNN.

———

Vorwort.

Wie wohl ich im Princip ein abgesagter Feind aller umständlichen Vorreden bin, welche, für den gewissenhaften Leser des Buchs entbehrlich, oft nur geschrieben zu sein scheinen, leichtfertige Recensenten der Mühe aufmerksamer Lectüre zu überheben, wozu der Autor am wenigsten Veranlassung hat, bin ich doch im gegenwärtigen Falle sowohl durch die eigenthümliche Einrichtung und Anordnung meines Buches, als auch durch die oppositionelle Stellung, welche dasselbe theils der bisherigen Bearbeitung der antiken Metrik, theils der hergebrachten Uebersetzungsmanier klassischer Poesien gegenüber einnimmt, genöthigt, auf einigen bevorwortenden Blättern nicht nur noch mancherlei zur Sprache zu bringen, was, wenn gleich recht eigentlich zur Sache gehörig, doch innerhalb der Einleitung selbst nicht füglich Platz finden konnte, sondern auch die Aufgaben und Ziele, welche meiner festen Ueberzeugung nach unsre metrischen Studien in Zukunft ins Auge zu fassen haben, etwas näher zu bezeichnen.

Der erste Band dieses Werkes, welches hiermit den Freunden Pindars sowohl, wie antiker Tonschöpfungen überhaupt vorgelegt wird, zerfällt in drei gesonderte Abtheilungen, eine metrisch-musikalische Einleitung, einen textkritischen Abschnitt, und den Versuch einer Uebersetzung der olympischen Oden in modernen Rhythmen, welcher zur Bequemlichkeit mit dem Originale vertrauter Leser der von kurzen kritischen Anmerkungen begleitete Text gegenübergestellt ist.

Ueber diesen Text genügen wenige Worte. Er hält sich streng an die sehr reine handschriftliche Ueberlieferung, wie sie in den zwei von Tycho Mommsen glücklich entdeckten vortrefflichen Handschriften, dem Ambrosianus (A) und dem Codex des Fulvius Ursinus (B), uns vorliegt, und setzt dadurch philologisch geschulte Leser sofort in den

Stand, die Stellen, an welchen wir entweder durch Herbeischaffung eines weitern kritischen Apparats, wie des codex Bodleianus und noch vielfach zerstreuter nicht verächtlicher Scholien und Interlinearglosseme, oder durch Conjectur nachzuhelfen haben werden, mit Leichtigkeit zu erkennen. Allerdings ist man heutzutage ebenso gewöhnt, als in der That berechtigt, in Ausgaben klassischer Autoren mit beigegebener Verdeutschung einen glatten lesbaren Text übertragen zu sehen; allein so geboten dies Verfahren z. B. im Sophokles sein mag, dessen Text anerkanntermaassen einer der schlechtest conservirten ist, schien doch grade im Pindar bei der im Ganzen vortrefflichen Ueberlieferung des Textes eine Verzichtleistung auf vermuthungsweise Nachbesserungen hinlänglich gerechtfertigt und erlaubt, um durch dieselbe einen nicht bedeutungslosen Nebenzweck zu erreichen. Diesem Nebenzwecke dienen nun die kurz gehaltenen Noten unter dem Texte. Sie geben aus dem schätzbaren Apparate Tycho Mommsen's, unter Beibehaltung seiner sinnig gewählten Zeichen, die Abweichungen resp. Besserungen der stufenweis schlechteren Handschriften, wo die zwei besten ihre Schuldigkeit versagen. Der Vermerk 'Diatr.' verweist den Leser auf den textkritischen Abschnitt dieses Buchs p. XCIII ff., in welchem der Verfasser selbst bemüht gewesen ist, aus den Zügen des alexandrischen Archetypus und den in den Scholien hinterbliebenen Spuren desselben dem Texte seine ursprüngliche Gestalt wiederzugeben, ohne zu so gewaltsamen Remeduren zu greifen, wie sie beispielsweise von Hartung, dem Caspar Barth neuerer Zeit, in Anwendung gebracht worden sind. Dass der Verf. von Philologen, welche seine Vorschläge in dieser Richtung prüfen, überall Einsichtnahme in die beiden epochemachenden Ausgaben von Th. Bergk und Mommsen voraussetzt, ist selbstverständlich.

Etwas umständlicher als über Text und Diatribe muss man mir gestatten über die Uebersetzung zu reden. Man hat es mit dem Pindar auf dreierlei Art versucht, als es galt, die klangvollen lateinischen Uebersetzungen des Lonicerus, Melanchthon, Erasmus Schmidt, Deuber u. a. durch deutsche Uebertragungen zu verdrängen. Zunächst mit Uebersetzungen in den pindarischen Versmaassen. Dass solche Uebersetzungen, wenn man die einmal von Leutsch gelegentlich darüber gegebenen Winke befolgt, nicht ganz unmöglich sind, auch ohne das deutsche Ohr und namentlich unser Sprachgefühl aufs gröblichste zu verletzen, glaube ich sowohl in meiner Uebersetzung des sophokleischen König Oedipus (Jena 1862. 12) als auch in der Uebertragung der ersten (fünften) und vierzehnten olympischen Ode bewiesen zu haben. Nur fürchte ich stark, einmal, dass der nicht geringe Aufwand von Mühe, welcher durch solche Arbeit verursacht wird, durchaus in keinem richtigen Verhältniss zu dem Ertrage steht, der daraus erwächst, zweitens, dass dem deutschen Leser trotzdem der rechte poëtische Genuss durch die fremdartige Form verkümmert wird, und endlich drittens, dass im Grunde doch die Vorstellung den Dichter im Versmaasse des Originals zu besitzen auf einer groben Täuschung beruht, weil ein aufmerksames Lesen auf der Stelle zu dem Ergebniss führt, dass wir in Wahrheit nur eine Art rhythmisch einherwandelnder Prosa lesen, deren vom Dichter beabsichtigte Wirkung ganz und gar nicht durch blosse Recitation, sondern erst dann erreicht werden kann, wenn eine Melodie hinzutritt, und auch in diesem Falle erst vollständig erreicht wird, wenn die Sprach- und Sinnaccente mit den musikalischen Accenten sich in der genausten Uebereinstimmung befinden. Längen und Kürzen allein thuen es nicht, wenn sie auch die Längen und Kürzen des Originals noch so accurat decken. Man vergesse doch nicht so ganz, dass der alte melische und chorische Dichter gleichzeitig im Reiche der Sprache und der Töne herrscht. Unterfängt sich also jemand, seinen Aeschylus, Sophokles, Aristophanes oder Pindar in die Rhythmen des Originals zu übertragen, so muss auch ihm vor allem das Lied oder das Hyporchem oder der Chorgesang als Tonstück lebendig geworden sein, damit er eine auch wirklich compositionsfähige, sangbare Uebersetzung liefere. Wir werden nun freilich die Melodien selbst niemals wieder erwecken, aber wie ohngefähr ein Lied geklungen haben möge, wie es notirt gewesen sein müsse, das wenigstens hat sich der Uebersetzer vorher genau zu vergegenwärtigen, ehe er das Geschäft der Uebertragung selbst unternimmt. Wer dies verabsäumt, der läuft aller Augenblicke Gefahr, Worte von ganz unbrauchbarem Sylbenwerthe an die imposantesten, musikalisch effektvollsten Stellen zu setzen, und den etwaigen modernen Componisten zu Irrthümern und Verstössen gegen die Taktgliederung des Dichters zu verleiten. Wenn Mendelssohn Op. 93 N. 22 p. 22 ff. nicht die Donnersche Uebersetzung (s. Bl. f. lit. Unterh. 1868 n. 47 p. 750) vorgelegen hätte, sondern eine andre auf Grund folgender Notirung angefertigte:

so würde unter Beibehaltung der nämlichen Melodie im Ganzen und Grossen manches Einzelne den Absichten des Sophokles viel besser entsprochen haben. Noch unglücklicher muss nothwendig der Versuch eines modernen Componisten ein Stück eines Satyrdramas oder eines aristophaneischen Chores zu melodiren ausfallen, wenn ihm nicht eine von sachkundiger Feder nach richtiger Notirung ausgearbeitete Uebersetzung zu Hilfe kommt. Einzelnes wird er vielleicht auch trotz schlechter Uebersetzung, von richtigem musikalischen Gefühle geleitet, annähernd richtig treffen, allein die Gesammtaufgabe wird er schwerlich zur Zufriedenheit lösen. Oder sollte es wirklich einem Componisten gelingen, ohne dass er eine zweckentsprechende Uebersetzung benützen könnte, folgende Notirung von Eurip. Cycl. 354 ff. zu treffen, welche allein als die euripideische bezeichnet werden darf:

Weit | auf | reisse jetzt das | Maul Cyklop! der
Gurgel weiten | Trichter | denn es giebt für | dich
Braten zu | schmausen und | über den Kohlen ge | dörrtes
Rost | fleisch. | Strecke dich lang aufs | Ziegenfell, und ver-
tilge die Kerle mit | Haut und mit Haar. | Mich ver | schone damit! Stau'
diese | Fracht in | deinem eignen | Schiffe bei |
Hol' der Henker | dies Gehöfte | hol' der Fuchs dies | Opfermahl! was der
leidige Feind von | jedem Altar | der Cyklop des | Aetna begeht,
dem das Fleisch die | liebste Kost. | Ein | Scheusal |
ohn' Er | barmen | das den hilfsbe | dürft'gen Gast
unterm | Schutz dach | seines Hauses | niedermacht,
todt | schlägt, | auf | frisst, |
und das ge | sottene | Fleisch mit dem eklen Ge | biss zermalmt,
Manns | fleisch | heiss wie's aus der | Gluth kommt.

Oder sollte gar irgend welcher Componist ohne genügende Anleitung
die wahre Notirung von Ar. Avv. 227—262 zu treffen vermögen: ich
habe dies kostbare Stück zwar nicht mit besondrer Sorgfalt, aber doch
immerhin so übersetzt, dass es für den Componisten brauchbar wird
und für den Sänger sangbar ist, aber ich habe mich wohl gehütet, es
vor der vollständigen Einsicht in die aristophaneische Taktgliederung
zu thun, welches folgende ist:

Legen wir dieser Notirung nun folgende Uebersetzung der betreffenden
Stelle unter:

E-popopopopopo-popopopoy, ioh ioh ito ito! he- |
ran heran heran zu mir, ihr Brüder all' im Federkleid, so
viel ihr die Flur des Landmanns bewohnt, die
wohlbestellte, gerstevertilgende Schaar; ||

   körnerverzehrendes Volk, hurtig entflatternder Sängerchor, mit
weichem Stimmton; die ihr in den Furchen so gern
um des Feldes Schollen zirpet aus der lieblich
schallenden Sängerbrust: tio, tiotio-tiotio-tiotio-tinx; und ihr ||

   alle, die im Garten, auf des Epheus rankenden Zweigen euch wiegt,
bergebewohnende Freunde des Kotinosöls, Freunde des Komarosbaums, er-
scheinet mit hurtigem Fittich auf meinen Mahnruf! trio-
tótriotó-tototinx. ||

   Und auch ihr, die am Sumpf nach dem blutdürstigen
Mückenvolk schnappt, und in des Landes thaureichster Flur,
Marathons liebreizenderen Niederungen hauset,
du auch scheckig gefiedert Thier, Attagas, Attagas, ||

   all ihr geflügelten, die mit der Möve
über dem Schlunde des Meeres sich wiegen,
immerheran und erfahret die Neuigkeit: sämmtliche Stämme der
halsausstreckenden Luftsegler werden versammelt. Denn ||

   eben erschien ein schlauer Patron, neu ist sein Plan, und
neu auch, was ins Werk er setzt. Kommt heran denn zur Besprechung,
alle, alle, alle, alle. Torotoro-torotoro-tinx!
kickabau, kickabau, toro-torotoro-torolili-linx! ||
so wird weder der Musiker in Verlegenheit gerathen, wie er ohngefähr
zu gliedern, noch der Sänger, wie er zu accentuiren habe. Nach dieser
Kundgebung meiner Ansicht über die Anforderungen, welche an den Uebersetzer eines melischen oder chorischen Stücks griechischer Lyriker oder
Sceniker im Originalversmaasse zu stellen sind, erhellt von selbst, wie
wenig günstig ich von meinem Standpunkt aus über frühere derartige
Versuche nothwendig urtheilen muss. Für Componist und Sänger sind
sie sämmtlich unbrauchbar. Und dazu kommt noch, dass diejenigen
Verdeutschungen, der Zeit nach die ältesten, welche im Ausdruck die
Grossartigkeit und Erhabenheit des pindarischen Stils wiederzugeben
streben, wie die des Grafen Finkenstein in seiner Arethusa II S. 183 ff.

oder die für klassisch geltende des grossen Philhellenen Friedrich von
Thiersch (2 Bde Lpz. 1820), Fähse, Gedike, E. H. Bothe grossentheils
so undeutsch, geschraubt und unverständlich sind, dass der Laie davon
keinen Genuss, der Kenner des Dichters keinen Nutzen haben kann;
diejenigen dagegen, neuern Datums, welche in erträglicherer fliessen-
derer Sprache geschrieben sind, obschon auch sie weit davon entfernt
sind, den Eindruck originaler Dichtungen hervor zu bringen, wie die
Donner'sche, Mommsen'sche und Hartung'sche, ihre grössere Leichtigkeit und Verständlichkeit nur auf Kosten des pindarischen Schwunges
und seiner μεγαλοπρέπεια erreichen. Wenn der eine den Dichter
gleichsam ἐκ καλυμμάτων hervorblicken lässt, vernüchtert ihn der
andre: und mit der Zunge der Muttersprache redet keiner. Ein ein-
ziger, der es vermocht haben würde, einen Aeschylus oder Pindar in
dem Versmaass des Originals so wieder zu geben, dass wir ein deut-
sches Original zu lesen geglaubt haben würden, Gf. Moriz von Strach-
witz, ist leider zu früh heimgegangen, als dass er diesen seinen Lieb-
lingsplan hätte verwirklichen können.

Sonach waren denn wohl diejenigen in ihrem Rechte, welche, wie
der gelehrte Hamburger Schulmann J. Gurlitt (Hamburg 1810—20),
eine treue Uebersetzung P's in schwungvoller Prosa anempfahlen: und
ich muss offen bekennen, dass ich in den Händen eines Schülers, der
sich in das Verständniss des Dichters einarbeiten will, jederzeit diese
Gurlitt'sche Arbeit lieber sehen würde, als irgend eine der gebun-
denen Uebersetzungen selbst aus neuster Zeit. Sie ist verständlich,
treu, wohlklingend, edel und erhaben. Ich habe probeweise Ol. XIII
in Gurlitt'scher Manier übersetzt, damit man sich auch von dem Eindruck, den sie macht, durch das eigne Ohr überzeugen könne. Aber
— ein Dichter darf denn doch wohl verlangen, dass ihm sein Fest-
gewand nicht gegen das ehrsame Alltagskleid vertauscht werde. Und
darum glaube ich, dass diejenigen den glücklichsten Griff thaten, welche
den griechischen Lyriker in solchen Rhythmen deutsch reden lassen,
wie sie das deutsche Ohr zu vernehmen gewöhnt ist. Einer der ältesten Versuche der Art ist wenig bekannt geworden von J. G. Röhrer,
Pastor zu St. Moriz vor Naumburg 1815, für uns jetzt ungeniessbar,
für seine Zeit ebenso respectabel, wie etwa Opitz's von Boberfeld Verdeutschung der Antigone. Die geschmackvollste Leistung in diesem
Stil aber ist die von V. F. L. Petri Rotterdam 1852, deren Mittheilung

ich meinem lieben Freunde Alfr. Fleckeisen verdanke. Die Arbeit ist ganz geeignet, dem Dichter Freunde zu gewinnen und seinen Werth würdigen zu lehren. Nur dünkt mich, hat sie auf die Bezeichnung als Uebersetzung keinen Anspruch, sondern würde sich passender als eine freie Ueberarbeitung eingeführt haben. Ein Beispiel zur Begründung dieser Ausstellung genüge. Der Schluss der ersten Olymp. Ode lautet hier p. 5:

> Die Muse begabt mich mit strebender Kraft,
>   noch mehr der Geschosse zu senden;
> ein andrer ja immer sich andres schafft,
>   des Lebens Ziel zu vollenden.
> Des Fürsten Krone zu oben strahlt;
> ihm haben die Götter schon voll gezahlt;
>   was mehr ist, lass es bei Seiten;
> und während ich singe dein herrliches Loos,
> und singe mich selbst mit dem Könige gross,
>   schweb' hoch auf dem Strome der Zeiten.

Auch an Dunkelheiten leidet die Petri'sche Arbeit vielfach, und diese wenigstens hatte zu vermeiden in seiner Gewalt, wer nicht durch die Fesseln der Treue und Originalrhythmen gebunden war. Auch ich habe mich, um dem Dichter einen weiteren Leserkreis zu gewinnen, meist für die gereimte Strophe entschieden; denn obwohl ich mir nicht anmaassen werde, das Ziel erreicht zu haben, welches Petri am Schluss seiner Vorrede p. VIII dem Uebersetzer steckt: den Pindar so singen zu lassen, wie ein gleichbegabter und gleichgesinnter Dichter deutschen Volks unter gleichen Verhältnissen gesungen haben würde, so halte ich doch ebenfalls dieses Ziel gegenwärtig nur auf diesem Wege und mit diesen Mitteln für erreichbar. Die achte Olymp. Ode ist unübersetzt geblieben, weil der sprödere Stoff keine so geschmeidige Gestaltung gestatten wollte, als ich sie wünschte.

Endlich fällt mir noch die Aufgabe zu, die weit tragende Bedeutung meiner Ermittelungen auf dem bisher noch wenig angebauten Felde der alten Kolometrie ins gehörige Licht zu setzen. Zwar hat in diesem Jahre Herr C. Thiemann einen schätzenswerthen Beitrag dazu in seinem Schriftchen *Heliodori colometriae Aristophaneae quantum superest* edidit C. Th. Halis 1869. 8°. 1365. veröffentlicht, der mit Fug und Recht alsbald die Aufmerksamkeit Westphals auf sich gezogen, und seinen vollen Beifall erhalten hat, allein Herr Th. ist insofern auf halbem Wege stehn geblieben, als er nebst vielen andern Heliodors Bedeutung überschätzt, und die Frage, wie weit denn nun Heliodors Kolometrie den Anforderungen der Musik gerecht werde, gar nicht aufwirft. Wenn aber die Kola Heliodors und andrer Metriker (wie des Eugenius aus Augustopolis in Phrygien) für den Musiker unbrauchbar waren, wie sie es grossentheils sind*), so haben sie absolut keinen andern, als historischen Werth — einen praktischen gar nicht. Solchen Werth hat dagegen die pindarische Kolometrie der 14 Olympischen Oden und der ersten Pythischen, sowie auch einiger andern, wie sie uns in den Handschriften und alten Ausgaben vorliegt. Ob Aristophanes von Byzanz oder Apollonios der Eidograph ihr Urheber ist (einer von beiden war es wohl) ist ziemlich gleichgiltig dabei — jedenfalls war der Mann, der sie schuf, trotz zahlreicher Irrungen, wie sie den ersten Philologen des Alterthums gern verziehn werden, kein solcher ἄμουσος wie Heliodor, sondern hatte bei seiner Gliederung die Sangbarkeit des Textes stets im Auge. Wenn irgend ein Kolon, so ist für diese Behauptung gleich das dreizehnte Ol. I str. ὅϑεν ὁ πολύφατος ein schlagender Beweis. Der Kolometer — wer es auch war — wollte notirt wissen:

denn in den äolischen, logaödischen Strophen liessen sie Kola zu zwei Takten zu. Andre Beweise sind ausreichend in der Einleitung z. A. beigebracht. Nachdem ich den praktischen Werth der alten kolometrischen Ueberlieferung in den Ausgaben des Pindar erkannt hatte, habe ich ihr seit dem Jahre 1847, kurz nachdem ich Böckh's Vorlesungen über Metrik gehört, und von neuem energischer seit den Jahren 1856 —68, in welchen Westphal's glänzende Werke in rascher Abfolge, sowie Christ's Abhandlung über die metrische Ueberlieferung im Pindar

---

*) So zerfällt z. B. nach Heliodor p. 73. 74 ed. Thiemann Arist. Avv. 228—262, wovon oben die Rede war, in 3 Strophen und eine Epodos, die erste Strophe (228 —236) zu zehn Kola, die zweite (237—249) zu 13, die dritte (250—257) zu acht, die Epodos (258—262) zu 5 Kolis: ἐφ’ ἑκάστης στροφῆς παράγραφος, ἐπὶ δὲ τῷ τέλει κορωνίς. Als ob dies dem Musiker etwas nützte! Das Lied besteht aus 6 Strophen, die fast ebenso viele rhetorische Perioden sind, und sich durch die eingewebten Naturlaute selbst für denjenigen deutlich von einander absondern, der für Wechsel des Rhythmus gar kein Gefühl hat. — Dosiades Ara u. ä. ist ein kolometrischer Scherz.

erschienen, und J. H. H. Schmidt's anregendes Buch zu meiner Kenntniss gelangte, ein eingehenderes Studium gewidmet, und wage es nun, meine Ermittlungen zu veröffentlichen, nachdem sich dieselben nicht nur durch sämmtliche Oden Pindars hindurch, sondern auch an den übrigen Lyrikern, den drei Tragikern und ihrem Nachtrab (Prometheus, Rhesus) und an Aristophanes probehaltig erwiesen haben. Ich weiss wohl, dass ich dadurch mit der ganzen metrischen Tradition scheinbar breche, und den orthodoxen Metrikern unter den Philologen den Fehdehandschuh hinwerfe: allein ich werde mich nicht scheuen den Kampf aufzunehmen. Denn einmal musste es nach W's Werken doch nothwendig zum Bruche kommen, und übrigens ist dieser Bruch nicht einmal so schlimm, als es zuerst den Anschein gewinnt, da in der That die gute alte metrische Tradition erst jetzt recht zum Verständniss kommt. Ich zerstöre streng genommen nichts von allem, was auf dem Gebiete der Metrik bisher gegolten hat und erforscht worden ist, sondern setze es nur in die richtige Beleuchtung, thue also eigentlich genau dasselbe, was schon die Alexandriner und in unsern Tagen Böckh, Bergk und Westphal erstrebten, wenn sie eine Auseinandersetzung der Metrik mit der Musik verlangten. Die Kola der Alexandriner haben eine musikalische Bedeutung, die Böckh'schen Langverse, an denen Westphal noch festhält, indem er jeden als musikalische Periode ansieht, haben sie auch. Meine Doktrin verwerthet, obschon sie zu beiden in Gegensatz tritt, dennoch beide, indem sie das Kolon sowohl wie den Böckh'schen Langvers unter den höhern Gesichtspunkt des musikalischen Satzes bringt, und dabei den Nachweis führt, dass jeder solche musikalische Satz in der Lyrik und dem Drama aus 4 Kolis oder 16 Takten bestanden habe. Ich steige vom Takte ($\pi o\acute{v}\varsigma$) zur Einheit zweier Takte (dem $\pi o\grave{v}\varsigma$ $\mu\acute{e}\gamma\alpha\varsigma$ oder $\varkappa\omega\lambda\acute{\alpha}\varrho\iota o\nu$) auf, von diesem zur Einheit zweier Kolaria oder dem viertaktigen Kolon, von diesem zur $\pi\varepsilon\varrho\acute{\iota}o\delta o\varsigma$ (Böckh's Vers), die entweder mit dem Kolon (hinter dem jedoch ein musikalischer Ruhepunkt eintritt) zusammenfällt oder aus Kolon und Kolarion, oder mehren Kolis und Kolariis besteht, ja sogar den Umfang des musikalischen Satzes erreichen kann, von der Periode zum musikalischen Satze von 16 Takten ($\pi\varepsilon\varrho\iota\varkappa o\pi\acute{\eta}$), der aus einer, zwei, drei oder vier Perioden besteht, vom Satze oder Gesätz zur Strophe, d. h. einer Vereinigung von ein bis $3\,^{1}/_{2}$ musikalischen Sätzen: und erblicke in einem Gefüge von

8 Takten, welches entweder eine Strophe von 1—3 vollen Sätzen einleitet oder abschliesst, oder innerhalb einer Strophe von 10 Kolis den
Mittelpunkt bildet, die sogenannten Epodika, Proodika und Mesodika
oder Zwischensätze. Böckh's Verse treten also auch bei mir auf, aber
mit gänzlich veränderter Bedeutung: der Schritt, den ich auf diesen Blättern über Böckh und Westphal hinausgethan, besteht in der wichtigen
Erkenntniss, 1) welchen Taktumfang die kleinste, welchen die grösste
Periode (Vers) habe, und 2) wie viele solcher Perioden von welchem
Taktumfange (welcher Perkussions- oder Iktenzahl) sich regelmässig
zum musikalischen Gesätze zusammenfügen. In gleichen treten auch
bei mir Westphal's Tetrapodien, Dipodien, Pentapodien und Hexapodien auf, mit dem Unterschiede jedoch, dass sie bei Westphal eine
vielfach unrichtige Perkussion erfahren, während sie in meinen Diagrammen diejenige Perkutirung erhalten, welche ihnen die richtige
Notirung der zum musikalischen Satze verknüpften Perioden sichert,
eine Notirung, welche durchaus keine willkürliche, sondern durch streng
beobachtete Gesetze des jedesmaligen εἶδος verbürgte ist. Diese Gesetze, von deren Vorhandensein ich seit Jahren überzeugt war, wieder
aufgefunden zu haben, rechne ich meiner Arbeit wohl nicht ohne Grund
zu einigem Verdienste an, weil dadurch unsre aus den Rhythmikern
abfliessende Kenntniss von dem schwankenden musikalischen Werthe
der sprachlichen Längen und Kürzen eine nicht unerhebliche Berei-
cherung erfährt. Was jedem Musiker von vornherein wahrscheinlich
dünken musste, erhält durch Wiederauffindung dieser Gesetze die will-
kommenste Bestätigung. Wir finden je nach dem εἶδος und seiner
Stelle in der Periode dasselbe metrische Bild durch die verschieden-
artigste Notirung wiedergegeben; ‒◡◡ durch ♩♫, ♩♩♩, ♩.♫,  
♩.♪♩, ♩♪♫ u. s. f. ◡◡◡ durch ♫♪, ♪♪♪, oder ♫♪ oder 
♪♪♩ oder ♩♩♩ oder, wie im Dochmius durch ♪ | ♩♩ u. s. w., den
Trochaeus durch ♩♪, ♫, ♩.♪, ♩♩ oder ♩. ♪, ♩.♪♪ und sogar: 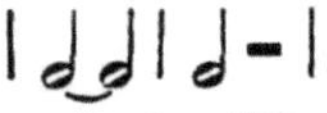
| ♩♩ | ♩ ‒ |, wie z. B. in der oben ausgeführten Stelle des Kyklops
auch der Dispondeus κόπτων βρύκων vier volle Takte füllt, da jede
Sylbe den Werth einer ganzen Note hat. Die Alten kennen nun wohl
auch pleionoseme Sylben, da sie aber nur die Zeichen bis zur πεντά-

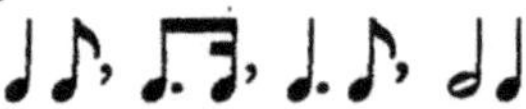

σημος ◡, –, ◡–, ◡◡ angeben, so wird die falsche Vorstellung er-
weckt, als ob in der Musik nicht auch eine Sylbe den Werth einer
weit grössern Morenzahl habe empfangen können, als ob z. B. keine
ὀκτάσημος zur Verwendung gekommen sei. Es lag aber in der That
für die alte Semeiotik gar kein Bedürfniss vor, über die πεντάσημος
hinauszugehn, da jede schwerere Länge durch zwei solcher Zeichen,
welche um so mehr durch ὑφ̕ ἕν zu verbinden waren, als wohl nur
in den wenigsten Fällen eine einzige Note auf sie fiel, in den meisten
mehrere, ausgedrückt werden konnte, wie z. B. die Stelle im Kyklops
durch **C** ◡◡ | ◡◡ | ◡◡ | ◡◡ | oder im ³/₄tel Takt durch ◡◡ | ◡◡ | ◡◡ | ◡◡ | aus-
zudrücken ging, obschon selbst dieses überflüssig war. Denn wenn,
wie es Sitte war, über einer Sylbe drei Singnoten oder zwei standen,
so war für den geschulten Sänger oder Musikverständigen dies Indicium genug, dass ihr musikalischer Werth ein grösserer war. Wie
nun der einzelne πούς die verschiedensten Notirungen gestattet, so natürlich auch die Dipodie, und weiter der Dimeter oder die Tetrapodie
oder das Kolarion, und der Tetrameter oder das Kolon. Ist das metrische Bild –◡ der Abdruck des musikalischen Bildes ♩. ♪, dann ist
von ♩. ♪ zu ♩. ♪ ♩. ♪ und weiter zu ♩. ♪ ♩. ♪ | ♩. ♪ ♩. ♪ bis
zu ♩. ♪ ♩. ♪ | ♩. ♪ ♩. ♪ | ♩. ♪ ♩. ♪ | ♩. ♪ 𝄽 | fortzuschreiten;
ist aber –◡ ein metrisches Scheinbild für ♩. ♩, dann ist der Einzel-
takt | ♩. ♩ | und die Dipodie wird gleichsam zum Dimeter: ♩. ♩ | ♩ ♩ |,
die Tetrapodie zum Tetrameter: | ♩. ♩ | ♩ ♩ | ♩. ♩ | ♩ ♩ |, die Hexa-
podie aber ist, je nachdem die Taktgliederung ihre Vertheilung auf
4 Takte, oder 6 verlangt (beides ist häufig genug) zu notiren, entweder:

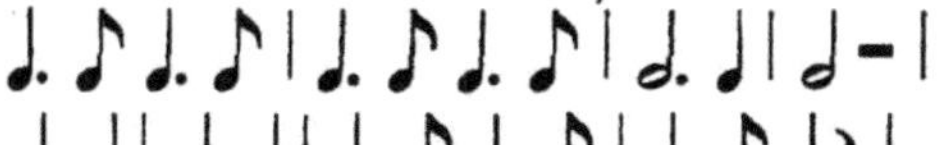

♩. ♪ ♩. ♪ | ♩. ♪ ♩. ♪ | ♩. ♪ ♩. ♪ | ♩. ♩ | ♩ – |

oder

♩. ♩ | ♩. ♩ | ♩. ♪ ♩. ♪ | ♩. ♪ 𝄽 |

oder

♩. ♪ ♩. ♪ | ♩. ♩ | ♩. ♪ ♩. ♪ | ♩ – |

oder

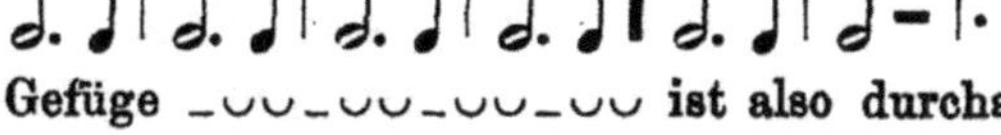

♩. ♩ | ♩. ♩ | ♩. ♩ | ♩. ♩ | ♩. ♩ | ♩ – |.

Das daktylische Gefüge –◡◡–◡◡–◡◡–◡◡ ist also durchaus nicht immer mit nur zwei Perkussionen zu versehen und eine wahre Tetra-

podie, die allerdings so gut wie die wahre Dipodie nur zwei Ikten trägt

sondern sehr oft mit vier Ikten zu bedenken, gleich dem Tetrameter

. Wann die eine, wann die andre Messung stattfand, und zwar nach festen Gesetzen, das versucht meine Einleitung sorgfältig nachzuweisen. Hier will ich nur noch so viel nachtragen, dass, wenn man sich die Mühe nimmt, meine Notirungen mit dem Texte des Dichters zu vergleichen, sich sehr bald herausstellen wird, wie es die ihrem Inhalt nach bedeutungsschwereren Stellen sind, auf welche der Dichter als Tonkünstler auch die schwereren Noten legt. Namentlich scheint die alte Technik (schulmässig, wie alles musische) es geliebt zu haben, die Namen des Siegers, seines Vaters, des Gottes oder Heros, dem das Festspiel galt, des Orts der Festfeier, der Musen, der Sangsweise, mit halben resp. ganzen Noten zu belegen.

Was nun weiter die einzelnen Taktarten, sowie den Taktwechsel betrifft, so ist im Ganzen und Grossen richtig, was die Alten darüber berichten. Zur überwiegenden Verwendung kam, wie mir scheinen will, der $^4/_4$tel und $^2/_2$tel Takt. Namentlich ist das Auftreten der Pentapodien, von denen die alten Rhythmiker mit aller Entschiedenheit behaupten, dass sie nur 4 Ikten vertrügen, ein Indicium des $^4/_4$tel Taktes. Denn wir können wohl:

aber nicht

schreiben, weil ein solches Umwerfen des $^3/_4$tel Taktes nach dem $^6/_8$tel Takt hin wegen der verschiedenen Anzahl der guten Takttheile, die auf die ersten zwei und letzten zwei Takte kämen, mindestens schwer erträglich ist. Darum auch haben die Paeonen $^4/_4$tel Takt; denn in der paeonischen Ode Olymp. II erscheint:

Und darum haben Hyporcheme, in denen keine Pentapodien vorkommen (z. B. Soph. O R.), ausgesprochenen $^6/_8$tel Takt, während in einem Volkstanzliede, wie dem Blumentanz (ποῦ μοι τὰ ῥόδα) $^3/_8$tel Takt herrscht. Die Glykoneen, wo sie mit Pentapodien wechseln, haben dagegen wieder ⁴/₄tel Takt, und können überdies schon darum nicht stets die Daktylen cyclisch gemessen haben, weil oft genug auch ein Glyconeus oder ein Pherecrateus ein ganzes Kolon von 4 Takten füllt. Mendelssohn hat sehr wohl gethan, z. B. *εὐίππου ξένε τᾶςδε χώ-* als ⁴/₄tel Takt zu nehmen — wenn gleich er mit der Pentapodie *-ρας ἵκου τὰ κράτιστα γᾶς ἔπαυλα* nicht zu recht gekommen ist.

⁸/₄tel oder ³/₂tel Takt haben die Ioniker — von Haus aus. Aber auch sie werden verschieden behandelt. Aristophanes Vögel a. a. O. hat sie durch Pausen dem ⁴/₄tel Takt accommodirt.

aber das war möglicher Weise ein Scherz. Bei den Tragikern haben sie wohl ⁸/₄tel Takt gehabt, und fand dann Wechsel des Taktes statt, wie im dritten Chorikon des Agamemnon, welches ich notiren will, da den Editoren die Gliederung durchaus nicht klar geworden ist:

Wie Paeonen und Kretiker ⁴/₄tel Takt haben, so auch die Dochmien und Bakchien, wie bereits von O. Meissner ausgesprochen wurde. Auf diese Weise verbinden sich dochmische Dimeter mit iambischen Schein-Hexapodien zwanglos zu musikalischen Sätzen von 16 Takten, was eine unendlich häufige Form des Satzes ist; z. B. O R. 656 ff.

οἶδα
τὸν ἐναγῆ φίλον κτέ.

Das ganze *γένος ἡμιόλιον* beruht, wie es scheint, auf einer Täuschung der Metriker. Mag 'die weisse Dame', Simrock 2413 p. 93 ⁵/₄tel Takt erkünsteln, in alten Chorpoesien ist er nicht nachweisbar.

Hier könnte ich abbrechen, wenn ich nicht voraussähe, dass —
nicht bei allen — aber doch bei einigen Musikkennern meine Behauptung, dass jedes musikalische Gesätz aus 16, resp. 8 Takten bestanden
habe, Anstoss errregen werde, da sich die neuere musikalische Periode
an die 4 6 10 12 Zahl der Takte nicht binde.   Ich könnte nun zwar
diese Ungläubigen einfach auf den Augenschein verweisen, der es lehrt,
sobald man meine Diagramme, die nach festen Regeln entworfen sind,
darauf ansieht, allein ich will zu ihrer Genugthuung nicht verschweigen, dass wenigstens einige Beispiele auch aus dem Alterthum übrig
sind, welche eine Abweichung von dieser Regel zu belegen scheinen.
Sie bestätigen sie freilich meiner Ansicht nach nur, sind aber doch so
interessant, dass sie der Vergessenheit entrissen zu werden verdienen.
Der zweite musikalische Satz der VII. [VIII.] Isthm. Ode auf Kleander
sieht nämlich so aus:

Das sind allerdings nicht 16, sondern 24 Takte, und die Metrik hat
hier von einem Hypermetron geredet: und dennoch wage ich zu behaupten, dass grade diese Stelle meine Ansicht nur bekräftigt — weil
die ganze Partie in der Mitte nichts weiter ist, als in ihrer ersten
Hälfte eine Wiederholung der voraufgehenden, in ihrer zweiten eine
Vorwegnahme der nachfolgenden vier Takte.   Wir haben nur den Text
so unter die Noten zu setzen, dass jedem Musiker sofort dieser Sach-
verhalt klar wird:

Die Alten kannten also unser *da capo dal segno* ebenfalls. Andres
der Art aus Aristophanes behalte ich mir vor, andern Orts zu besprechen. Hier reicht es aus, die Aufmerksamkeit der Musiker auf das
pindarische Beispiel gelenkt zu haben. —

———

Leider muss ich am Schluss dieses Vorworts noch ein Versehen
berichtigen, welches ich in der Kolometrie der ersten Olympischen Ode
begangen habe. Da ein Tag den andern lehrt, sind eben die δεύτεραι
φροντίδες oft die σοφώτεραι. Da das aber wohl jeder gewissenhafte
Forscher auch an sich selbst erfahren haben wird, werde ich in seinen
Augen leicht Entschuldigung finden, wenn meine ersten Schritte auf
einem Felde, das ich ziemlich zuerst zu betreten wagte, noch nicht
sicher waren. Die Strophe ist vielmehr so zu gliedern:

Die Formel ist: 4 . 6 . 6 : 4 . 6 . 6 : 4 . 4 . 4 . 4.

Das Versehen, welches in der Anordnung der Epoden der fünften Olympischen Ode im Texte begangen wurde, ist schon in der Einleitung S. LXV berichtigt.

—————

Angehängt sind diesem Bande zwei Compositionen, die eine von Eurip. Cycl. 354 ff., die andre von Sophocl. Oed. Tyr. 1086 ff. Dieselben sollen nicht etwa als Proben griechischer Musik gelten, sondern nur den Beweis führen, dass meine Notirung und Rhythmirung dieser Stücke wirklich compositionsfähig sei. Die E. Lassen'sche Composition von Oed. Tyr. 1086 ist beigegeben, um meine Behauptung zu rechtfertigen, dass auch der genialste Componist durch eine Uebersetzung, wie die Donner'sche, nothwendig zu Fehlgriffen verführt werden müsse.

Jena,   **Moriz Schmidt, Dr.**
den 3. Juni 1869.

Einleitung.

Die metrische und rhythmische Composition der Strophen des hesychastisch-episynthetischen Metrums.

Das dritte olympische Epinikion, das erste der in sogenannten Daktyloepitriten oder, wie Westphal correcter sich ausdrückt, in hesychastischen Episynthetis verfassten Siegeslieder, ist in den Handschriften und alten Ausgaben so eingetheilt, dass auf jede Strophe und Antistrophe neun Kola und ebensoviele auf jede Epode kommen. Es ist dies dieselbe Gliederung, welche die alten bis Pyth. I inclusive reichenden metrischen von Demetrius Triclinius überarbeiteten Scholien besprechen. Diese Glieder sind aber so verschiedener metrischer Gestalt, und — was das Befremdlichste ist — so verschiedener Länge, dass man für den ersten Anfang nicht recht begreift, nach welchen musikalischen Grundsätzen der Grammatiker, dessen Kolometrie hier zur Geltung gekommen ist, sein Diagramm gearbeitet hat. Da wir jedoch unter denjenigen Gelehrten, welche sich mit pindarischer Kolometrie beschäftigten, um von Drako aus Stratonikea zu schweigen, auch einen Aristophanes von Byzanz und Apollonios den Eidographen (von Westphal beharrlich Apollodor genannt) aufgeführt finden, so werden wir, in Erwägung, dass die Folgezeit auf ihren Ermittelungen wohl ebenso fortgebaut haben werde, wie sie in ihren exegetischen Arbeiten von den Commentaren der Alexandriner im wesentlichen abhängig bleibt, gut thun, nicht allzuvoreilig, wie neuerdings von Christ geschehen ist, die ganze metrische Ueberlieferung zum Pindar in die nach-augusteische Zeit hinabzudrücken. Betrachten wir die dritte olympische Ode etwas näher: ihr metrisches Diagramm hat nach den Handschriften folgendes Aussehen:

	Strophe		Epode
1	‒◡◡‒◡◡‒‒‒◡‒		‒◡‒‒‒◡‒‒
2	‒‒◡◡‒◡◡‒		‒◡◡‒◡◡‒
3	‒‒◡◡‒◡◡‒‒‒◡‒		‒◡‒‒‒◡◡‒◡◡‒
4	‒‒◡◡‒◡◡‒‒		‒‒◡‒‒‒◡‒
5	‒◡‒‒‒◡◡‒◡◡‒		‒◡◡‒◡◡‒‒
6	‒‒◡‒‒		‒◡◡‒◡◡‒‒‒◡‒
7	‒◡‒‒‒◡‒‒		‒◡◡‒◡◡‒‒‒◡‒‒
8	‒◡◡‒◡◡‒‒‒◡‒		‒◡◡‒◡◡‒
9	‒◡‒‒‒◡‒‒‒◡‒‒		‒◡‒‒‒◡‒‒‒◡‒‒

Hat diese Gliederung ein verständiger Mann entworfen, welcher der pindarischen Zeit noch nahe genug stand, um zu wissen, dass sämmtliche Epiniken nicht für die Lektüre bestimmt waren, sondern mit Instrumentalbegleitung gesungen wurden; gehörte er vollends der alexandrinischen Zeit an, in der möglicher Weise über den einzelnen Sylben des Textes noch die Singnoten standen, wie denn die Melodie zu Pyth. I, aller Wahrscheinlichkeit nach ächt, sich sogar bis in unsre Tage erhalten hat, so müssen seine κῶλα einen musikalischen Sinn und Werth gehabt haben. Und ehe nicht der Beweis vom Gegentheil geführt ist, würde ich mich wohl hüten, über seine Arbeit — obschon Irrungen untergelaufen sein mögen — den Stab zu brechen. Es ist richtig, dass das sechste κῶλον der Strophe aus einem einzigen Epitriten mit Anakrusis besteht (um zunächst bei dieser Terminologie zu bleiben, obschon sie um nichts gescheidter ist, als wenn Tricha p. 57 das Kolon eine ἰαμβικὴ πενϑημιμερής nennt), während das 9te Glied aus 3 Epitriten besteht, und das 4te der Epode um einen amphimacer reicher ist; allein sollte hier wirklich die Musik keine Ausgleichung haben vollziehen können? Sind wir wirklich thöricht genug, uns muthwillig den einzig möglichen und offnen Weg zur richtigen Erkenntniss durch unsre Abhängigkeit von dem metrischen Sylbenschema, von der grammatischen Länge und Kürze, von Anakrusen und dgl. m. verschliessen zu wollen? Wenn nun z. B. Aristophanes von Byzanz, den wir hier schulmeistern wollen, die Sylbe ἱπ- gar nicht als Anakruse angesehen hätte, sondern als einen oder zwei Takte, sei es, dass er dieser Sylbe den Werth einer gehaltnen Note gab, sei es, dass er das Fehlende durch die κροῦσις ergänzt wissen wollte? Es wird sich immerhin lohnen, die Sache einmal aus diesem Gesichtspunkte zu betrachten. Wir bitten aber um die Erlaubniss, zum Besten unsrer Leser im Verlauf unsres

exposé's die verwirrenden metrischen Längen - und Kürzenzeichen beseitigen und uns der allgemein verständlichen Notenzeichen bedienen
zu dürfen. Ich definire, unter der Voraussetzung, dass die Kolometrie
nicht den sog. pindarischen Vers in Reihen zerlegen, sondern die
Taktverhältnisse der pindarischen Melodien wiedererkennen wollte, das
κῶλον der aus hesychastischen Episynthetis gebildeten Strophe einfach
als eine Einheit von 4 Takten, als das Motiv: jeder πούς, welcher
4 Ikten hat, ist ein κῶλον. Wie viel Sylben, wie viel Einzelpodes
er hat, ist dabei ganz gleichgiltig. Auch die Pentapodie, weil sie nur
4 Ikten zu beanspruchen hat, ist ein κῶλον, und eine Tripodie hört
sofort auf eine Tripodie zu sein, wenn sie als Kolon verwendet wird,
d. h. sie hat dann nicht mehr 3, sondern 4 Ikten. Wenden wir diesen
Satz auf das Diagramm der Ueberlieferung an, so muss sein Urheber
sich in den einzelnen Kolis die guten Takttheile wie folgt vertheilt
gedacht haben:

Strophe.	Epodos.
ˊ∪∪_∪∪ˊ__ˊ∪ˊΛ	ˊ∪ˊ__ˊ∪ˊ_
_ˊ∪∪ˊ∪∪ˊΛˊ	ˊ∪∪ˊ∪∪ˊΛˊ
_ˊ∪∪_∪∪ˊ__ˊ∪ˊΛ	ˊ∪ˊ__ˊ∪∪_∪∪ˊΛ
_ˊ∪∪ˊ∪∪ˊˊ	_ˊ∪ˊ__ˊ∪ˊΛ
ˊ∪ˊ__ˊ∪∪_∪∪ˊΛ	ˊ∪∪ˊ∪∪ˊˊ
Λˊˊˊ∪ˊ_	ˊ∪∪_∪∪ˊ__ˊ∪ˊΛ
ˊ∪ˊ__ˊ∪ˊ_	ˊ∪∪_∪∪ˊ__ˊ∪ˊ∪
ˊ∪∪_∪∪ˊ__ˊ∪ˊΛ	ˊ∪∪ˊ∪∪ˊΛˊ
ˊ∪__ˊ∪__ˊ∪ˊ_	ˊ∪__ˊ∪__ˊ∪ˊ_

Wir werden zwar bald darlegen, dass diese Anordnung die richtige nicht ist, aber dass sie eine durchaus verständige ist, und einige
musikalische Kenntniss verräth, wird nicht bezweifelt werden können.
Für uns hat sie vor allem den unschätzbaren Werth, dass wir daraus
die Gewissheit erlangen, dass man in der Zeit ihrer Entstehung noch
weit entfernt davon war zu wähnen, ein und dasselbe Längen - und
Kürzenschema habe überall denselben musikalischen Werth. Und dürfen
wir vollends voraussetzen, man habe auch überdies gewusst, welche
verschiednen musikalischen Werthe es haben könne, so steigt die Bedeutung der alten Kolometrie trotz aller ihrer Fehlgriffe noch um vieles
höher. Es lässt sich aber sogar beweisen, dass sie es noch gewusst
haben, weil wirklich, wenn wir ihre Werthe an rechter Stelle ein-

setzen, eine pindarische Ode so notirt werden kann, dass jeder Musiker der Neuzeit im Stande sein muss, dieselbe zu componiren. Doch ehe wir diesen Beweis führen können, haben wir zuvörderst die vermeintlichen dactylischen Tripodien und Epitriten etwas näher zu beleuchten.

Wir wollen uns nunmehr versuchsweise für die Länge des Notenzeichens ♩, für die Kürze des ♪ bedienen. Wenn das erste Kolon 4 Takte von gleichem Umfang sein sollen, erhellt aber sofort, dass wir mit diesen beiden Ansätzen für Länge und Kürze nicht einmal im ersten Kolon ausreichen. Denn | ♩ ♫ ♩ ♫ | ist nicht gleich | ♩ ♩ ♩ |, sondern | ♩ ♩ |, und ebensowenig ist | ♩ ♫ ♩ ♫ | gleich | ♩. ♪ |, sondern verlangt die Notirung ♩. ♩, wenn das rhythmische Verhältniss, dessen unvollkommner metrischer Ausdruck ‒ ◡ sein soll, gewahrt werden soll. Mithin kann das erste Kolon mit Berücksichtigung seiner Ikten nur durch folgende Notirung den Absichten seines Urhebers entsprechend wiedergegeben werden:

| ♩ ♫ ♩ ♫ | ♩ ♩ | ♩. ♩ | ♩ ‒ |

Im zweiten Kolon aber gestaltet sich die Sache abermals anders. Hier ist dieselbe Sylbenzahl, welche die Hälfte des ersten Kolons bildete, an dasselbe Metrum gebunden, auf 4 Takte vertheilt. Die daktylische Tetrapodie ist gleichsam zum daktylischen Tetrameter geworden, und muss in Noten durch ♩ ♩ ♩ | ♩ ♩ ♩ | ♩ ♩ | ‒ | ausgedrückt werden.

Denn dass der Verfasser καί als Auftakt gefasst hat, zeigt das vorletzte Kolon der Epode, wie er denn auch κλει im dritten Kolon in den Schlusstakt des zweiten Kolon gezogen wissen wollte. Das sechste Kolon beurtheilte er nicht ohne Geschmack, aber nicht ganz richtig mit Pause im Anfang:

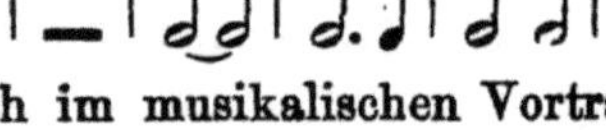

| ‒ | ♩ ♩ | ♩. ♩ | ♩ ♩ |

Allerdings hat sich im musikalischen Vortrag dieser Takt von den übrigen etwas abgesondert, und der Name Αἰνησιδάμου steht nicht umsonst an dieser Stelle, es genügt aber, über τον die ⌢ zu setzen. Das neunte Kolon zeigt, dass es auch gestattet war, 3 Epitriten zur Einheit von 4 Takten zu verbinden, nicht blos zwei, wie im siebenten geschah. Da der letzte Epitrit der Strophe, wenn nicht aller Wohlklang verloren gehn soll, ♩. ♩ | ♩ ♩ notirt werden muss, müssen seine

Vorgänger ♩. ♪ ♩ ♩ | . ♩. ♪ ♩ ♩ | gemessen werden, woraus erhellt, dass sowohl dieses Maass, wie die mit ihm verbundnen Daktylen in den hesychastischen Episynthetis eine Messung nach Metren und eine andre nach Füssen zuliessen. Dass dies nach Willkür oder nach augenblicklichem Bedürfniss geschehen sei, ist nicht glaublich; doch ist es noch nicht an der Zeit, von den festen Regeln zu handeln, nach denen es geschah. So viel aber sei vorbemerkt, dass, wenn die alexandrinische Kolometrie durch aufmerksame Beobachtung auch diese Regeln gefunden hätte, sie niemals auf eine so wunderliche Kolenzahl wie 9, 13, 15, 17 hätte verfallen können. Sie würde vielmehr fast stets auf eine durch 4, resp. durch 8 theilbare Kolenzahl hinausgekommen sein. Die Epode bietet zu weitrer Besprechung keinen Anlass, da sie nur bekannte Glieder, in der besprochnen oder auch neuen Reihenfolge (a b b, b b a u. s. w.) wiedergiebt. Es ist nun zwar möglich, die gewonnenen Resultate auch durch metrische Zeichen, deren sich das Alterthum bediente, zu veranschaulichen und bei dieser einen Ode wollen wir es thun:

die anschaulichere:

Denn nun ist sogleich klar, dass unsere Kolometrie dies Epinikion als einen $^4/_4$tel Takt, wechselnd mit $^2/_2$tel Takt (*alla breve*) angesehen hat, oder dass darüber sogar noch eine alte Tradition bestand, der man durch diese Gliederung gerecht zu werden versuchte, ohne es vollständig zu vermögen. Epitriten und Daktylen nach Füssen gemessen haben $^4/_4$tel Takt, nach Metris gemessen $^2/_2$tel Takt. Der erheblichste Gewinn aber ist, dass mit einem Schlage alle Tripodien*) und Hexapodien verschwunden sind, dass sich die Anakrusen zum Theil in Elemente des voraufgehenden Takts, zum Theil in unvollständige, durch κροῦσις zu ergänzende Takte verwandelt haben, und dass, wenn auch die Terminologie der alten Metriker, wenn sie von brachykatalektischen Versen reden, eine seltsame ist, sie in der Sache recht behalten, sofern wir unter solchen Versen ein oder mehrere Kola zu verstehen haben, deren letzter Takt durch κροῦσις ausgefüllt wurde. Ob nun

---

*) Dies zuerst eingesehen zu haben, ist ein Verdienst von G. Bippart, was ich nicht sowohl deshalb bemerke, um Westphal die Priorität streitig zu machen, als um Herrn Bippart das Verdienst zu lassen, wenigstens einmal etwas Gescheidtes zu Markte gebracht zu haben.

aber die überlieferte Kolometrie der Absicht des Dichters als Tonsetzer
entspricht, das freilich ist eine andre Frage, die in den meisten Fällen
verneint werden muss. Ich kenne wenigstens nur ein Epinikion, das
vierte Isthmische, dessen Kolometrie als eine im Ganzen wohlgelungene
bezeichnet werden darf*), und zweifle nicht, dass wenigstens in der
Notirung dieser Ode Apollonios mit Aristophanes ganz einig gewesen
sein werde. Wir wenden uns daher diesem Gedichte zu, um seinen
Bau einer möglichst fruchtbaren Betrachtung zu unterziehen:

κῶλα η΄.

μᾶτερ ἀελίου πολυώνυμε Θεία
σέο γ΄ ἕκατι καὶ μεγασθενῆ νόμισαν
χρυσὸν ἄνθρωποι περιώσιον ἄλλων
καὶ γὰρ ἐριζόμεναι
νᾶες ἐν πόντῳ καὶ ἐν ἅρμασιν ἵπποι
διὰ τεὰν ὦ ΄νασσα τιμὰν
ὠκυδινάτοις ἐν ἀμίλ-
λαισι θαυμαστοὶ πέλονται.

Nicht anders schreiben die Neuern seit Böckh, ausser dass sie die
letzten 3 Kola zu einem sog. Verse vereinigen (τρία κῶλα μία περίοδος).
Uebertragen wir diese 8 Kola, streng nach den bisherigen Ansätzen,
in musikalische Werthe, so gewinnt die Ode folgendes Ansehn:

Hier bestehen die ersten 5 Böckhschen Verse aus je einem
κῶλον, der letzte aus 3 Kolis. Nach dem vierten aber tritt ein

---

*) Unter den logaoedischen Epinikien ist Pyth. VII Epod. von ὦ — γε μάν in
gleicher Weise richtig behandelt. — Auch Isthm. II ist gut behandelt.

fühlbarer Ruhepunkt, Pause der Singstimme von der Dauer eines ganzen $^4/_4$ tel Taktes ein. Dadurch zerfallen die 32 Takte in 2 gleiche Hälften von je 16 Takten. Nun ist aber nach der Angabe der alten Rhythmiker die daktylische Tetrapodie der grösste *πούς* im *γένος ἴσον*, folglich ist von ihnen der Doppeltakt ♩♫ ♩♫ | ♩ ♩ | als ein Takt betrachtet worden, und consequentermassen auch der als 2 $^2/_2$ tel Takte behandelte Epitrit ♩. ♩ ♩ ♩, mit seinen Varianten: und auch | ♩. ♪ ♩ ♩ | ♩. ♪ ♩ ♩ | bilden für sie einen einzigen grossen Fuss. Hiernach reduciren sich in ihrer Anschauung die 16 Takte auf 8, d. h. auf genau so viele, als unsre Musik verwendet zum musikalischen Motive. Diese Strophe besteht also, um die moderne Terminologie zu benutzen, aus zwei Sätzen, welche durch die Pause dazwischen ohrenfällig geschieden werden, und die beide einen das Gefühl vollständig befriedigenden Abschluss finden. Die Kürzen Z. 2 und Z. 6, welche bisher als aufgelöste Trochäen galten, haben sich uns zugleich als Achtel- und Vierteltriolen enthüllt. Ist nun diese genaue Uebereinstimmung mit den Grundsätzen des modernen Tonsatzes, diese Befriedigung aller seiner Anforderungen hier blos ein Spiel des Zufalls? und wäre das griechische Gefühl in andern Fällen auch mit einer Composition zufrieden gewesen, wie sie uns die Westphalsche Metrik (2. Aufl.) als griechische Musik zu bieten meint. Ich glaube nicht. Sehen wir uns vielmehr auch die Epode der vierten Isthmischen Ode an.

‒⏑‒‒‒⏑⏑‒⏑⏑‒‒	εἴ τις εὖ πάσχων λόγον ἐσλὸν ἀκοίσῃ·
‒⏑‒‒‒⏑‒‒‒⏑‒Λ̄	μὴ μάτευε Ζεὺς γενέσθαι, πάντ᾽ ἔχεις,
‒⏑‒‒‒⏑⏑‒⏑⏑‒Λ̄	εἴ σε τοίτων μοῖρ᾽ ἐφίκοιτο καλῶν.
‒⏑‒‒⏑⏑‒Λ̄	θνατὰ θνατοῖσι πρέπει.
‒⏑‒‒‒⏑‒‒‒⏑⏑‒Λ̄	τὶν δ᾽ ἐν Ἰσθμῷ διπλόα θάλλοισ᾽ ἀρετὰ
⏑⏑⏑‒‒‒⏑⏑‒⏑⏑‒‿	Φυλακίδα κεῖται, Νεμέᾳ δὲ καὶ ἀμφοῖν
‒⏑‒⏑‒⏑⏑‒⏑⏑‒Λ̄	Πυθέᾳ τε παγκρατίου, τὸ δ᾽ ἐμὸν
‒⏑⏑‒⏑⏑‒	οὐκ ἄτερ Αἰακιδᾶν 20
⏑⏑‒‒‒⏑‒	κέαρ ὕμνων γεύεται.
‒⏑⏑‒⏑⏑‒	σὺν Χάρισιν δ᾽ ἔμολον
‒‒⏑‒‒	Λάμπωνος υἱοῖς.

So die Kolometrie der Handschriften, welche, obwohl ihr Alter für die Isthmien nicht besonders bezeugt ist, doch alt genug sein dürfte, jedesfalls aber auf alter Tradition beruht. Böckh ist ihr gefolgt bis

Z. 20, von da ab bilden unsre letzten 4 Kola seine letzten 2 Zeilen.
Er hat Recht, was V. 21 betrifft, völlig unrecht, wenn er das dritt-
und viertletzte Kolon in eine Zeile verbindet. Der einzige Missgriff,
den die alte Kolometrie beging, war, dass sie aus Z. 21 zwei Kola
machte, und den Epoden $\iota\tilde{\alpha}$ statt ι' $\varkappa\tilde{\omega}\lambda\alpha$ zuwies. Die Umschreibung
in Noten giebt darüber auf der Stelle Aufschluss:

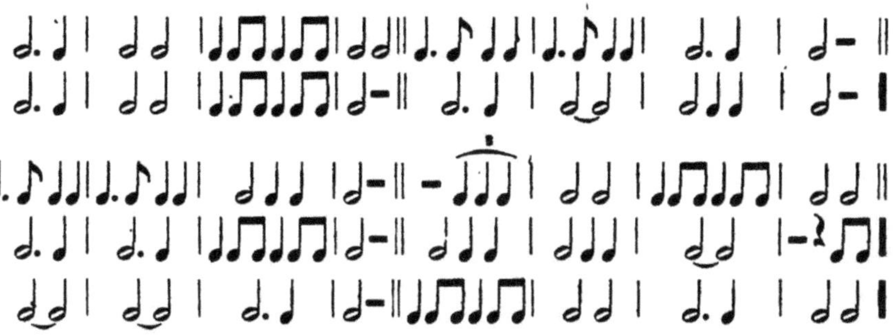

[Notenbeispiel]

Wir haben also auch hier zwei volle Sätze aus je 8 Takten oder
$\pi\acute{o}\delta\epsilon\varsigma$ $\mu\epsilon\gamma\acute{\alpha}\lambda o\iota$, und je nach der Behandlung, ein $\grave{\epsilon}\pi\psi\delta\iota\varkappa\grave{o}\nu$ oder $\mu\epsilon$-
$\sigma\psi\delta\iota\varkappa\acute{o}\nu$ aus 4 $\pi\acute{o}\delta\epsilon\varsigma$ $\mu\epsilon\gamma\acute{\alpha}\lambda o\iota$ oder abermals 8 Einzel$\pi\acute{o}\delta\epsilon\varsigma$. Jeder
Musiker wird einräumen, dass die Epode nach dieser Gliederung durch-
aus compositionsfähig sei. Jetzt erst wissen wir, was ein $\grave{\epsilon}\pi\psi\delta\iota\varkappa\acute{o}\nu$
und $\mu\epsilon\sigma\psi\delta\iota\varkappa\acute{o}\nu$ ist: nämlich nicht jene Dipodien, welche J. H. H. Schmidt
in seinem wunderlichen pretentiösen Buche dafür ausgeben will, son-
dern eine Einheit von 2 Kolis. Der Pausensatz und der Auftakt [Note]
($\varkappa\acute{\epsilon}\alpha\varrho$) macht übrigens in unserm Falle wahrscheinlich, dass 2 Sätze
und ein Epodikon (coda) vorliegen. Ich werde auch in Zukunft der
Deutlichkeit wegen die Sätze durch das Zeichen | abscheiden. Dass
den alten Kolometern, weil sie zwar nicht ganz ohne musikalische Bildung, aber immerhin mehr Grammatiker als Musiker waren, dieser Sach-
verhalt nicht klar geworden ist, geht aus der Anzahl ihrer Kola und
noch deutlicher aus dem Nichtvorhandensein von $\sigma\eta\mu\epsilon\tilde{\iota}\alpha$ zur Abschei-
dung der Sätze hervor. Denn wäre ihnen die Bedeutung des Satzes
klar geworden, würden sie sicher ebenso gut, wie sie jede Strophe,
Antistrophe und Epode durch $\varkappa o\varrho\omega\nu\acute{\iota}\varsigma$, $\pi\alpha\varrho\alpha\gamma\varrho\acute{\alpha}\varphi o\varsigma$ und $\grave{\alpha}\sigma\tau\epsilon\varrho\acute{\iota}\sigma\varkappa o\varsigma$
von einander sondern, auch noch die Sätze durch Zeichen von ein-
ander gesondert haben.

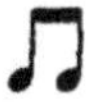

Besteht nun eine pindarische Ode ganz aus musikalischen Perioden, wie sie die moderne Musik auch verlangt, so ist zehn gegen eins zu

wetten, dass von den übrigen Epinikien dasselbe gelten werde, und dass es sich nur darum handle, die Kanones zu finden, nach denen im concreten Falle jeder πούς der Messung κατὰ πόδα oder κατὰ μέτρον unterliegt. Ich werde im Folgenden zeigen, dass derartige Kanones existirt haben, und nur die Unbekanntschaft mit ihnen die alten alexandrinischen εἰδογράφοι verhindert hat, überall die richtige Kolometrie zu geben. Dieser Umstand allein kann erklären, warum zwischen den Kolometern nicht völlige Einigkeit über die Gliederung eines Tonstücks herrschte.

In der vierten Isthmischen, deren Gliederung über jeden Zweifel erhaben ist, ist der erste Vers, ein sogenannter ἰαμβέλεγος, dessen erste Sylbe nach der unsinnigen Auffassung der Metriker ans Ende verlegt ist, ein Epitrit mit daktylischer Tripodie oder Tetrapodie. Sein daktylischer Bestandtheil war notirt ♪♫♪♫ | ♩ ♩ |. Dieselbe Notirung kehrt wieder Z. 5, epod. Z. 1. 3. 6. 7 und in seiner Umsetzung Z. 10. Dagegen finden wir die nämlichen Rhythmen, ohne vorausgehenden oder nachfolgenden Epitrit Z. 4, epod. Z. 8 nach Metren gemessen und als 4 Takte (nicht als 2) behandelt: ♩♪♪ | ♩♪♪ | ♩♪♪ | ♩♪♪ | oder mit Pause ♩♪♪♪ | ♩♪♪♪ | ♩♪♪ | — |. Was ist der Grund? Halten wir uns zunächst an die bloss äusserliche Erscheinung, so finden wir — wenigstens hier — die Daktylen auf 2 Takte vertheilt, wenn ein Epitrit mit ihnen in Verbindung tritt, und ein Kolon mit ihnen bildet; auf 4 Takte, sobald sie ein selbstständiges Kolon für sich ausmachen. Gehen wir auf die dritte Olympische zurück. Hier hat die alte Kolometrie der Strophe 9 Kola zugesprochen, während wir nur 8 verwerthen können. Sie hat nämlich gleich den ersten und dritten B'schen Vers in zwei Kola zerlegt, und daher für den ersten Satz 5 Kola gewonnen, während nur 4 erwartet werden. Machen wir uns dagegen von ihrer Kolometrie frei und betrachten alle Daktylen als zwei Takte — was ist das Resultat? Wir gewinnen 16 starke Takttheile, wie die Legung der Ikten verdeutlicht:

$$\text{\textipa{−́∪∪−∪∪−́−−́∪−́−−́∪∪−∪∪−́}}$$
$$\text{\textipa{−−́∪∪−∪∪−́−−́∪−́}}$$
$$\text{\textipa{−−́∪∪−∪∪−́−−́∪−́−−́∪∪−∪∪−́}}$$

also folgende vier wahre Kola im pindarischen Sinne:

$$^1\,\acute{-}\,\cup\cup\,-\,\cup\cup\,\acute{-}\,-\,\acute{-}\,\cup\,\acute{-}\,-$$
$$\acute{-}\,\cup\cup\,-\,\cup\cup\,\acute{-}\,{}^2\,-\,\acute{-}\,\cup\cup\,-\,\cup\cup\,\acute{-}\,-$$
$$\acute{-}\,\cup\,\acute{-}\,{}^3\,-\,\acute{-}\,\cup\cup\,-\,\cup\cup\,\acute{-}\,-$$
$$\acute{-}\,\cup\,\acute{-}\,-\,\acute{-}\,\cup\cup\,-\,\cup\cup\,\acute{-}\,{}^4\,-$$

d. h. der erste sog. Vers besteht aus sechs, der zweite aus 4, der dritte
aus 6 Takten; Summa 16. Auf die Behandlung des zweiten Satzes
lassen wir uns für jetzt noch nicht weiter ein, es reicht aus zu con-
statiren, dass sowohl die alte Kolometrie als mein Diagramm ebenfalls
16 Takte herausrechnet, unter allen Umständen also die Strophen aus
32 Takten oder 2 Sätzen bestehen, wodurch den Anforderungen des Ton-
satzes Genüge geschieht. Als festgestellt wird so viel gelten dürfen,
dass, wenn der sog. ἰαμβέλεγος mit ans Ende verlegtem Anfang ein
Kolon bildet, die Daktylen zweitaktig sind. Es fragt sich, ob auch der
andre Theil des Kanon zu Recht besteht, dass eine daktylische Tripodie, als Glied für sich, ein Tetrameter ist, der 4 Ikten hat, also
4 Takte füllt. Dem ersten wahren Kolon der Art begegnen wir nach
der Kolometrie der Alten schon Ol. VII epod. Z. 5, wo es zur Ungebühr von Böckh wieder verwischt worden ist. Wir werden auf ihn
noch zurückkommen. Ol. VIII Str. Z. 5 μαιομένων μεγάλαν aber
werden von allen alten und neuen Ausgaben als ein Glied für sich
betrachtet: und siehe da, seine Messung nach Metris bringt sofort
die Taktzahl des zweiten musikalischen Satzes auf acht πόδες μεγάλοι oder 16 πόδες. Denn Z. 4 und Z. 7 sind viertaktig, Z. 6 aber,
von Z. 7 nur in der äussern Form etwas verschieden, hat dieselbe
rhythmische Geltung, wie später noch bewiesen werden wird. Noch
klarer trifft die Bedeutung des selbstständigen Gliedes als Tetrameter
Ol. VIII. epod. Z. 4 zu Tage, wo der erste Satz mit ihm schliesst. In
allen voraufgehenden Takten sind die Daktylen Einzelfüsse. Im ersten
Kolon daktylische Tetrapodie mit Epitrit, im zweiten zwei daktylische
Tetrapodien, im dritten wieder Tetrapodie mit Epitrit, Summa 12,
wozu die 4 Takte des daktylischen Tetrameter gezählt, 16 Takte. In
der X. (XI.) Olympischen Ode Str. Z. 4 irrten die alten wie neuen
Kolometer, wenn sie die Zeile nicht mit εὖ schliessen. Die Worte
πράσσοι μελιγάρυες ὕμνοι sind selbstständiges Kolon. Es ist unter allen
Umständen viertaktig, wie das darauf folgende; aber es kann percu-
tirt werden:

$$– \acute{–} \cup \cup – \cup \cup \acute{–} –\ \text{oder}$$

$$– \acute{–} \cup \cup \acute{–} \cup \cup – –$$

Das Letzte ist das Richtige, da *πρᾶσσ* auf diese Weise ein Element des voraufgehenden Taktes wird, metrisch gesprochen eine Anakruse darstellt. Warum die übrigen Takte des letzten Satzes 12 ausmachen, kann erst später erklärt werden, obgleich die Erklärung eigentlich schon implicite in unserm Kanon liegt. In demselben kleinen Epinikion (Z. 14) Epod. Z. 2 steht *ἀδυμελῆ κελαδήσω* zwischen einem vier- und achttaktigen sog. Verse; mit ihnen zusammen bildet sie den ersten Satz der Epodos. In der dritten Pythischen Ode Str. Z. 3 schreiben alle *ζώειν τὸν ἀποιχόμενον* als Kolon; das ist völlig begründet. Denn Z. 1 besteht aus dem bekannten Jambelegus, Z. 2 aus einer Verbindung dieses Maasses mit zwei Epitriten; beide zusammen aus 12 Takten, so dass, wenn wir die dritte zu einem Kolon stempeln, die 16 Takte des Satzes ohne allen Zwang herauskommen. Die erste Nemeische Ode beginnt den Satz, welcher auf das *προῳδικόν* folgt, mit den Worten *δέμνιον Ἀρτέμιδος*, die stets als Kolon betrachtet worden sind. Ihre Geltung wird sich als die eines daktylischen Tetrameter erweisen, wenn die der vierten Zeile als zweier Kola begründet werden wird. Dagegen spricht für die Richtigkeit unsrer Ansicht wieder ganz deutlich Nem. VIII Str. Z. 2 unsrer Abtheilung. Die alten Ausgaben haben hier allerdings den Böckhschen Langvers (V. 1) unrichtig zerlegt, aber doch wenigstens zerlegt. Böckh's Anordnung aber ist gradezu falsch; denn nur, wenn *ἀμβροσιᾶν φιλοτάτων* ein Kolon bildet, ist die Composition zu vollziehen. Die Anfangsworte *ὥρα — Ἀφροδίτας* geben dann das erste, Z. 3 die beiden letzten Kola her. Auch im Schluss der Epode Nem. XI, den Böckh und die alten Ausgaben falsch beurtheilten, stecken unsre vier Takte; zum mindesten treten sie klarer hervor, wenn derselbe in zwei zerlegt wird, wozu uns sämmtliche Epoden das volle Recht geben.

Vgl.:   *καὶ τελευτὰν ἀπάντων | γᾶν ἐπιεσσάμενος.*
         χειρὸς ἕλκων ὀπίσσω | θυμὸν ἄτολμος ἐών.
         ἀπροσίκτων δ' ἐρώτων | ὀξύτεραι μανίαι.

Ein schlagendes Beispiel ist Isthm. I Str. Z. 4: *Δᾶλος ἐν ᾇ κέχυμαι.* Diesem Gliede gehen drei Glieder gleichen Taktumfangs voraus, jedes zu vier Takten, über deren Messung kein Zweifel aufkommen kann.

Mit ihnen zusammen bildet das vierte den musikalischen Satz von
16 Takten, oder 8 *πόδες μεγάλοι*:

$$–́ ◡ ◡ — — ◡ ◡ –́ — –́ ◡ –́ —$$
$$–́ ◡ ◡ ◡ — — ◡ ◡ –́ ◡ –́ ◡ –́ ◡ –́ \overline{Λ}$$
$$–́ ◡ –́ — — –́ ◡ ◡ — ◡ ◡ –́ —$$
$$–́ ◡ ◡ ◡ –́ ◡ ◡ ◡ –́ \overline{Λ}$$

Von gleicher Beweiskraft ist Isthm. II Epod. Z. 1, wo T. Mommsen
mit glücklichem Takte zur alten Kolometrie zurückgekehrt ist und
Böckhs Langvers wieder in zwei zu lösen vorgeschlagen hat:

Vgl.: *χρήματα χρήματ' ἀνήρ*
γαῖαν ἀνὰ σφετέραν
μή νυν ὅτι φθονεραί.

Wollte man hier Böckh folgen, hätte der Satz zwei gute Takttheile
zu wenig. Denn

$$–́ ◡ ◡ — — ◡ ◡ –́ — –́ ◡ ◡ — — ◡ ◡ –́ — –́ ◡ –́ \overline{Λ}$$
$$–́ ◡ ◡ — — ◡ ◡ –́ — –́ ◡ — –́$$
$$–́ ◡ –́ — –́ ◡ –́ —$$

gäbe nur 14 her. Behandelt man aber jene Worte als Kolon, so
dass sie 4 Takte ausmachen, 4 Ikten bekommen, resultiren 16 *πόδες*.
Angesichts dieser Zeugnisse wird man es billigen, wenn, ich abweichend von Böckh auch Ol. VII epod. Z. 5 mit den Hdschr. *καὶ παρὰ*
Κασταλίᾳ als daktylischen Tetrameter gefasst habe, und mit *πατέρα τε*
den neuen rhythmischen Satz beginne. Inclusive der letzten Stelle be-
gegnete uns die sogenannte daktylische Tripodie elfmal*) als besondres
Glied, und überall wurden genau 16 Takte gewonnen, sobald wir dieses
Element als *κῶλον* fassten. Ich halte mich daher für vollständig ermächtigt als Kanon aufzustellen: Bildet — ◡ ◡ — ◡ ◡ — — (oder in katalektischer Form) ein selbstständiges Ganzes, so muss es als volles *κῶλον*
behandelt werden, tritt sie mit einem Epitriten vorn oder hinten
in Verbindung, als die Hälfte eines Kolons angesehén wer-
den. Im ersten Fall ist zu rhythmisiren ♩♩♩ | ♩♩♩♩ | ♩♩♩ | ♩♩♩ |,
im zweiten ♩♫♩♫♩ | ♩♩♩ |.

 `Dies ist jedoch nicht der einzige Fall, in welchem dies musika-
lisch-rhythische Element mit Viertelkürzen behandelt wird. Wir fahren
vielmehr fort, und vervollständigen unsern Lehrsatz folgendermassen:

———

*) zwölfmal, wenn Ol. VIII epod. V. 6 richtig von mir beurtheilt wird.

Verbindet sich dagegen ‿◡◡‿◡◡‿‿ in der Art mit zwei Epitriten, dass dieselben an seine Spitze treten: ‿◡‿⏒‿◡‿⏒‿◡◡‿◡◡‿‿, so werden diese Elemente als Metra behandelt, und das Ganze als 2 κῶλα (8 Takte) angesehen. Dieser Fall tritt ein Ol. III Epod. Z. 1: ὧ τινι κραίνων ἐφετμὰς Ἡρακλέος προτέρας, wo die alte Kolometrie das Richtige getroffen hat; zweimal in der Ol. VI Str. Z. 4: χρὴ θέμεν τηλαυγές, εἰ δ᾽ εἴη μὲν Ὀλυμπιονίκας, epod. Z. 4: ἀνδρὶ κώμου δεσπότᾳ πάρεστι Συρακοσίῳ; viermal Ol. VII Str. Z. 1. 4. 6. Ep. Z. 2. Die letzte Stelle ist zwingend: die Rhythmen der beiden ersten Verse sind:

$$\text{\footnotesize ⏌◡◡‿◡◡⏌‿⏌◡◡‿◡◡⏌‿‿⏌◡⏌}$$

$$\text{\footnotesize ⏌◡⏌‿⏌◡⏌‿‿◡◡‿◡◡‿⏌◡⏌}$$

Wie anders könnte die daktylische Parthie iktirt werden, da mit Ῥόδον obenein Sinnpause eintritt, und es nicht gestattet ist, vom nächsten Gliede zwei Takte abzubrechen, als dass jeder Daktylus seinen Iktus qua metrum empfängt? Auch Str. Z. 6 möchte ich wagen als zwingend zu bezeichnen, denn da derselbe ἐπῳδικόν ist, und als solches sechs Takte nicht haben kann, aber doch mehr als vier hat, welche bei der von uns vorgeschlagenen Rhythmisirung acht ergeben, so scheint nichts übrig zu bleiben, als sich zu dieser Annahme zu bekennen und ◡◡⏌⏌⏌◡⏌‿‿◡◡⏌◡◡⏌⏌ zu percutiren. Die zehnte Olympische bietet in Str. Z. 7 Epod. Z. 3 neue schlagende Beweise dar. In beiden Stellen besteht der Satz aus 3 sog. Versen, von denen der eine die in Rede stehenden Rhythmen enthält, ein zweiter aus zwei Epitriten, der dritte aus einem daktylischen Tetrameter besteht. Wenn nun, wie wir sahen, diese einen Umfang von 8 Takten repräsentiren, bleibt für unsre Rhythmen nothwendig derselbe Taktumfang übrig, der grade der von der Musik geforderte ist, und der Sylbenzahl nach zwar ein kleinerer, aber absolut kein grösserer sein könnte. Unser erster Kanon und sein Zusatz finden in diesen zwei Stellen gegenseitige Unterstützung. Auch das Beispiel Ol. XII Str. 6 ist willkommen: Z. 5 hat 4 Percussionen, der Schluss der sechsten muss ebenfalls 4 erhalten, weil das Ohr eine Messung zweier Epitriten nach Füssen am Schluss einer Strophe noch weniger, als am Schluss eines Satzes vertragen könnte. Somit bleiben für unser Maass wieder die regelrechten 8 Ikten übrig. Weitere Belege liefern Pyth. I Str. Z. 1, wo wohl (wie Pyth. IX 2) ein Zweifel entstehen kann, wie die 8 Ikten des zweiten sog. Verses zu legen seien, nicht

aber wie viele er habe; Pyth. I 4; Pyth. IX Epod. Z. 2, wo der B'sche
V. 1 seine unleugbaren 6 Takte, der Anfang des zweiten ohne Wider-
spruch seine 2 Takte hat. Nemeische I Str. Z. 4 liegt die Sache genau
wie Ol. X [XI] Str. 7 Epod. 3, denn dass die zwei Epitriten hier wie
Nem. V 5 in der Form von ‒‒◡‒‒ voraufgehen, ist unwesentlich dabei. Vgl. ferner Nemeische I Epod. Z. 1, worüber jedoch später noch
eingehender zu handeln ist; Nemeische V Str. Z. 1 und 5 (von der
Form der Epitriten ‒◡‒‒‒ siehe Nem. I 4). An erster Stelle gehen
zwar den Daktylen nicht 2 sondern 5 Epitriten voraus, aber von ihnen
kommt nur der dritte und vierte in Betracht, wie durch die Syncope
εἰμ᾿ genügend indicirt ist. Uebrigens liefert dieser Böckhsche sog. Langvers, dessen Ende ge n a u mit dem Ende des musikalischen Satzes zusammenfällt, den schlagenden Beweis, dass a l l e vermeintlichen Versschlüsse
der B'schen Anordnung nichts andres sind als musikalische Ruhepunkte
nach einer festbestimmten Anzahl von Takten. Die VIII. und IX. Nemeische enthalten je ein hierhergehöriges Beispiel. Nem. VIII 5 giebt
die Epitriten allerdings nicht in der gewöhnlichen reinen Form, sondern ◡◡‒◡◡‒‒◡‒, allein das bleibt ohne Einfluss, da nur die Zahl
der Perkussionen in Betracht kommt. Nem. IX 2 aber als zwingen-
des Beispiel wollen wir wieder mit seinen Ikten hersetzen:

$$\text{‒◡◡‒◡◡‒‒‒◡◡‒◡◡‒‒}$$

$$\text{‒◡‒‒‒◡‒‒‒◡◡‒◡◡‒‒‒◡‒‒‒◡‒Λ}$$

Man nehme den beiden mit Punkten bezeichneten Längen ihre Ikten,
d. h. man behandle ‒◡◡ und ‒ als schlechte Takttheile und sehe dann,
wo der Musiker bleibt. Nem. XI 2 b e w e i s t nichts, ohne indessen d a -
g e g e n zu sprechen, auch Isthm. I 5, II 3 liegt die Sache nicht klar
genug, um sich dieses Beispiels ohne Umstände bedienen zu können: dagegen dürfen unbedenklich Isthm. V Str. Z. 1 und Epod. Z. 3. 5 heran-
gezogen werden, wo ein Blick in unsre Diagramme genügt, um die
Richtigkeit unsrer Werthbestimmung ausser Zweifel zu setzen, zumal
Str. Z. 1 προῳδικόν ist. Böckh hat Isthm. V. 22 als eine Zeile geschrieben. Das ist aber grade darum falsch, weil sein sog. Vers von
10 Ikten hier nicht zu brauchen ist. Zerlegen wir ihn aber in 2, wozu uns

$$\mu\upsilon\rho\acute{\iota}\alpha\iota\ \delta᾿\ \check{\epsilon}\rho\gamma\omega\nu\ \varkappa\alpha\lambda\tilde{\omega}\nu$$
$$\tau\grave{o}\nu\ \mu\grave{\epsilon}\nu\ \check{\alpha}\rho\rho\eta\varkappa\tau o\nu\ \varphi\upsilon\grave{\alpha}\nu$$
$$\gamma\lambda\tilde{\omega}\sigma\sigma\alpha\nu\ o\grave{\upsilon}\varkappa\ \check{\epsilon}\xi\omega\ \varphi\rho\epsilon\nu\tilde{\omega}\nu$$

ermächtigen, haben die Daktylen nur 2 Ikten, und die richtige Iktenzahl ist hergestellt.

Diese Masse der mathematisch gesicherten Beispiele genügt aber auch ausreichend, um die Behauptung aufrecht zu erhalten, dass ⏑⏑⏑⏑⏑⏑⏑|⏑⏑⏑⏑⏑⏑⏑⏑ als zwei Kola oder 8 Takte zu betrachten sind, wenn nicht, wie Pyth. IV ep. 3. Nem. V epod. 5. Nem. X epod. 5. 6. ausnahmsweise geschehn zu sein scheint, die den Daktylen voraufgehenden 2 Epitriten *κατὰ πόδα* gemessen waren. Dann allerdings wurden es auch die Daktylen:

$$\text{⏑⏑⏑⏑⏑⏑⏑⏑⏑⏑⏑⏑}$$

♩. ♪ ♩ ♩ | ♩. ♪ ♩ ♩ | ♩ ♫ ♩ ♫ | 𝅗𝅥 – |

Dass auch die Umdrehung davon ⏑⏑⏑⏑⏑⏑⏑⏑⏑⏑⏑⏑ immer *κατὰ μέτρον* behandelt worden sei, folgt, wie wir später sehen werden, daraus noch nicht, wiewohl sie meistentheils so behandelt wurde, und unter gewissen Bedingungen sogar so behandelt werden musste. Wir haben es jedoch vor der Hand noch mit den Daktylen zu thun.

Pindar hat nämlich ausser diesem **zweitaktigen** und **vier-taktigen daktylischen Rhythmus** auch noch folgenden verwandt, dessen metrisches Bild

$$\text{⏑⏑⏑⏑⏑⏑⏑⏑⏑⏑⏑⏑}$$

ist. Welches Taktverhältniss drückt dieses aus? Den ersten Gebrauch finden wir von ihm Ol. VI epod. Z. 2 Str. Z. 4 gemacht. Der erste m(usikalische) Satz der Epode besteht aber aus den 2 Zeilen 15. 16:

$$\text{⏑⏑⏑⏑⏑⏑⏑⏑⏑⏑⏑⏑}$$

$$\text{⏑⏑⏑⏑⏑⏑⏑⏑⏑⏑⏑⏑⏑}$$

Da hier keine Frage sein kann, dass die Zahl der übrigen guten Takt-theile 12 ist, weil der satzschliessende Schein-Choriamb zwei Percus-sionen empfangen muss, so ergeben sich mit mathematischer Nothwen-digkeit für die Daktylen 4 Percussionen. Diese Reihe ist also hier in Viertelkürzen behandelt und füllt 4 Takte aus. Das nämliche gilt von ihr in Str. Z. 4, wo jedoch ein Gebilde auf sie folgt, dessen Rhyth-mirung noch nicht näher besprochen werden kann. In beiden Fällen geht zwar den Daktylen, wie wir anmerken wollen, ein Epitritenpaar vorauf; dass jedoch dies der Grund für die Geltung der Daktylen als Metra nicht sei, zeigt bereits Ol. VII Epod. Z. 3, zweiter musikali-scher Satz:

$$\text{⏑⏑⏑⏑⏑⏑⏑⏑⏑⏑⏑⏑⏑}$$

$$\text{⏑⏑⏑⏑⏑⏑}$$

$$\text{⏑⏑⏑⏑⏑⏑}$$

Der übrigen guten Takttheile sind 12; verbleiben für die Daktylen 4 Perkussionen, wie in der Strophe, trotzdem ihnen nur ein Choriamb mit seinen 2 Ikten voraufgeht. Auch Ol. XII Epod. Z. 3 gehen im ersten musikalischen Satze den Daktylen nur 2 gute Takttheile vorauf:

die mit den 10 guten Takttheilen der beiden vorhergehenden Verse 12 ergeben; bleiben 4 Perkussionen für die Daktylen. Pyth. IV epod. Z. 5 gehen weder ein noch zwei Epitriten vorauf, sondern eine Anakrusis, deren musikalische Bedeutung nur den voraufgehenden Takt angeht, gleichwohl können auch diese Daktylen nicht anders als κατὰ μέτρον gemessen werden, wie sich ergeben wird, wenn wir die Werthe der Epitriten bestimmen werden. Ebenso steht zwar fest, dass Nem. I epod. Z. 3 und 4 den zweiten musikalischen Satz bilden, aber dass auch hier unsere Daktylen vier Ikten haben, kann erst nachgewiesen werden, wenn von der Messung der zwei ein Glied, aber nicht den Satz schliessenden Epitriten gehandelt worden ist. Beweiskräftig ist erst wieder Nem. V epod. Z. 7, die das ἐπῳδικόν bildet:

weil hier zu 4 Ikten nothwendig 4 dazu gehören; und nicht minder Isthm. V Str. Z. 3:

wo bereits 12 Perkussionen erkannt sind, die wieder zu 16 anwachsen, wenn wir jeden Daktylus als Metrum fassen, und dem gemäss percutiren. Genau dieselbe Anordnung der Epitriten und Daktylen zu 10 Takten, wie hier und Ol. VI epod. Z. 2, findet auch Isthm. III 5 statt, und da Isthm. III 6 ein 6taktiges Gebilde ist, scheint auch hier keine abweichende Rhythmisirung stattzufinden, sondern das richtige Verfahren das zu sein, dass wir Z. 5 und 6 zum zweiten musikalischen Satze vereinen und im ersten Satze vor einem Mesodikon durch κροῦσις nachhelfen. Wir werden also als erwiesen ansehen dürfen, dass eine spondeisch auslautende Verbindung von vier Daktylen keine Tetrapodie, sondern ein tetrameter dactylicus ist, der 4 Ikten zu beanspruchen hat, oder 4 $^4/_4$ Takten gleichkommt, gleichviel ob sie das Kolon beginnt, oder ein oder zwei Epi-

triten ihr vorangehen.   Eine Spielart derselben ist die nur einmal Ol.
VI Str. 5 vorkommende katalektische Form:

$$[\text{—}\cup\text{—}]\,\text{—}\cup\cup\text{—}\cup\cup\text{—}\cup\text{—}\bar{\Lambda}$$

in der der dritte Dactylus durch ♩. ♩ vertreten ist.   Mit ihr kann je-
doch verglichen werden N. V ep. 1: $\bar{\Lambda}\cup\text{—}\cup\cup\text{—}\cup\cup\text{—}\smile$

Ueber eine Verbindung von 4 Daktylen ist Pindar in den Epinikien nur ein einziges Mal hinaus gegangen Pyth. III 4 *Οὐρανίδα
γόνον εὐρυμέδοντα Κρόνου*; welches hier die guten Takttheile seien,
lehrt einestheils der alte anerkannte Lehrsatz, dass eine Pentapodie
nur 4 Ikten habe, andrerseits der Umstand, dass Z..4 ein *μεσῳδικόν*
ist, welches 8 Takte zu verlangen hat.   Der dritte und vierte Daktylus sind als ein unter der Herrschaft e i n e s Iktus stehender Takt,
der erste, zweite und fünfte als einzelne Takte zu betrachten, so dass
die ganze Reihe den Werth eines Kolons hat, so gut wie —$\cup$———$\cup\cup$—$\cup\cup$—,
von dem sich dieselbe nur in der äussern Form der ersten zwei Takte
unterscheidet.   D. h. die s p o n d e i s c h   a u s l a u t e n d e   d a k t y l i s c h e
P e n t a p o d i e ist in Wahrheit ein tetrameter dactylicus, dessen drittes
Metron aus zwei daktylischen Füssen besteht; oder e i n e   E i n h e i t
v o n   4   T a k t e n ,   d e r e n   d r i t t e r   gleichsam aus dem $^2/_2$tel T a k t
in den $^4/_4$tel T a k t   ü b e r g e h t.

Nunmehr sind noch die Fälle zu besprechen, in denen einer
brachykatalektischen daktylischen Tetrapodie $[\text{—}\cup\cup\text{—}\cup\cup\text{—}(\text{—})]$ drei Epitriten voraufgehen, und diejenigen, in denen zwei Tetrapodien von
dieser Form unmittelbar auf einander folgen.   Jener sind im Ganzen
10: Ol. III 4. Ol. VI 1. 6. Pyth. I.2. IV epod. 4 Nem. VIII 4 (3)
epod. 7. Nem. X 1. Isth. I ep. 5. Isthm. II 2.

ἵππων ἄωτον. Μοῖσα δ᾽ οὕτω μοι παρεστάκοι ᾽νεοσίγαλον εὑρόν-
χρυσέας ὑποστάσαντες εὐτειχεῖ προθύρῳ θαλάμου
συνοικιστήρ τε τᾶν κλεινᾶν Συρακοσσᾶν τίνα κεν φύγοι ὕμνον
σύνδικον Μοισᾶν κτέανον τᾶς ἀκούει μὲν βάσις ἀγλαΐας
ματρόπολιν Θήραν γενέσθαι τάν ποτε Τριτωνίδος ἐν προχοαῖς.
τὸν μὲν ἀμέροις ἀνάγκας χερσὶ βαστάζεις ἕτερον δ᾽ ἑτέραις.
Δείνιος δισσῶν σταδίων καὶ πατρὸς Μέγα Νεμεαῖον ἄγαλμα.
Δαναοῦ πόλιν ἀγλαοθρόνων τε πεντήκοντα κορᾶν Χάριτες.
κεῖνοι γὰρ ἡρώων διφρηλάται Λακεδαίμονι καὶ Θή-
ἐς δίφρον Μοισᾶν ἔβαινον κλυτᾷ φόρμιγγι συναντόμενοι.

An all diesen Stellen ist die Geltung der Daktylen eine zweitaktige, ihre Messung die κατὰ πόδα. In welcher Form die Epitriten auftreten, ist dabei gleichgiltig, ob als reine Epitriten, ob als Choriamben, oder adonischer Vers, oder als Länge mit Vorpause u. dgl. Auch macht es keinen Unterschied, ob die Epitriten podisch oder nach Metren perkutirt werden. Das gewöhnliche ist jedoch, dass die 3 Epitriten 6 Takten entsprechen, nur Pyth. I 2 und P. IV epod. 4 scheinen sie 4 Takten gleichgesetzt. Pyth. I epod. 7 gehen den Daktylen einmal sogar 4 Epitrite vorauf: Σικελία τ᾽ αὐτοῦ πιέζει στέρνα λαχνάεντα, κίων δ᾽ οὐρανία συνέχει. Hier sind die Epitrite auf 6 Takte vertheilt, die Daktylen aber κατὰ πόδα behandelt, wie zu erwarten stand. Wie man darauf kam, nach drei Epitriten die Daktylen podisch zu messen, lehrt Nem. VIII ep. 7 durch seine Syncope nach σταδίων. Man betrachtete das Ganze als bestehend aus 2 Reihen

$$\text{⏑⏑–⏑⏑–⏑⏑–} \,|$$

$$\text{⏑⏑⏑⏑⏑⏑⏑–⏑⏑–⏑–}$$

die zweite Reihe aber kennen wir bereits als eine viertaktige. Vgl. Pyth. I Str. Z. 2. Isthm. II 2.

Häufiger ist die Erscheinung, dass zwei sogenannte daktylische Tripodien (in Wahrheit brachykatalektische Tetrapodien) vereint werden. Das geschieht 23 Mal. Ol. III ep. 3. VI ep. 5. 6. VII ep. 1. VIII ep. 2. 5. Pyth. I 6. III ep. 7. IX 6. XII 1. 2. 4. Nem. V 2 IX 1. 3. 4. X 2. 5 ep. 3. XI 3 ep. 1. 3. Isthm. I ep. 2.

ἀμφὶ κόμαισι βάλῃ γλαυ | κόχροα κόσμον ἐλαίας.
οὔτε δύσηρις ἐὼν οὔτ᾽ | ὢν φιλόνεικος ἄγαν
καὶ μέγαν ὅρκον ὀμόσσαις | τοῦτό γέ οἱ σαφέως.
καί νυν ὑπ᾽ ἀμφοτέρων σὺν | Διαγόρᾳ κατέβαν τὰν.
Ζηνὶ γενεθλίῳ ὃς σ᾽ ἐμ | μὲν Νεμέᾳ πρόφατον.
* ἦν δ᾽ ἐσορᾶν καλὸς ἔργῳ τ᾽ | οὐ κάτα εἶδος ἐλέγχων.
| τῳ Διὸς αἰετὸς ὠκεῖ | αν πτέρυγ᾽ ἀμφοτέρω |
ἔστι δὲ φῦλον ἐν ἀνθρώ | ποισι ματαιότατον.
ἅρπασ᾽ ἔνεικέ τε χρυσέῳ | παρθένον ἀγροτέραν κτλ.
αἰτέω σε φιλάγλαε καλλί | στα βροτέων πολίων
Φερσεφόνας ἕδος ἅτ᾽ ὄχ | θαις ἔπι μηλοβότου.
ἵλαος ἀθανάτων ἀν | δρῶν τε σὺν εὐμενίᾳ.
ἑστάοτ᾽ ἀλλ᾽ ἐπὶ πάσας | ὁλκάδος ἐν τ᾽ ἀκάτῳ γλυκωμάσομεν παρ᾽ Ἀπόλλω | νος Σικυωνόθε Μοῖσαι

ὄλβιον ἐς Χρομίου δῶμ᾽ | ἀλλ᾽ ἐπέων γλυκὺν ὕμνον
|πον γὰρ ἐς ἅρμ᾽ ἀναβαίνων | ματέρι καὶ διδύμοις παι|
δῶμα θεοπρεπὲς ὑμνεῖ | τε φλέγεται δ᾽ ἀρεταῖς.
|πτῳ τὰ κατῴκισεν ἄστη | ταῖς Ἐπάφου παλάμαις.
Τηλεβόας ἐναρόντ᾽ ὅ | ψιν οἱ ἐειδόμενος.
εὖ μὲν Ἀρισταγόραν δέ | ξαι τεὸν ἐς θάλαμον.
* ἄνδρα δ᾽ ἐγὼ μακαρίζω | μὲν πατέρ᾽ Ἀρκεσίλαν.
* εἰ δέ τις ὄλβον ἔχων μορ | φᾷ παραμεύσεται ἄλλων.
ἀλλ᾽ ἐγὼ Ἡροδότῳ τεύχων | τὸ μὲν ἅρματι τεθρίπ-

Mit der katalektischen Form schliesst fast ausnahmelos (vgl. jedoch Pyth. I 6) ein sog. Vers ab. Auf die akatalektische aber folgt fast
ebenso beständig noch ein, gewöhnlich katalektischer, Epitrit. Da
dieser zwei Perkussionen hat, so sieht man leicht, dass er die Bestim-
mung hat, mit einem gewissen Nachdruck in die nächste Taktgruppe
überzuleiten, deren Hälfte er ausmacht, oder mit Nachdruck (in seiner
akatalektischen Form) eine Taktgruppe abzuschliessen.

$$
\text{a.} \quad |{-}\cup\cup{-}\cup\cup|{-}{-}|{-}\cup\cup{-}\cup\cup|{-}\breve{\times}\|
$$
$$
\text{b.} \quad |{-}\cup\cup{-}\cup\cup|{-}{-}|{-}\cup\cup{-}\cup\cup|{-}{-}|
$$
$$
|{-}{-}{-}|{-}\breve{\times}\|
$$
$$
\text{c.} \qquad\qquad\qquad |{-}\cup\cup{-}\cup\cup|{-}{-}|
$$
$$
{-}\cup\cup{-}\cup\cup|{-}{-}|{-}{-}{-}|{-}{-}\|
$$

In beiden Fällen ist Messung der Daktylen κατὰ πόδα indicirt,
die auch in der That alle Stellen verlangen, ausser den drei durch *
ausgezeichneten Versen. Die erste verbindet zwei sog. Tripodien zu
einem μεσῳδικόν. Die Entscheidung wird hier dem Componisten an-
heimfallen, ob er sie als ein oder zwei Kola betrachten will. Ich
würde das letztre vorziehen und rhythmisiren:

ἦν δ᾽ ἐσο-ρᾶν καλὸς ἔρ-γῳ τ᾽ οὐ κάτα εἶδος ἐ-λέγ-χων.

An den beiden letzten Stellen weiss ich nur durch Pausen oder regel-
widrige Behandlung einer Tripodie zu helfen. Wofür sich aber auch
der Componist entschieden haben mag, im Allgemeinen berechtigt uns die
Majorität von 20 Fällen gegen 3 zu sagen, dass die Daktylen sowohl, welche auf 3 Epitriten folgen, als auch die, welche
repetiren, $^4/_4$tel Takt und Achtelkürzen haben.

Nachdem wir hiermit alle Behandlungsweisen der daktylischen

Rhythmen, welche in den hesychastischen Episynthetis vorkommen,
beleuchtet haben, wollen wir die Ergebnisse unsrer Betrachtung noch
durch nachstehendes Schema übersichtlich zusammenfassen, indem wir
uns des Striches und des Punktes zur Unterscheidung des scheinbaren
$^2/_2$tel vom $^4/_4$tel Takte bedienen.

$$(\_)\,\llcorner\cup\cup\llcorner\cup\cup\llcorner(\llcorner)$$
$$\llcorner\cup\llcorner\_\_\llcorner\cup\llcorner\_\_\llcorner\cup\cup\llcorner\cup\cup\llcorner(\llcorner)$$
$$\llcorner\llcorner\cup\llcorner\_\_\llcorner\cup\cup\llcorner\cup\cup\llcorner(\llcorner)$$
$$\llcorner\cup\cup\llcorner\cup\cup\llcorner\llcorner\llcorner\cup\llcorner\_\llcorner\cup\llcorner(\_)$$
$$\llcorner\cup\cup\llcorner\cup\cup\llcorner\cup\cup\llcorner\_$$
$$\llcorner\cup\cup\llcorner\cup\cup\llcorner\cup\llcorner\overline{\Lambda}$$
$$\overline{\Lambda}\cup\cup\llcorner\cup\cup\llcorner\cup\cup\llcorner\cup$$
$$\llcorner\cup\cup\llcorner\cup\cup\llcorner\cup\cup\_\cup\cup\llcorner\overline{\Lambda}$$
$$[\llcorner\cup\cup\llcorner\cup\cup\llcorner\llcorner\llcorner\cup\cup\llcorner\cup\cup\llcorner(\llcorner)]?$$
$$\llcorner\varpi\_\cup\cup\llcorner\_\_\llcorner\cup\llcorner(\_)$$
$$\llcorner\cup\llcorner\_\_\llcorner\cup\cup\_\cup\cup\llcorner(\_)$$
$$\llcorner\cup\_\_\_\llcorner\cup\_\_\_\llcorner\cup\cup\_\cup\cup\llcorner(\_)$$
$$\llcorner\cup\llcorner\_\_\llcorner\cup\llcorner\_\_\llcorner\cup\llcorner\_\_\llcorner\cup\cup\_\cup\cup\llcorner(\_)$$
$$\llcorner\cup\_\_\_\llcorner\cup\_\_\_\llcorner\cup\llcorner\_\_\llcorner\cup\cup\_\cup\cup\llcorner(\_)$$
$$\smile\cup\cup\_\_\_\llcorner\cup\_\_\_\llcorner\cup\llcorner\_\_\llcorner\_\_\llcorner\cup\cup\_\cup\cup\llcorner\overline{\Lambda}$$
$$\llcorner\cup\cup\_\cup\cup\llcorner\_\_\llcorner\cup\_\_\_\llcorner\cup\_(\_)$$
$$\llcorner\cup\cup\_\cup\cup\llcorner\_\_\llcorner\cup\cup\_\cup\cup\llcorner(\_)$$
$$\llcorner\cup\cup\_\cup\cup\llcorner\_\_\llcorner\cup\cup\_\cup\cup\llcorner\_|\llcorner\cup\llcorner\overline{\Lambda}$$
$$\llcorner\cup\cup\_\cup\cup\llcorner\_|\llcorner\cup\cup\_\cup\cup\llcorner\llcorner\cup\llcorner\_$$
$$[\overline{\Lambda}\cup\cup\_\cup\cup\llcorner\cup\_\cup]\ \text{Nem. X 1.}$$

In Worten:

1) Das daktylische Element der hesychastischen Episyntheta hat
eine musikalische Geltung von entweder **vier** Takten mit Viertelkürzen oder **zwei** Takten mit Achtelkürzen.

2) Im ersten Falle haben die in der **metrischen** Form von
Tripodie, Tetrapodie und Pentapodie erscheinenden sogenannten Reihen
alle denselben Umfang von 4 Takten. Die katalektische Tripodie ist
als brachykatalektisch zu betrachten: der dritte und vierte Fuss der
Pentapodie als **ein** Takt mit Achtelkürzen.

3) Die vom Metriker sogenannte Tripodie hat aber den Umfang
von 4 Takten nur, wenn sie entweder ein selbstständiges Kolon ist,

oder wenn ihr zwei mit Viertelkürzen behandelte Epitriten, in welcher Form es sei, voraufgehn.

4) Die Tetrapodie ist immer viertaktig, gleichviel ob ihr ein oder zwei Epitriten voraufgehn.

5) Eine Verbindung von 2 Tripodien zu einem Verse ist nur (als Mesodikon) ausnahmsweise 8taktig.

6) Der Regel nach stellt sie 4 Takte dar.

7) Hat der letzte Takt derselben die Form 𝅗𝅥 𝅗𝅥, so pflegt darauf ein mit Viertelkürze behandelter Epitrit als Abschluss des 16taktigen musikalischen Satzes zu folgen. Hat dagegen der letzte Takt die Form 𝅗𝅥 𝅗𝅥, so folgt darauf ein Epitrit in der Form 𝅗𝅥. ♩ | 𝅗𝅥 𝅗𝅥, als erste Hälfte des nächsten 4taktigen Kolons.

8) Gehen der Tripodie ein, drei oder vier Epitriten vorauf, oder zwei dem $^4/_4$tel Takt unterliegende Epitriten, so hat die Tripodie $^4/_4$tel Takt.

9) Denselben hat sie auch, wenn auf sie ein zweitaktiger oder zwei nur zwei Takten gleichgeltende Epitriten folgen.

Wir haben uns im Laufe unsrer Untersuchung genöthigt gesehen, über einzelne diesen Lehrsätzen scheinbar widersprechende Stellen vor der Hand unser Urtheil zu suspendiren, bis wir uns mit der Behandlungsweise auch der Epitriten näher vertraut gemacht hätten; wir wenden uns nunmehr zu diesen Rhythmen, in der nämlichen Absicht, ihren musikalischen Werth unter gegebnen Verhältnissen zu ermitteln.

Die gewöhnliche Form, unter welcher der Epitrit auftritt, ist die metrische Scheinform: ‒◡‒‒, strenggenommen ‿◡‒‒, was, wenn $^4/_4$tel Takt beliebt wird | 𝅗𝅥. ♪ ♩ ♩ |, wenn $^2/_2$tel Takt 𝅗𝅥. ♩ | 𝅗𝅥 𝅗𝅥 ergiebt. Von beiden Taktarten machen die hesychastischen Episyntheta Gebrauch, abermals nach feststehenden Gesetzen, die wir sogleich aufführen wollen, nachdem wir zuerst die mannigfaltigen Formen zur Kenntniss gebracht haben, unter denen der Epitrit allzu grosse Eintönigkeit zu vermeiden noch erscheint. Es sind folgende 18:

‿◡◡‿‒ Ol. VI ep. 3. Isthm. Fr. I 2.

◡◡‿◡◡‿‒ Nem. VIII 5

‿◡◡‿ Ol. VI 2. ep. 2. VII ep. 3. X 4. XII 2. 4. ep. 6. P. I 2.
     ep. 8. III 4. IV ep. 4. 6. N. I ep. 4. V ep. 5. VIII 3.
     ep. 7. XI 5. Isthm. II ep. 5. III ep. 1. IV 6. Fr. I 5.

‒◡◡‒　　Nem. XI ep. 4. Isth. I 6. ep. 3.

͡Λ◡◡‒◡　　Pyth. IX 1. 3.

◡◡◡◡‒‒　　Ol. VII ep. 6.

‒◡‒◡　　P. IX ep. 5. N. V 1. Isth. IV 1. ep. 7 und sonst.

‒◡‒　　Ol. VI ep. 7. Isth. IV ep. 9 und sonst oft.

͡◠◡‒‒　　Ol. X ep. 3. P. I ep. 5. 7. 8. IX ep. 8. Nem. I ep. 1.
　　　　Isth. IV 6 ep. 6. V 7.

͡◠◡‒◡　　Isth. IV 2

͡◠◡‒Λ　　P. I ep. 3. N. V 6. Isth. II ep. 7.

͡◠‒　　N. X ep. 6.

‒‒　　Pyth. I 3.

‒‒　　(am Schluss?) P. I 2. IX 2.

◡‒‒　　Ol. VI 6.

◡◡‒‒　　Ol. VII 1. 6. VIII 6. Pyth. I ep. 8.

‒　　Ol. VI 1. 5. XII ep. 4. Pyth. I ep. 4. IX ep. 1. XII 1.
　　Nem. V 1. 5. VIII ep. 1. IX 5. Isthm. I 5. ep. 5. II 1.
　　ep. 7. III ep. 1. V 1. 5. Isthm. Fr. I 3.

◡◡‒　　Ol. VII ep. 7. Nem. VIII ep. 3. Isth. IV ep. 9.

Also daktylische Dimeter so gut wie die einzelne Länge sind unter
Umständen Vertreter des Epitriten. Dass jene das von den Daktylen
in die Epitriten überleitende Mass sind, bedarf kaum noch einer Erwähnung, da jeder sieht, dass ♩♩♪│♩♩│ und ♩.♪│♩♩│ nur
durch die Bindung des ersten Viertels an die voraufgehende Halbe
sich unterscheiden. Das Element ‒◡◡‒ ist nur ein Scheinchoriamb,
in Wahrheit ♩♩♪│♩♩│ oder ♩♩♪│♩ ‒ │ ebenso wie ‒◡‒◡ nur
ein scheinbarer Ditrochaeus, in Wahrheit ♩.♪│♩.♪│ ist. Die erste
Länge des daktylischen Dimeter darf, wie wir an N. 5 sehen, auch
durch Pause ergänzt werden │ ‒ ♪♪│♩♩│ oder │ ‒ ♪♪│♩.♪│. Tritt
statt des dimeter dactylicus ein Spondeus auf, so ändert das an den
Taktverhältnissen nicht das mindeste, da ein solcher Spondeus nicht
einen, sondern zwei Ikten hat, jede Sylbe einen Takt füllt: │ 𝅗𝅥 │
𝅗𝅥 │ oder ♩♩│♩♩│ oder ‒ ♩│♩♩│. Und vertritt endlich diesen
Spondeus äusserlich nur eine einzige lange Sylbe, so stört auch diese

das Taktverhältniss nicht, weil sie einfach den Werth zweier Takte
dadurch repräsentirt, dass die κροῦσις ergänzend eintrat, z. B. __ |
− ♩ | oder __ | − ⅄ ♩ |, ja selbst __ | − ⅄. ♪ | ist einmal nachzuwei-
sen. Die vier Viertel des daktylischen Metrums sind aber auch einmal
sämmtlich in Vierteln ausgedrückt Ol. VII ep. 6 (πατέρα τε), wo zu
rhythmisiren ist: ♩♩♩♩ | ♩ ♩ |. Die noch übrigen Varianten des
Epitrit sind von nicht geringerem Interesse. Wenn uns die metrische
Form ◡◡◡__ mit einem Iktus begegnet, so ist dies ein klares Zeichen, dass an eigentliche Kürzen im Sinne des Grammatikers hier nicht
zu denken ist. Denn da der Epitrit als Viervierteltakt in metrischen
Zeichen correct als _◡__ ausgedrückt werden muss, kann ◠◡__ niemals ohne Störung alles Rhythmus sein Vertreter sein. Wir werden

entweder ⅄ ♪♪♪♩♩ oder ⅄ ♪♪♪♩♩ oder ♩♩♩♩♩ schreiben müssen,
und dass das letztere das rationelle ist, leuchtet ein. Wird nun der
Epitrit mit Viertelkürze behandelt, so muss er rhythmirt werden

Diese Notirung ist im Anfang des Verses ohne alle Schwierigkeiten.
Eine Pause mitten in den Vers hinein zu legen, zumal wenn dadurch
ein Wort des Textes gebrochen würde, hat dagegen seine Bedenken,
die jedoch sofort gehoben werden können:

τῶν ἐπὶ | Ζεφυρίῳ Λο-
ἀλλὰ μοι | ῥίδιον ἦν.

sind zwei analoge Fälle. Man könnte beidemale

schreiben, das erste mal aber auch ♩. ♪ | ♩ ♩ | ⅄ ♪♪♪ | ♩ ♩ |. Wir
werden den Triolen, sowohl Viertel- wie Achteltriolen, noch einmal
bei Ol. II in reicher Menge begegnen.

  Dass übrigens mit Ausnahme von ◠◡_ (Nem. X ep. 6) und _◡◡_
(Nem. XI ep. 4 Isth. I 6. ep. 3), welche beide Taktarten zulassen, diese
vereinzelten Stellvertreter des Epitrit überwiegend dem $^2/_4$tel Takt zu-
fallen, zeigt obige Uebersicht. Wir haben aber auch den Beweis zu

liefern, dass die angegebene Percussion des metrischen Elements die richtige ist. Zunächst bedarf es keines Beweises dafür, dass ein Epitrit, welcher einen ganzen musikalischen Satz abschliesst, nicht wohl κατὰ πόδα (♩. ♪ ♩ ♩, ♩. ♪ ♩ 𝄽) gemessen werden kann, da solcher Schluss dem Ohre völlig unerträglich sein würde; und das ist auch offenbar der Grund, weshalb dem Epitriten auch als Schlusselement eines Binnenkolons die Messung mit Viertelkürze für gewöhnlich zu Theil wurde. Wenn nun in Ol. VI die letzten zwei Glieder des ersten Satzes (Z. 2. 3) nothwendig 8 Ikten haben, so muss die Z. 1 ihre 8 Perkussionen bekommen. Man könnte nun auf die Idee kommen, ihre Daktylen als Metra zu behandeln. Allein die Strophe schliesst akatalektisch ab, ohne Pause. Wo sollen wir also mit der ersten Länge des Verses hin, wenn sie nicht Auftakt sein darf? Sie ist eben kein Auftakt, sondern sobald, wie sich jetzt herausstellt, die Daktylen mit dem ihnen zunächst voraufgehenden Epitrit eine Periode von 4 Takten bilden, bildet die Länge mit dem auf sie folgenden Epitrit die nächstvorhergehende Gruppe von 4 Takten, d. h. die Länge ist entweder zwei gebundnen ganzen Noten gleich, oder da dies unwahrscheinlich, einer halben Note, so dass $^6/_4$ durch Pause zu Anfang ergänzt werden durch die κροῦσις. Die Berechnung wird für ⏔ überall dasselbe Resultat zwanglos ergeben, wo ich im Diagramm der einzelnen Epinikien mich des Zeichens ⏔ bedient habe.

Der Grund, weshalb der Einzelepitrit meist als Dimeter gefasst, d. h. wie ein $^2/_2$ tel Takt behandelt wird, liegt offenbar in der Vertheilung der musikalischen Takte über das metrische Gebilde eines sog. Verses. Der Dichter hat in dieser Beziehung für seine Kola die Wahl zwischen nur 2 Formeln, die Taktanzahl durch Zahlen ausgedrückt, entweder n . 4 oder n . 4 + 2. Treffen wir also auf ein Gebilde wie dieses:

$$\text{–}\,\cup\,\text{–}\,\text{–}\,\text{–}\,\cup\,\text{–}\,\text{–}\,\text{–}\,\cup\,\cup\,\text{–}\,\cup\,\cup\,\text{–}\,\bar{\Lambda}$$

so ist das natürlichste, es in seine gleichartigen Elemente zu zerlegen und die Formel n . 4 darauf anzuwenden. Begegnen wir dagegen einem solchen, wie: –∪–––∪∪–∪∪––––∪–Λ̄, so empfiehlt das Ohr die Anwendung der zweiten Formel n . 4 + 2, also je nach seiner Stellung innerhalb des Satzes:

$$\text{–}\,\cup\,\text{–}\,\text{–}\,\text{–}\,\text{–}\,\cup\,\cup\,\text{–}\,\cup\,\cup\,\text{–}\,\text{–}\ \big|\ \text{–}\,\cup\,\text{–}\,\bar{\Lambda}$$

$$\text{oder}\quad \text{–}\,\cup\,\text{–}\,\text{–}\ \big|\ \text{–}\,\cup\,\cup\,\cup\,\text{–}\,\cup\,\cup\,\text{–}\,\text{–}\,\text{–}\,\text{–}\,\cup\,\text{–}\,\bar{\Lambda}$$

Die letzte Theilung nun ist die lehrreiche, beweisende. Der letzte
Epitrit am Ende des musikalischen Satzes verlangt zwei Ikten. Den
Daktylen fallen also die zwei andren zum 4iktigen Kolon nöthigen
Ikten zu: und damit ist auch die Perkussion des Anfangsepitriten erwiesen. Wenn wir nun ohnedies durchaus keinen Grund haben, für
die der ersten Theilungsmanier angehörigen Gruppen eine andre Perkussion vorauszusetzen, so giebt es doch noch einen positiven Beweisgrund
für die Richtigkeit unsrer Voraussetzung. Der Dichter verbindet un-
zählige Male zwei nach je einer Theilungsweise getheilte Kola in der
von uns oben innegehaltnen Ordnung mit einem dritten nach der Formel n. 4 (n = 1 in diesem Falle) gebauten Kola, so dass alle 3 zusammen ein Ganzes bilden. Z. B.

$$\_\cup\_\_\,|\,\_\cup\cup\_\cup\cup\_$$
$$\_\_\cup\_\_\_\cup\cup\_\cup\cup\_\sigma\,|\,\_\cup\_$$
$$\_\_\cup\_\_\,|\,\_\cup\cup\_\cup\cup\_\sigma\_\cup\_\bar{\Lambda}$$

Es liegt auf der Hand, dass er die letzten zwei Takte des zweiten
Kolon mit den ersten zwei Takten des dritten zu einer Gruppe von
4 Takten verbunden wissen wollte, und den ersten sog. Vers als eben eine
solche Gruppe ansah. In Zahlen $\widetilde{4+}\,\widetilde{4+}(\widetilde{2+2)}+4 = 16$. Doch
dem Taktumfange der einzelnen sog. Verse werden wir weiterhin noch ein
besondres Kapitel widmen. Diese Bemerkung aber wird dem Musiker
genügen, zur Anerkennung unsrer Berechtigung den Einzelepitriten
als zwei $^4/_4$tel Takte | ♩. ♪ | ♩ ♪ | anzusehen. Was von der Grund-
form desselben gilt, gilt aber natürlich auch von ihren Varianten, über
die wir daher jeder weitren Auseinandersetzung überhoben zu sein
glauben.

Wir wenden uns daher jetzt der Beantwortung der Frage zu, wie
weit die Anzahl der im Verse verwendeten Epitriten einen Einfluss
auf dessen Behandlung mit Viertel- oder Achtelkürzen ausübe.

Wie die daktylische Tripodie oft als selbstständiges Kolon aufzu-
fassen war, so erscheint auch nicht selten ein Doppelepitrit als besondres Kolon.

Folgendes sind seine Formen:

$\_\cup\_\_\_\cup\_\_$ Pyth. IX ep. 1. N. V ep. 2. Isthm. II ep. 4.

$\_\cup\_\_\_\cup\_\cup$ Ol. VII ep. 4.

$\_\_\cup\_\_\_\cup\_\_$ Isth. V 9

‗⏑‗‗‗⏑‗Λ̄	Ol. VIII 7. ep. 8. X 6. ep. 6. N. I 5. Isthm. V ep. 4.
‗‗⏑‗‗‗⏑‗Λ̄	N. I 1. Isthm. III ep. 3.
‗⏑‗‗⏑‗‗	N. XI 6.
‗⏑⏑‗‗‗⏑‗‗	Ol. X ep. 8.
‗⏑‗‗‗⏑⏑‗Λ̄	Ol. X 4.
‗⏑‗‗⏑⏑‗Λ̄	Isthm. IV ep. 4.
⏑⏑‗‗‗⏑‗Λ̄	Ol. VIII 6. Isthm. IV ep. 9.
Λ‗‗⏑‗Λ̄	Ol. VII 3.
⏑⏑‗‗⏑‗Λ̄	N. VIII ep. 3.

Einen sog. Vers unter dem Maasse des kleinsten Kolons (unter 4 Takten) giebt es in diesem *εἶδος* nicht. Man hat wohl Ol. VII 3 *δωρήσεται* als Specialität der Art hervorgehoben, allein schon der Umstand, dass wir, abgesehen von *ἵππων ἄωτον* (wo die Sache aber ganz anders liegt, als sie die alte Kolometrie gefasst hat) kein einziges gleichartiges Beispiel aus allen Gesängen Pindars weiter beizubringen vermöchten, hätte zur richtigen Rhythmirung dieses wunderbar schönen Kolons führen können. Stünde aber auch der musikalische Umfang des kürzesten Kolon nicht fest, so würde ein einfaches Rechenexempel schon den Werth unsrer Doppelepitriten ergeben. Setzen wir z. B. Ol. VII (ep. 4) im dritten Satze der Epode alle uns bereits bekannten Werthe ein, und ziehen sie von 16 ab, so bleiben uns für die Epitriten *αἰνέσω πυγμᾶς ἄποινα* genau 4 Perkussionen übrig, was uns eine Rhythmirung ♩. ♪ | ♩ ♩ | ♩. ♪ | ♩ ♩ | aufdringt. Die Worte lauten:

> εὐθυμαχάν ὄφρα πελώριον
> ἄνδρα παρ' Ἀλφειῷ στεφανωσαμενόν
> αἰνεσώ πυγμάς ἀποίνα
> καί παρα Κάσταλιᾷ Λ̄

Hier sind alle Kola nach der Formel n. 4 gebaut. Aus der Formel $2 . 4 + x + 4 = 16$, findet sich $x = 4$. Dasselbe Resultat wird sich in allen 21 oben angeführten Stellen ergeben. Wenn also Ol. VII 3 *δωρήσεται*, wie es nach allen Indicien wirklich der Fall ist, ein selbstständiger sog. Vers ist, so muss er rhythmirt werden:

| ‗ | ‗ ♩ | ♩. ♪ | ♩ ‗ |.

Auch die Verbindung von drei Epitriten zu einem Kolon gehört nicht zu den Seltenheiten. Hier sind aber zwei Arten der Behandlung zugelassen worden, über welche die dritte Olympische Ode die

vortrefflichste Auskunft bietet. Der zweite musikalische Satz der
Strophe besteht mit Ausnahme eines einzigen daktylischen Elementes
aus lauter Epitriten, nachdem im ersten Satz die Daktylen zu über-
wiegender Geltung gekommen waren:

$$- \mid - \cup - - - \cup - - \mid - \cup - - - \cup\cup - \cup\cup - - \mid - \cup - \bar{\Lambda}$$
$$- \cup - - - \cup - - - \cup - -$$

Wollten wir den Daktylus als Metrum behandeln, so würden wir 18
gute Takttheile bekommen, sobald wir die Epitriten auch mit Viertelkürzen behandeln, also 2 zu viel. Da wir aber bereits wissen,
dass wir ermächtigt sind, podische Messung des Daktylus eintreten zu
lassen, so ist uns gleich geholfen und für die 3 Schlussepitriten des
Satzes die sechsmalige Perkussion gesichert, weun eben gegen die ge-
wünschte Rhythmirung des Daktylus nichts spricht. Eine Betrachtung
des vierten Verses spricht aber vielmehr dafür. Denn derselbe folgt
der Formel n . 4 + 2. Die zwei ersten Epitriten bilden eine Gruppe
von 4 Takten; Epitrit und Daktylen die zweite; der überschiessende
Epitrit findet im ersten Epitrit des nächsten Gliedes seinen Genossen,
und die letzten zwei Epitriten ergeben das vierte Kolon:

> ἱπ|πών ἀώτον Μοίσα δ᾽ οὕτω
> τοί παρέστακοί νεοσιγαλον εύρον-
> τί τροπόν Λ Δωρίῳ φω-
> νάν εναρμοξαί πεδίλῳ.

Dagegen besteht der zweite musikalische Satz der Epode von Ol. III
aus 3 Gliedern, deren zwei erste offenbar nach dem Schema n . 4 + 2
gebaut sind, die also zusammen einen Umfang von 3 × 4 Takten haben, da kein denkbarer Grund zur Behandlung der Daktylen nach
Metris vorliegt. Wenn also auf diese 2 Glieder als drittes

$$- \cup \doteq \sigma - \cup - - - \cup - -$$

folgt, so kann dasselbe nur noch 4 Ikten gehabt haben und da von
diesen für den letzten Epitriten allein 2 absorbirt werden, jeder der
beiden voraufgehenden Epitriten nur mit einem Iktus bedacht werden.

> ἄμφι κομαισί βαλή γλαυκόχροα κοσμον ἐλαίας
> τάν ποτέ Λ Ἴστρου ἀπο σκιαράν πα-
> γάν ἐνείκεν Ἀμφιτρυωνιαδάς Λ
> μνάμα των Οὐλύμπιᾳ καλλίστον ἄθλων.

Es gab also zwei Rhythmirungen für eine Gruppe von 3 Epitriten:

und:

Erstere findet noch in folgenden Versen Statt:

Ol. VII ep. 8	ἐμβόλῳ ναίοντας Ἀργείᾳ σὺν αἰχμᾷ
Ol. X ep. 4	ἔνθα συγκωμάξατ᾽ ἐγγυάσομαι
5	μή μιν ὦ Μοῖσαι φυγόξενον στρατόν
P. I 3	πείθονται δ᾽ ἀοιδοὶ σάμασιν
5	καὶ τὸν αἰχματὰν κεραυνὸν σβεννύεις.
P. III ep. 2	οὐδ᾽ ἔμειν᾽ ἐλθεῖν τράπεζαν νυμφίαν.
Nem. V 3	στεῖχ᾽ ἀπ᾽ Αἰγίνας διαγγέλλοισ᾽ ὅτι.
Nem. VIII ep. 5	ἀστῶν δ᾽ ὑπὲρ τῶν δ᾽ ἅπτομαι φέρων
Isthm. II ep. 5	τὰν Ξενοκράτει Ποσειδάων ὀπάσαις.
7	πέμπεν ἀναδεῖσθαι σελίνων.
Isthm. III 6	οὐχ ὅμως πάντα χρόνον θάλλων ὁμιλεῖ
Isthm. V 2	δεύτερον κρατῆρα Μοισαίων μελέων.
5	νῦν αὖθις Ἰσθμοῦ δεσπότᾳ.
7	Φυλακίδα νικῶντος εἴη δὲ τρίτον.

und zwar tritt die akatalektische Form am Schluss des letzten musikalischen Satzes der Strophe oder Epode ein, die katalektische regelmässig nur innerhalb des Satzes. In allen diesen Fällen ist aber der Bau des ganzen musikalischen Satzes der, dass er sich durch die Formel 6 . 6 . 4, oder 6 . 10 ausdrücken lässt, wenn diese Zahl die Anzahl der zu einem Ganzen vereinigten Takte wiedergiebt. Folgende geordnete Uebersicht der eben nach der Reihenfolge der Gedichte aufgeführten Beispiele wird dies verdeutlichen. Wir bezeichnen durch *6 die in Rede stehenden 6iktigen Epitriten:

*6 . 10	Pyth. I 3	
*6 . 10	Pyth. I 5	
*6 . 10	Isthm. V 2	
*6 . 6 . 4.	Isthm. V 7	
*6 . *6 . 4.	Ol. X ep. 4. 5	katalektisch.
6 . *6 . 4.	Nem. V 3 (?)	
4 . *6 . 6.	Pyth. III ep. 2	
4 . *6 . 6.	Isthm. V 5. Nem. VIII ep. 5	
*6 . 4 . *6.	Isthm. II ep. 5	

$$4 \,.\, 6 \,.\, {}^*6 \;\rangle \quad \text{Isthm. II ep. 7}$$
$$4 \,.\, 6 \,.\, {}^*6 \;\rangle \quad \text{Ol. VII 8} \qquad\qquad \rangle\; \text{akatalektisch.}$$
$$10 \,.\, {}^*6 \;\rangle \quad \text{Ol. III 5. Isthm. III 6 ,}\rangle$$

Die andere Rhythmirung findet Statt in nachstehenden Versen:

Ol. III ep. 5	μνᾶμα τῶν Οὐλυμπίᾳ κάλλιστον ἄθλων.
Ol. VII 2	ἔνδον ἀμπέλου καχλάζοισαν δρόσῳ.
Ol. XII ep. 6	καὶ δὶς ἐν Πυθῶνος Ἰσθμοῖ τ’ Ἐργότελες.
Pyth. IV ep. 6	ξείνια πρῴραθεν Εὔφαμος καταβάς.
Pyth. IX 2	σὺν βαθύζωνοισιν ἀγγέλλων.
Pyth. XII 8	οὔλιον θρῆνον διαπλέξαισ’ Ἀθανᾶ.
Nem. V 4	Λάμπωνος υἱὸς Πυθέας εὐρυσθενής.
Nem. XI 4	εὖ ἑταίρους ἀγλαῷ σκάπτῳ πέλας.
Nem. XI ep. 5	θνατὰ μεμνάσθω περιστέλλων μέλη.
Isthm. III ep. 5	πλούτου διέστιχον τετραοριᾶν πόνοις.
Isthm. IV 2	σέο γ’ ἕκατι καὶ μεγασθενῆ νόμισεν.
Isthm. IV ep. 5	τὶν δ’ ἐν Ἰσθμῷ διπλόα θάλλοισ’ ἀρετά.
Isthm. IV ep. 2	μὴ μάτευε Ζεὺς γενέσθαι πάντ’ ἔχεις.

Akatalektisch enden auch von diesen sog. Versen nur wenige, Ol. III ep. 5
Pyth. XII 8; beliebt war der choriambische Schluss, wie Ol. XII 6.
Pyth. IV ep. 6. Isthm. IV 2 IV epod. 5; vereinzelt der brachykatalek-
tische Pyth. IX 2; die Mehrzahl endete katalektisch. Alles das hat
aber auf die musikalische Behandlung keinen unmittelbaren Einfluss.
Wohl aber wird man wahrnehmen, dass abermals der Bau des ganzen
musikalischen Satzes, halb-metrisch ausgedrückt, die Vertheilung der
Anzahl der Takte über die einzelnen den Satz bildenden Glieder, die
Rhythmirung dieses Elements bestimmt hat. Wenn nämlich die For-
mel 4 . 4 . 4 . 4 oder 4 . 4 . 8 ist (der Punkt drückt das Kolonende, die
Zahl die Taktzahl des Kolon aus), werden die 3 Epitriten nur mit 4
Ikten versehn, bilden nur ein Kolon, nicht $1^1/_2$, wie oben. Ausnah-
men von dieser Regel bilden nur Ol. III ep. 5. Pyth. IV ep. 6. Nem.
V 4. Dass aber die Regel trotzdem richtig ist, zeigt die beharrliche
Stellung, welche überdies die 3 Epitriten im Satze als zweites Kolon
einnehmen. Man vergleiche:

$$4 \,.\, {}^*4 \,.\, 8 \qquad \text{Ol. XII ep. 6}$$
$$4 \,.\, {}^*4 \qquad\quad \text{P. XII 8}$$
$$8 \,.\, {}^*4 \,.\, 4 \qquad \text{Ol. VII 2}$$
$$4 \,.\, {}^*4 \,.\, 4 \,.\, 4. \quad \text{Pyth. IX 2.}$$

4 . *4 . 8.   Nem. XI 4. Isthm. III ep. 5.
4 . *4 . 4 . 4   Nem. XI ep. 5.
4 . *4 . 4 . 4   Isthm. IV 2. epod. 2.
*4 . 4 . 4 . 4.   Isthm. IV epod. 5.

Ich kann diese Erscheinung für keinen blossen Zufall halten, sondern wage für die Perkussion dreier ein Glied bildender Epitriten den Satz aufzustellen, dass dieselben als eine Gruppe von 4 Takten zu behandeln sind, wenn die Kola des ganzen musikalischen Satzes entweder Einzelverse sind oder wenigstens ihrer zwei einen sog. Vers bilden; dass dagegen dieselben als 6 Takte zu betrachten sind, wenn in der Taktzahl des längsten sog. Verses die 6 oder 10 regiert.

Während so beide Behandlungsarten drei vereinigter Epitriten sich ziemlich die Wage halten, ist eine Periode, die aus 4 Epitriten besteht, mit spärlichen Ausnahmen, achttaktig. Der Regel folgen:

Ol. VI ep. 4. ἀμφότερον μάντιν τ᾽ ἀγαθὸν καὶ δουρὶ μάρνασθαι,
τὸ καὶ.

VI ep. 7. μαρτυρήσω μελίφθογγοι δ᾽ ἐπιτρέψοντι Μοῖσαι.

X ep. 9. οὐδ᾽ ἐρίβρομοι λέοντες διαλλάξαιντο ἦθος.

Pyth. I ep. 8. νιφόεσσ᾽ Αἴτνα πανετὲς χιόνος ὀξείας τιθήνα.

Nem. I ep. 4. μιχθέντα πολλῶν ἐπέβαν καιρὸν οὐ ψεύδει βαλών.

V 6. οὔπω γέννσι φαίνων ματέρ᾽ τερείναν οἰνάνθας ὀπώραν.

VIII 3. ἅτε παρθενηΐοισι παίδων ἐφίζοισα γλεφάροις.

VIII 6. τῶν ἀρειόνων ἐρώτων ἐπικρατεῖν δύνασθαι.

IX 5. Πυθῶνος αἰπεινᾶς ὁμοκλάροις ἐπόπταις.

XI 5. οἵ σε γεραίροντες ὀρθὰν φυλάσσοισιν Τένεδον.

Mit Ausnahme des ersten Beispiels sind alle andern desselben Charakters. Dieselben schliessen entweder eine ganze Strophe ab, (und das ist die Regel) oder beginnen einen Satz, wie das vereinzelte und auch ganz abweichend gebaute Gebilde Ol. VI ep. 4; N. XI 5 ist ἐπῳδικόν. Der Satz, dem diese Epitriten angehören, zerlegt sich nach der Formel 8 . 8 resp. 4 . 4 . 8.

Nicht 8taktig sind dagegen folgende Beispiele:

Pyth. I ep. 3. ὅστ᾽ ἐν αἰνᾷ Ταρτάρῳ κεῖται θεῶν πολέμιος.

[I ep. 7. Σικελία τ᾽ αὐτοῦ πιέζει στέρνα λαχνάεντα κίων δ᾽.]

Pyth. IX 8. ῥίζαν ἀπείρον τρίταν εὐήρατον θάλλοισαν οἰκεῖν.

[Nem. I 7. ἔργμασιν νικαφόροις ἐγκώμιον ζεῦξαι μέλος]

Isthm. III 1. εἴ τις ἀνδρῶν εὐτυχήσαις ἢ σὺν εὐδόξοις ἀέθλοις.

I ep. 4. ἢ Καστορείῳ ἢ Ἰολάου ἐναρμόξαι νιν ὕμνῳ.

Die eingeklammerten scheiden jedoch aus, weil nicht in allen Strophen die Worte ein selbstständiges grosses Kolon ausmachen. Von den übrigen schliesst nur P. IX 8 die ganze Strophe; die andern stehen innerhalb der Strophe, und gehören Gruppen an, welche der Formel 6 . 10. folgen. Dies der Grund, weshalb sie ⏑⏔⏔⏑́⏑⏔⏔⏔⏑́⏑⏑⏔⏔⏑́⏑⏔ perkutirt werden.

Viel seltner noch ist selbstredend die Verbindung von 5 oder gar 6 Epitriten zu einem sog. Verse oder Verstheile. Sie kommt nur 6 mal vor:

Nem. V 1   Οὐκ ἀνδριαντοποιός εἰμ᾽ | ὥστ᾽ ἐλινύσαντά μ᾽ ἐργα-

Ol. XII ep. 7   θερμὰ Νυμφᾶν λουτρὰ βαστάζεις ὁμι|λέων παρ᾽ οἰκείοις ἀρούραις.

N. VIII ep. 8   σὺν θεῷ γάρ τοι φιτευθεὶς ὄλβος ἀνθρώποισι παρ-μονώτερος.

Isthm. III ep. 6   ἀμέραις ἀλλ᾽ ἄλλοτ᾽ ἐξάλ|λαξεν. ἄτρωτοί γε μὰν παῖδες θεῶν.

Isthm. IV 6   διὰ τεὰν ὤνασσα τιμὰν | ὠκυδινάτοις ἐν ἀμίλ|λαισι θαυμαστοὶ πέλονται.

Nem. X 6   οὐδ᾽ Ὑπερμνήστρα παρεπλάχθη μονό|ψαφον ἐν κουλεῷ κατάσχοισα ξίφος.

Nem. V 1 und Isthm. IV 6 sind ganz als Metra behandelt.

Epitritische Elemente einfach, paarweis oder dreifach treten aber auch in Verbindung mit Daktylen in einer Periode auf. Die Messung des einfachen Epitriten ist immer die κατὰ μέτρον, mag er der daktylischen Tripodie vorangehen oder folgen oder zwischen zweien stehen. Die Tripodie hat dann auch zwei Ikten, nur die dem Schlussepitrit des Verses voraufgehende Tripodie kann unter Umständen auch die viertaktige sein. Beispiele für den mit zwei Ikten versehenen Epitrit vor einer zwei Ikten tragenden Tripodie (Tetrapodie) liefern: Ol. III ep. 2. VII ep. 3. 6. 7. VIII 1. 2. 3. ep. 7. X 1. 2. XII 1. 2. 5. ep. 3. 5. Pyth. I ep. 5. 6. III 1. 2. 5. ep. 1. 3. 4. 8. IV ep. 1. 7. IX 1. 3. 5. ep. 1. 3. 5. 6. 7. XII 1. Nem. I 2. 4. 7 (ep. 3) V ep. 7 VIII ep. 1. 2. 6. IX 4. X 1. 2. 3. 5. ep. 1. 2. XI 1. ep. 2. Isthm. I 3. 6. ep. 1. II ep. 6. III 2. IV 1. 3. 5. ep. 1. 3. 6. 7. V 4. 8. ep. 1. 2. 6. 7; für denselben zwischen zwei Tripodien podischer

Messung: Ol. III 1. 3. ep. 4. VI ep. 1. VII 5. Pyth. I 6. ep. 2. IV ep. 2. IX 5. ep. 8. Nem. X 1; für denselben nach zwei- und nach viertaktigen Daktylen: Ol. III 2. 4. ep. 3. VI 3. 2. ep. 2. VII ep. 1. 2. 7. Ol. VIII 1. 4. ep. 1. 3. 6. X ep. 1. XII 2. ep. 1. Pyth. I 6. ep. 4. 5. III 5. 7. ep. 3. 8. IX ep. 1. 3. 5. XII 7. Nem. I ep. 1. V. 1. 2. ep. 5. 6. 8. VIII 1. ep. 4. 6. IX 3. X 4. ep. 1. 2. 4. XI 1. ep. 2. Isthm. I 1. 2. ep. 1. 2. II 4. ep. 2. 3. III 2. 3. 4. 5. ep. 4. IV ep. 10. V 3. 8. ep. 4. 7.

Auch eine epitritische Syzygie tritt vor oder hinter eine daktylische Tripodie. Beispiele für ihren Vorantritt sind: Ol. III ep. 1. VI 4 (5) ep. 2. VII 1. 4. 6. ep. 2. X 7 ep. 3. XII 6. Pyth. I 1. 4. IX ep. 2. Nem. I ep. 1. V 5. VIII 5. IX 2. XI 2. Isthm. I 5. II 3. (III 5) V 1. 3. ep. 3. 5. Für ihr Hintantreten: Ol. III ep. 2. XII 6. ep. 2. 4. Pyth. III 2 ep. 5. 6. 9. (Pyth. IV ep. 5) IV ep. 7. XII 3. 5. 6. (N. I 6) N. I ep. 2. 3. V. ep. 4. VIII ep. 1. IX 2. 4. X ep. 6. Isthm. I ep. 5. II 1. III ep. 2. V 6. Steht sie nach, so ist die Behandlung der vorangehenden Daktylen gleichgiltig, steht sie voran, so ist die Behandlung der folgenden Daktylen die *κατὰ μέτρον*. Es kommen jedoch auch einige Fälle vor, in denen eine epitritische Syzygie vor Daktylen nicht vier, sondern nur 2 Takte füllt: Pyth. IV ep. 3. Nem. V ep. 5. X ep. 5. 6. [Isthm. III 5]. Die Sache ist ganz sicher. Denn Pyth. IV ep. umfasst der erste musikalische Satz die ersten 3 Verse, von denen der zweite 6 Takte beansprucht, so dass für den ersten nothwendig ebenfalls 6, für den dritten 4 verbleiben. Z. 3 ist also zu perkutiren:

κείνος ὄρνις ἐκτελευτασεί μεγαλαν πολιών

Auch Nem. V ep. 5 ist nur mit der Perkutirung:

δαιμών ἀπ᾽ Οἰνωνάς ελασεν στάσομαι οὗτοι ἀπάσα κέρδιών

durchzukommen, weil diese Periode sonst 10 Ikten hätte, und ein Epodikon von 12 Takten. Giebt es solche von 12 und 6 Takten, was ich stark bezweifle, dann freilich ist hier die legale Perkussion zur Anwendung zu bringen. Allein immer bleibt Nem. X ep. 5. 6 übrig, wo uns jeder andre Ausweg verschlossen bleibt, wo wir den zweiten Satz so zu perkutiren gezwungen sind:

ἀθανατων βασιλεύς αυλάν εισήλθεν

σπέρμ᾽ αδειμαντόν φερων Ηράκλεος ον κατ᾽ Ολίμπον

ἄλοχος Ἥβᾳ τελειά παρα ματερι βαίνοισ'
ἐστι κάλλιστά θεών.

Wir werden also neben der gewöhnlichen Rhythmirung von

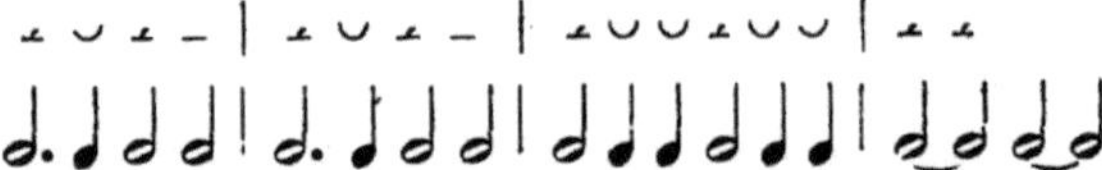

auch eine zweite ausnahmsweise ansetzen dürfen:

in der übrigens das Princip gewahrt ist. Ingleichen giebt es epitritische Syzygien, welche auf Daktylen folgen, deren Messung podisch ist. Sie sind eben so selten. Ol. X ep. 7. P. I ep. 1. IV ep. 1. IX 7. ep. 7. Nem. XI ep. 4 (in der Form ⏜⏑⏑‒‒⏜⏑‒Ʌ̄) Isthm. I ep. 3 (in der Form ⏜⏑‒‒‒⏜⏑⏑‒Λ) [Isthm. III ep. 6]. Sie haben aber alle mit Ausnahme von Isthm. I ep. 3 (befremdlich) und P. IX ep. 7 die Eigenthümlichkeit, die erste Periode der zum ersten musikalischen Satz gehörigen Gruppe zu schliessen, und treten nie am Schlusse der ganzen Strophe oder Epode auf.

Auch eine Verbindung von 3 Epitriten endlich tritt vor oder nach die Daktylen. Beispiele für jenes liefern Ol. III 4. VI 1. 6. Nem. VIII 4. ep. 7. Isthm. I ep. 5. II 2. V ep. 7. Hier hat die Trizygie Epitriten 6 Ikten, nur P. I 2. IV ep. 4 hat sie bloss 4 Ikten. Dagegen ist (möglicherweise bloss zufällig) hinter Daktylen die 4malige Perkussion der Epitritischen Trizygie überwiegend Pyth. III 4. 6. Isthm. I 6, während nur Ol. VI 7. Nem. V ep. 3 die 6 Ikten aufweisen. Hiermit sind alle Formen und Verbindungen, unter denen die Epitriten auftreten, erschöpft. Das Ermittelte lässt sich in folgende Lehrsätze als Fortsetzung der Lehrsätze über die musikalische Geltung der Daktylen (p. XXI) im hesychastisch-episynthetischen Gesange fassen:

1) Der einzelne Epitrit hat unter allen Umständen 2 Ikten; füllt 2 Takte.

2) Die Verbindung zweier Epitriten zu einem Kolon lässt nur die Behandlung mit Viertelkürzen zu, und entspricht musikalisch 4 Takten.

3) Die Verbindung dreier Epitriten zum selbstständigen Kolon stellt in der Composition entweder 6 oder 4 Takte dar. Jenes findet Statt, wenn sich der ganze musikalische Satz zufolge der Pausen in

die Formel 6 . 6 . 4 (6 . 10) kleiden lässt, dies, wenn er sich der Formel 4 . 4 . 8 (4 . 4 . 4 . 4.) fügt. Davon unten ausführlich.

4) Die akatalektische Form der sechsiktigen Epitriten schliesst nur Strophen oder Epoden ab, die katalektische ist die Binnenform.

5) Entsprechendes gilt von der Verbindung von 4 Epitriten zu einer Periode. Sie haben 8 Takte und schliessen nur Strophen etc. ab, wenn der ganze Satz, dem sie angehören, sich der Formel 4 . 4 . 8 (4 . 4 . 4 . 4.) fügt. Sie füllen aber nur 6 Takte und stehn fast ausnahmslos innerhalb der Strophen, wenn ihr musikalischer Satz sich zur Formel 6 . 6 . 4. (6 . 10) bekennt.

6) Zwei Epitriten verleihen der daktylischen Tripodie, v o r welche sie treten, die Geltung von 4 Takten: nach rückwärts wirkende Kraft äussern sie nicht.

7) Werden jedoch ausnahmsweise die zwei Epitriten als nur 2 Takte betrachtet, wird es auch die auf sie folgende daktylische Tripodie, und folgen auf eine Tripodie zwei nur zwei Perkussionen empfangende Epitriten, so schliessen sie fast ausnahmslos die erste Periode des musikalischen Satzes.

8) Drei Epitriten v o r. Daktylen haben lieber 6 Ikten als 4, n a c h den Daktylen bald 6, bald nur 4 Ikten.

9) Ein Epitrit bildet niemals, auch nicht, wenn er mit Anakruse versehen zu sein scheint, eine Periode für sich, die scheinbare Anakruse ist dann zu einer Gruppe von zwei Takten gehörig, deren erster ganz, der zweite halb pausirt wird.

Der letzte Satz bringt uns auf den Unterschied solcher Sylben zu sprechen, welche als volle Takte, und solcher, welche als A u f t a k t e oder Theile des nächst vorhergehenden Taktes zu betrachten sind. Die metrischen Diagramme unsrer Epinikien stiften hier eine heillose, aber freilich, da sie nicht auf musikalischer Basis ruhen, durchaus verzeihliche Confusion an, die es doch endlich einmal an der Zeit ist zu beseitigen.

Wir haben bereits erwähnt, dass uns auf einen sog. akatalektischen Vers auslautende Strophen begegnen, welche gleichwohl mit einem nach der Terminologie der Metriker anakrusischem Verse beginnen: und setzen hinzu, dass es auch Strophen dieser Art giebt, auf deren Antistrophos eine anakrusisch anlautende Epodos folgt, die ihrerseits zuweilen ebenfalls akatalektisch auslautet. Jeder Musikverständige wird hieraus den Schluss ziehn, dass von einem Auftakt in solchen Fällen keine Rede sein könne, weil ihm die Möglichkeit abgeschnitten ist, den Anfang und Schlusstakt des ganzen Liedes sich zu einem Takte ergänzen zu lassen. Mithin tritt hier die Erscheinung der Vorpause ein, wie Ol. VI 1: *Χρυ-* Pyth. IX epod. 1: *Γαί-* Pyth. XII 1: *Αἰ-* Nem. V 1: *Οὐκ* (wobei bemerkt werde, dass *οὐκ* und *οὐ* gern das Maass der grammatischen Länge übersteigt) Nem. VIII ep. 1: *οἵ* Isthm. II 1: *οἱ* Isthm. III ep. 1: *ἱπ-* Isthm. V 1: *θάλ-* Noch zwingender aber wird die Nöthigung im Inlaut der Strophe, wenn ein Takt mit einem schwachen Takttheil schliesst und der nächste mit einem schwachen Takttheil beginnt, wie Ol. VI 5: *Ὀλυμπιονίκας* Λ ‖ *βωμῷ.* Isthm. I ep. 5: *ὕμνῳ* ‖ *κεινοί.* Oder wenn im Inlaut der Strophe eine Periode zwar katalektisch schliesst, für die nächste aber der musikalische Satz eine grössere Iktenzahl fordert, als verbleiben würde, wenn wir die Anfangslänge in den Schluss des voraufgehenden Takts verlegen wollten; was bei weitem der häufigste Fall ist: Ol. XII ep. 4. Pyth. I ep. 4. Nem. V 5. IX ep. 5. Isthm. I 5. II ep. 7. V 5. Wird, wie wir müssen, in solchen Fällen die Länge im Versbeginn zweitaktig genommen, hat es auch den Vortheil, dass dem Sänger durch den katalektisch verbleibenden Schluss des voraufgehenden Gliedes, und die Vorpause des anhebenden Gliedes Gelegenheit zu längerm Ausruhn geschaffen wird. Dies findet auch Pyth. I 3 Statt, wo zwei perkutirte Längen den neuen sog. Vers beginnen. — Hin und wieder (wie Pyth. III ep. 9) hat man auch ohne weiteres zwei Kürzen für eine Anakruse genommen. Aber an dieser und einigen andern Stellen ist zu rhythmiren ᾱ◡◡ (| – ♩ ♩ |).

Nur dann also ist wirklich von Anakrusen zu reden, wenn ein oder zwei (resp. 3 ♪♪♪) Sylben zu Anfang des Verses vom Componisten als letztes Element des voraufgehenden Taktes behandelt werden können, d. h. wenn der voraufgehende sog. katalektische Vers so viel oder weniger *χρόνοι κενοὶ* zu seiner akatalektischen Form bedarf, als die Anakruse volle Zeiten bietet. Die musikalische Bedeutung dieser Anakrusen wird aber auch so noch nicht überall die nämliche sein. Auftakt ist sie nur im ersten Kolon der Strophen; im Inlaut derselben werden die Binnenanakrusen sämmtlich zu blossen Supplementen des nächst vorhergehenden Taktes. Halten wir dies fest, so

stellt sich überhaupt das numerische Verhältniss für den Auftakt ganz
ungünstig.   Unter 42 Fällen von sogenannten Anakrusen kommen nämlich 40 auf Binnenanakrusen und nur zwei auf den wirklichen Auftakt im Sinne der modernen Musik.   Zwar steht nichts im Wege, auch
in Ol. VIII ep. 1 noch ein drittes Beispiel für den Auftakt zu finden,
aber die Vergleichung mit Isthm. I ep. 1 lehrt, dass auch hier die Betrachtung als Binnenanakruse (Taktsupplement) die richtigere ist, wenigstens den Vorzug verdient.   Auftakt findet statt:

Ol. VII 1 $Φιά]λαν\ ὡς\ εἴ\ τις\ ἀφνειᾶς\ ἀπὸ\ χειρὸς\ ἑλών.$

Nem. I 1 $ἄμ]πνευμα\ σεμνὸν\ Ἀλφεοῦ.$

Denn Ol. VII 1 endet die Strophe katalektisch aus; $εὐνᾶς$ ist in Noten
ausgedrückt | ♩ ♩ | ♩ – |; folglich $φια$ so viel als ♩ ♩, oder wenn
man ♫ vorzieht, $νᾶς$ als | ♩. 𝄾 | zu rhythmiren.   Nem. I 1 endet die
Strophe auf die Worte $ζεῦξαι\ μέλος$, in Noten: ♩ | ♩. ♩ | ♩ – |.
Mithin ist entweder $ἄμ$ als ♩ zu fassen, oder, wenn es nur ♩ gilt, die
Sylbe $λος$ als | ♩. 𝄾 |.

Die übrigen sog. Anakrusen sind, wie gesagt, ein Bestandtheil des
vorhergehenden Taktes.   Sie sind theils einsylbige (Längen, Kürzen
oder irrationale) theils zweisylbige.   Am häufigsten ist die Länge gewählt: nämlich Ol. III 2. 3. 4. VIII 2. X 5. Pyth. III 3. IV ep. 5.
XII 3. 5. 6. Nem. I 2. ep. 4. V 4. 6. ep. 4. 5. 6. VIII ep. 4. 5. Isthm.
I ep. 1 nebst Ol. VIII ep. 1. Isthm. I ep. 4. II ep. 2. III ep. 3. 5. 6.
V 8. 9. ep. 6.   Demnächst die zweisylbige Form ($\cup\cup$ = ♩ ♩ oder ♫)
Ol. VII 6. ep. 7. VIII 6. Pyth. I ep. 8. Nem. VIII 5. ep. 3. Isthm. IV
ep. 9; die Kürze Ol. VI 6. VII 4. VIII ep. 8 und irrationale Pyth. I 4;
die Kürze also nur in Olympischen Oden, ohne dass wir darauf Werth
legen wollen.   Wenn nun aber auch die Bedeutung dieser Anakrusen
überall dieselbe ist, so ist es doch nicht gleichgiltig, ob die einsylbige
Länge oder die zweisylbigen Kürzen gesetzt werden.   Die aus zwei
Kürzen bestehende Anakruse schliesst vielmehr stets (ausser Nem. VIII
ep. 3) ein Epodikon an den vorhergehenden Satz an (Ol. VII 6. Isthm.
IV ep. 9) oder gehört in den letzten Satz.   Ich vermuthe darum, dass
wenn dies Nem. VIII ep. 3 nicht der Fall ist, es mit der musikalischen Behandlung der folgenden Parthie seine besondre Bewandniss
gehabt haben werde ($διπλῆ\ ἔξω\ νενευκυῖα?$), oder dass $\cup\cup$ – nicht

sowohl ⏑⏑⏑‿‿, als vielmehr ⏑́⏑⏑‿ zu fassen sein wird. Aber hier ist so leicht Irrung möglich, dass ich mich lieber mit Darlegung des einfachen Thatbestandes begnügt haben will. Die Kürze leitet zweimal einen neuen Satz ein Ol. VI 6. VII 4, aber da sie Ol. VIII ep. 8 das letzte Kolon mit dem vorausgehenden verknüpft, ist darauf auch nicht Gewicht zu legen. Für die langen Anakrusen ist zu bemerken, dass eine Häufung derselben, wie Ol. III 2. 3. 4. N. V 4. 5. 6. VIII ep. (3.) 4. 5. Ol. XII 3. 5. 6. Isthm. III ep. 3. 5. 6 nicht grade häufig gewesen ist. In Sätzen, deren Perioden nach der Formel 4 . 6 . 6 gebaut sind, liebt es die Anakruse, mitten ins Kolon zu fallen, in denen nach der Formel 4 . 4 . 8 ans Ende der Kola. Auch dient sie zur Verknüpfung der Sätze. Fassen wir das Gesagte kurz zusammen, so lautet es

1) Von der Erlaubniss eines Auftakts machen die daktyloepitritischen Oden nur einen sehr beschränkten Gebrauch (Ol. VII 1. Nem. 1 1),

2) Die Anakrusen der Metrik sind in weitaus den meisten Fällen der letzte schwache Takttheil des Schlusstakts des voraufgehenden Kolons.

3) Ist dieser schwache Takttheil durch zwei Noten ausgedrückt, so gehört er stets dem letzten musikalischen Satze an oder einem Epodikon.

4) Seine gewöhnlichste in den übrigen musikalischen Sätzen verwendete Form ist die metrische Länge (eine halbe oder viertel Note), ausnahmsweise die Kürze.

Wir haben im Vorbeigehen uns öfter veranlasst gesehen, von dem verschiedenen Taktumfange der zu einem musikalischen Satze vereinigten Glieder zu reden, und uns der Kürze wegen zweier Formeln bedient, um die verschiedene Bauart der Sätze zu veranschaulichen. Dieser Punkt verdient aber, nunmehr wir die Elemente, aus denen ein sog. Vers besteht und ihren musikalischen Werth vollständig kennen gelernt haben, eine nähere Betrachtung. Böckh ist bemüht gewesen, nach gewissen Indicien, wie Wortende, Hiatus, syllaba anceps, Interpunktion u. dgl. m. die einzelnen Verse einer Strophe von einander abzusondern. Aber nicht allein, dass wir uns aus musikalischen Gründen schon öfter genöthigt gesehen haben, seine Abtheilungen zu verwerfen oder zu berichtigen, dürfte es seine Schwierigkeiten für ihn gehabt haben, uns mit Sicherheit anzugeben, was es denn nun eigent-

lich mit dieser Aufeinanderfolge so ungleich grosser sog. Verse für eine
Bewandniss habe, nach welchem Principe sie auf einander folgen, welches der Umfang seines grösst-möglichen Verses sei, oder unter welchem
Maasse eine Periode aufhöre, den Namen eines Verses zu verdienen,
welches also der Umfang seines kleinst-möglichen Verses sei. Und doch
giebt es auf alle diese Fragen, sobald wir den metrischen Standpunkt
verlassen, und eine Auseinandersetzung der Metrik mit der Musik ver-
anlassen, wie sie freilich Böckh selbst anempfohlen und anzubahnen
begonnen hat, sehr bestimmte und völlig zufriedenstellende Antworten.

 Der längste sog. Vers, welchem wir in dem in Rede stehenden $εἶδος$
von Epinikien begegnen, findet sich Nem. V 1: $Οὐκ\ ἀνδριαντοποιός$
$εἰμ᾽,\ ὥστ᾽\ ἐλινύσαντα\ μ᾽\ ἐργάζεσθαι\ ἀγάλματ᾽\ ἐπ᾽\ αὐτᾶς\ βαθμίδος.$
Ob er es grade an Sylbenzahl ist, steht dahin, allein hier entscheidet
über die Länge nicht die Sylben-, sondern die Iktenzahl, da, wie wir
kaum noch zu wiederholen brauchen, ein Iktus sowohl 2 als beispielsweise 6 Sylben beherrschen kann. Eine gleich grosse Anzahl
von Perkussionen aber, wie Nem. VIII Str. 1, erreicht kein zweiter
Vers unter den daktyloepitritisch gegliederten; denn er hat ihrer 16.
Der Musiker wird diese 16 Perkussionen des Metrikers ohne Umstände
in 16 Takte übersetzen, und damit das Wesen der Sache erfasst haben.
Es könnte fraglich erscheinen, ob der alte Componist auch von 16
oder nur von 8 Takten gesprochen haben werde, weil die grösste Reihe
des $γένος\ ἴσον$ der $ῥυθμὸς\ ἑκκαιδεκάσημος$ als Tetrapodie nur 2 Perkussionen empfangen könnte, und doch wohl dieser grösste Takt des
daktylischen Rhythmengeschlechts die Taktverhältnisse bestimmt hat.
Allein da dieselbe mit Viertelkürzen behandelt wird, hat sie nothwendig
4 Ikten, und so wird seine Bezeichnungsweise wohl dieselbe gewesen
sein. Eine grössere Periode als eine 16 (resp. 8) taktige also hat
Pindar nicht und konnte er nicht haben, weil über diese Taktzahl der
musikalische Satz nicht hinaus geht. 16 Ikten sind also die äusserste
Grenze. Aber so viele Verse wir auch durchmustern mögen, nirgends
finden wir einen Vers, welcher nur 14 Ikten hätte oder was dasselbe
ist, aus 14 Takten bestünde, obschon es doch sehr einfach gewesen
wäre, die zum Umfang von 16 fehlenden 2 Takte einem Nachbarverse
zuzuweisen, wie man denn in der That geglaubt hat, Ol. VII sei $δω$-
$ρήσεται$ ein solcher Vers mit Anakruse und 2 Ikten. Auch diese Erscheinung findet leicht ihre Erklärung, sobald wir daran festhalten,

dass, wie eben gesagt, die grösste rhythmische Reihe im daktylischen
Rhythmengeschlecht der Regulator des Taktes einer hesychastisch-episynthetischen Ode ist, diese aber hier mit Viertelkürzen behandelt wird,
so dass ein zweiiktiger Rhythmus nur die Hälfte der Takteinheit ergeben
würde. Hieraus folgt denn aber wieder mit Nothwendigkeit, dass es
andrerseits kleinere Kola als solche mit 4 Perkussionen nicht geben
könne. D. h. Böckh's Vers kann nie kleiner sein als das Kolon, das
4taktige Motiv. Und darum eben tritt sofort Viertelkürzenbehandlung
eines Verses wie Δᾶλοι ἐν ᾷ κέχυμαι oder Nem. I 3 δέμνιον Ἀρτέμιδος ein, wenn' er kein epitritisches Element weiter zur Seite hat,
wie es in seinem Vorgänger N. I 2 der Fall ist, κλεινᾶν Συρακοσσᾶν
θάλος Ὀρτυγία. Zwischen diesen beiden Grenzen (4 und 16) ist jede
andre durch 2 theilbare Vereinigung von Takten zu einem Ganzen erlaubt: der sog. Vers kann 6 . 8 . 10 . 12 Ikten haben. Zwölf Ikten
gehören indessen immerhin zu den Seltenheiten. Ich kann wenigstens
nicht mehr als vier zusammenbringen Ol. XII 6. Nem. IX 2. Isthm. I
ep. 5. Isthm. IV 6: von denen

πόλλ᾽ ἄνω τάδ᾽ αὖ κάτω ψεύδη μεταμώνια τάμνοισαι κυλίνδοντ᾽
ἐλπίδες.

τὰν νεοκτίσταν ἐς Αἴτναν ἔνθ᾽ ἀναπεπταμέναι ξείνων νενίκανται
θύραι

genau nach demselben Schema entworfen sind, und:

κεῖνοι γὰρ ἡρώων διφρηλάται Λακεδαίμονι καὶ Θήβαις ἐτέκνωθεν
κράτιστοι.

διὰ τεὰν ὤνασσα τιμὰν ὠκυδινάτοις ἐν ἀμίλλαισι θαυμασταὶ πέλονται

beide akatalektisch, beide mit daktylischem Element in der Mitte.
Aber schon an Perioden mit zehn und acht Ikten ist durchaus kein
Mangel. Welches ist nun der Grund für den Bau von Perioden so ver-
schiedner Länge und deren Wechsel innerhalb der Strophen. Die
vierte Isthmische Ode, wo ein solcher Wechsel so gut wie gar nicht
stattfindet, — denn Str. V 6, obwohl mit 12 Ikten versehen, ist eigentlich gleich 4 + 4 + 4 anzusetzen — mag uns darauf Antwort geben.
Die Strophe dieser Ode besteht aus zwei musikalischen Sätzen; die
Epode aus ebenso viel Sätzen und einem Epodikon von 4 + 4 Takten.
Diese Sätze aber sind ihrerseits wieder so eingerichtet, dass auf jeden
4 sog. Verse kommen, mit Ausnahme des zweiten Satzes der Strophe, der

zwar aus einem Verse zu 4 und einem Langverse zu 12 Ikten besteht, aber dessen Langvers doch recht ohrenfällig in seine einzelnen Glieder oder κῶλα:

διὰ τεὰν ὤνασσα τιμὰν |

ὠκυδινάτοις ἐν ἁμίλ |

λαισι θαυμασταὶ πέλονται |

sich zerlegt. Was ist nun die Folge dieser Anordnung? Keine andre, als dass regelmässig das Ende des Kolons mit dem Ende des sog. Verses zusammenfällt, so dass also nach jedem Kolon oder Vers die Stimme des vortragenden Sängers sich erholen konnte, nach jedem Verse eine Pause, mindestens ein Haltpunkt eintrat. Diese Manier aber ist die kunstlosere, und weniger beliebte. Vermeidung allzu häufigen Pausensatzes also und obendrein nach einer sich stets gleichbleibenden Anzahl von Takten war es, was den Dichter in kunstvolleren Compositionen bewog, das Versende (die Pause) nach einer wechselnden Anzahl von Takten eintreten zu lassen: allerdings auch wieder nach festen Regeln und Formeln. Hierin beruht eben der wesentliche musikalische Fortschritt, welchen die Lyrik von ihrer melischen Form zur chorischen machte, dass sie die *minutiores versus* aufgab, und auf diese Weise einen grösseren Wechsel der Ruhepunkte erreichte. Wenn wir einem Satze mit solchen Ruhepunkten begegnen wie in der Strophe:

Horat. Od. I 21.

so wird dieser auf die Dauer doch dem Liede einen einförmigen Charakter verleihen, weil er nach jedem vierten Takte beharrlich repetirt: — dies ist aber die Art der Ruhepunkte des Melos im Allgemeinen. Ganz anders aber wirkt es, wenn auch einmal in die Mitte des Kolons die Pause fällt; und das wird ja auf der Stelle erreicht, wenn man Massen, welche aus einem, zwei, drei oder vier Kolis bestehen, abwechseln lässt mit Versen aus $1\frac{1}{2}$, oder $2\frac{1}{2}$ Kolon, obwohl eine gewisse Abwechslung selbst dadurch schon erreicht wird, wenn auch nur Verse der ersten Art mit einander abwechseln, wenn sich die 16 Takte in $8 + 8$ oder $4 + 4 + 8$ oder $8 + 4 + 4$ zerlegen. Nun versteht es sich aber von selbst, dass, sobald einmal ein sog. Vers mit 6 Ikten angeschlagen war, dieser nicht einflusslos auf seine Umgebungen bleiben konnte, sondern entweder einen zweiten zu 10 Ikten oder zwei andre, den einen zu 6, den andern zu 4 Ikten nach sich zog. Und so zerfallen nothwendig sämmtliche musikalischen Sätze dieses Eidos in zwei grosse Gruppen, deren verschiedne musikalische Wirkung auf dem Verhältniss des Ruhepunkts zum Kolon beruht. Die Gruppe, deren Kola von der 4 Zahl der Takte beherrscht wird, hat nur Schlusspausen, die Gruppe, in der die 6 Zahl herrscht, ein oder zwei Innenruhepunkte, einen, wenn 6.6 4 die Formel ist oder 4 6.6, zwei, wenn die 4 Takte das Centrum des Satzes bilden: 6.4.6. Die effekt- und kunstvollsten Compositionen werden diejenigen gewesen sein, in welchen von beiderlei Gruppen Gebrauch gemacht war. Wir geben schliesslich für jede mögliche Art von Satz ein Beispiel.

1) Der 16taktige ohne Pause: Nem. V 1.

er hat jedoch an den Durchschnittsstellen Fermaten, und gehört streng genommen doch zur zweiten Gruppe, nach der Formel 6 4.6.

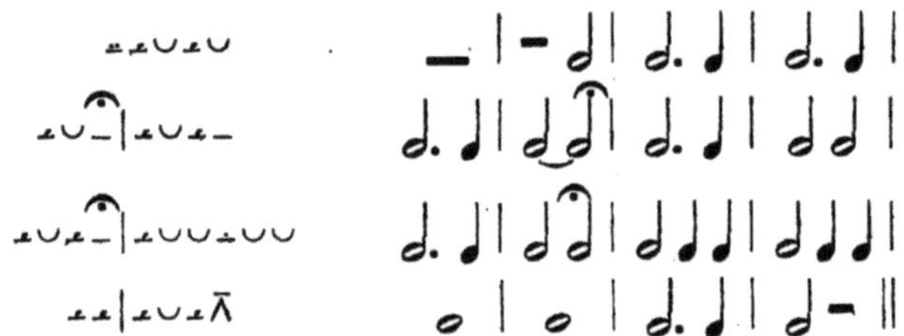

2) Der 4 + 12taktige mit 2 Haltern und 2 Pausen Isthm. VI 6:

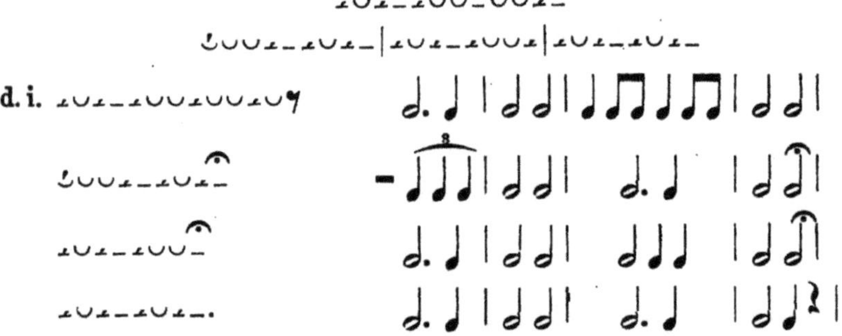

Er gehört zur ersten Gruppe nach der Formel 4.4.4.4.

3) Der 10 + 6 (6 + 10) taktige: Isthm. V 2. 3:

mit einer Innen- und einer Schlusspause oder Isthm. V ep. 6. 7 mit
Innenpause, Halter und Schlusspause:

nämlich:

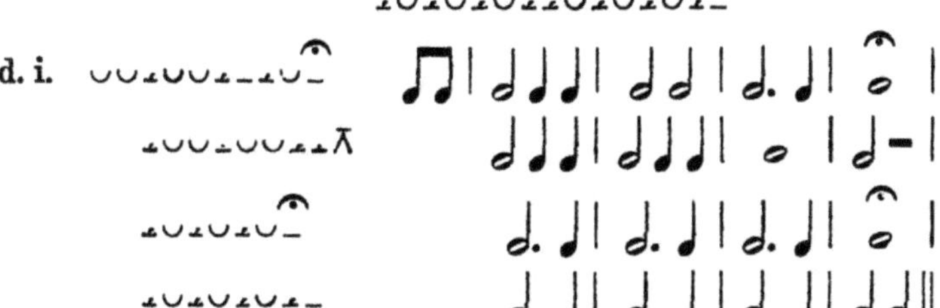

4) Der 8 + 8taktige mit zwei Endpausen und zwei Haltern:
Nem. VIII 5. 6:

d. i.

5) Der (4+4+8) oder (8+4+4) taktige mit drei Endpausen
und einem Halter: Ol. VI ep. 5. 6. 7:

Ol. X (XI) 5. 6. 7:

Diese Form erinnert am stärksten an das Melos, wo ja selbst Horaz noch nach dem Vorgange griechischer Muster von der Licenz entweder die beiden ersten oder beiden letzten κῶλα der 4koligen Strophe zu einer Syzygie von 8 Takten zu verbinden Gebrauch macht.

6) Der (6 + 6 + 4) oder (4 + 6 + 6) taktige Vers mit einer Innenpause und zwei Endpausen. Ol. X ep. 4. 5. 6:

7) Der (8 + 8 + 4) taktige mit einem Halter und 3 Schlusspausen. Nem. I 3. 4. 5:

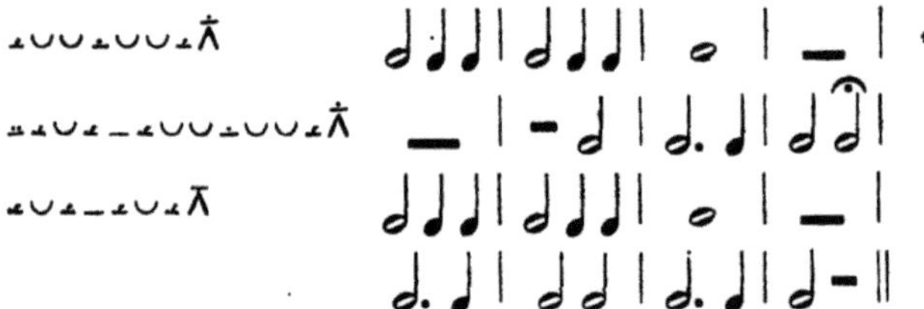

8) Der (6 + 4 + 6) taktige mit zwei Innen- und einer Schlusspause. Ol. III 1. 2. 3:

Dies scheint die spätre effectvollere Kunstform, gleichsam eine mesodische, welche in der That besonders schön gewesen sein dürfte.

9) Der (4 + 4 + 4 + 4) taktige Vers mit 4 Endpausen. Ol. VIII 4—7:

Auf die Frage, welchem musikalischen Vorgange diese Formeln ihren Ursprung verdanken, geben die alten Metriker genügenden Aufschluss. Zwar wissen sie selbst nicht genau anzugeben, was eigentlich eine Periode sei — sie ist bald System, bald im Wesentlichen eine Art Böckh'scher Vers — allein mit aller Entschiedenheit betonen sie, dass jede Periode in κῶλα zerfalle, und reden von einem ἀριστερὸν κῶλον, δεξιὸν κῶλον [und μέσον]. Das aber ist, wie bereits Westphal p. 664 ausgeführt hat, ganz richtig. Sind nun 4 Takte zu einem musikalischen Ganzen verbunden, so zerlegt sich dasselbe in zwei gleiche Hälften, sind es dagegen 6, so tritt der Fall ein, dass zwischen das rechte und linke Glied ein mittleres eingeschoben, eine Erweiterung beliebt wird. Ebenso zerfällt ein musikalisch-rhythmisches Ganzes von 8 Takten in ein rechtes und linkes Glied von je 4 Takten, ein solches von 10 Takten dagegen erfährt durch das mittelste Glied von 2 Takten, welches rechts und links von 4taktigem Gliede eingeschlossen wird, eine Erweiterung. Bezeichnen wir ἀριστερὸν κῶλον mit $\bar{\alpha}$, das δεξιὸν durch $\bar{\delta}$, das μέσον durch $\bar{\mu}$, so erkennen die Alten Perioden von folgender Gestalt an:

$$\alpha \quad \delta \qquad \text{4 Takte}$$
$$\alpha \quad \mu \quad \delta \qquad \text{6 Takte}$$
$$\alpha \; \alpha \quad \delta \; \delta \qquad \text{8 Takte}$$
$$\alpha \; \alpha \; \mu \; \delta \; \delta \qquad \text{10 Takte.}$$

Hiermit sind aber sämmtliche Formeln für das musikalische Ganze von 16 Takten gegeben. Beginnt dies musikalische Gesätz zwar 4taktig, es folgt aber darauf eine 6taktige Gruppe, so muss nothwendig auch die dritte Gruppe eine sechstaktige sein, wie umgekehrt auf zwei sechstaktige nur eine viertaktige folgen, und eine viertaktige nur von zwei sechstaktigen umgeben sein kann. Oder es folgt eine zehntaktige auf eine sechstaktige, oder umgekehrt eine sechstaktige auf eine zehntaktige, nämlich:

$$\alpha \; \delta; \; \alpha \; \mu \; \delta; \; \alpha \; \mu \; \delta; \qquad \text{Ol. VII ep. XII str.}$$
$$\alpha \; \mu \; \delta; \; \alpha \; \mu \; \delta; \; \alpha \; \delta; \qquad \text{Ol. III ep. X (XI) ep.}$$
$$\alpha \; \mu \; \delta; \; \alpha \; \delta; \; \alpha \; \mu \; \delta; \qquad \text{Ol. III str.}$$

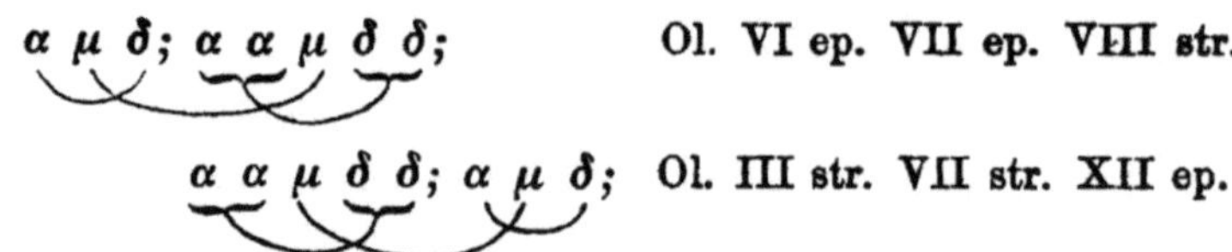

Bringt der Tonsatz keine μέσα zur Verwendung, so stehen ihm zunächst 5 weitere, den eben angegebenen entsprechende Formeln zu Gebote:

$$\alpha\ \alpha\ \delta\ \delta;\ \alpha\ \delta;\ \alpha\ \delta;$$
$$\alpha\ \delta;\ \alpha\ \delta;\ \alpha\ \alpha\ \delta\ \delta;$$
$$\alpha\ \delta;\ \alpha\ \alpha\ \delta\ \delta;\ \alpha\ \delta;$$
$$\alpha\ \alpha\ \alpha\ \delta\ \delta\ \delta;\ \alpha\ \delta;$$
$$\alpha\ \delta;\ \alpha\ \alpha\ \alpha\ \delta\ \delta\ \delta;$$

Dazu kommen noch zwei:

$$\alpha\ \alpha\ \delta\ \delta;\ \alpha\ \alpha\ \delta\ \delta;$$
$$\alpha\ \delta;\ \alpha\ \delta;\ \alpha\ \delta;\ \alpha\ \delta;$$

Und endlich kann das ganze Gesätz ohne Zwischenpausen als ein Ganzes behandelt werden $\alpha\ \alpha\ \alpha\ \alpha\ \delta\ \delta\ \delta\ \delta$, oder wie man sonst will.

Weitere Varietäten ergeben sich innerhalb der hesychastischen Episyntheta durch die Stelle, welche das daktylische Element einerseits, andrerseits die Epitriten einnehmen. So behandelt z. B. Pindar die sechste Formel $\alpha\ \alpha\ \delta\ \delta;\ \alpha\ \alpha\ \delta\ \delta$ wieder auf die mannigfaltigste Weise (die Initialen sollen die daktylischen Elemente andeuten):

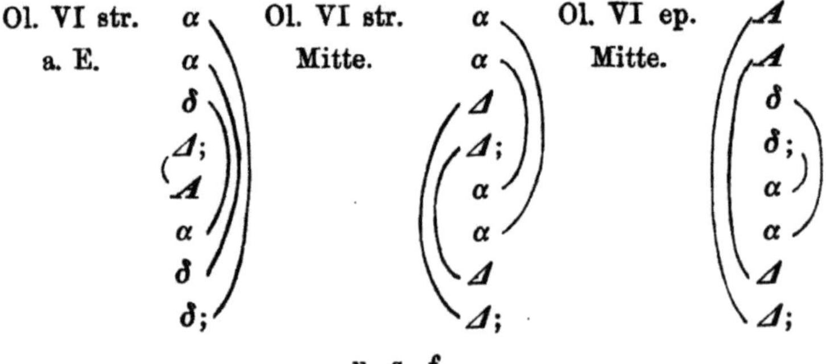

u. s. f.

Obschon also im Ganzen nur 13 Hauptformeln denkbar und möglich sind, wächst doch der Reichthum an Formen durch die möglichen Varietäten ins Unendliche.

Was nun aber insbesondere die Zwischensätze oder $\varkappa\tilde{\omega}\lambda\alpha\ \mu\acute{\varepsilon}\sigma\alpha$
betrifft, so ist die Lehre Westphals Metrik der Griechen (2. Ausg.)
S. 664 ff. darüber nur zum Theil richtig. Richtig ist vielleicht seine
Annahme, dass das eingeschaltete $\mu\acute{\varepsilon}\sigma o\nu$ zuweilen in der Art behandelt worden sei, dass es glatt habe herausgenommen werden können,
ohne dass der Fortgang der Melodie vom $\dot{\alpha}\varrho\iota\sigma\tau\varepsilon\varrho\grave{o}\nu$ zum $\delta\varepsilon\xi\iota\grave{o}\nu\ \varkappa\tilde{\omega}\lambda o\nu$
irgend welche Störung erlitt. Ganz unrichtig aber sind zwei andre
Behauptungen: 1) dass das $\mu\acute{\varepsilon}\sigma o\nu$ im weiteren Fortgange der Strophe
kein andres $\mu\acute{\varepsilon}\sigma o\nu$ als rhythmisches und melodisches Ebenbild ver-
lange; 2) dass in der überlieferten Composition der I. pythischen Ode
$-o\iota\mu\acute{\iota}\omega\nu\ \dot{\alpha}\mu\beta o\lambda\acute{\alpha}\varsigma$ ein tetrapodisches $\mu\acute{\varepsilon}\sigma o\nu$ seien.

Im Gegentheil führen unsre Formeln mit arithmetischer Schärfe
den Beweis, dass, sobald in einem musikalischen Gesätz von 16 Takten
(wie es alle Pindarische sind) eine musikalische Periode von 6 Takten zur Verwendung kommt, ein zweites Gebilde mit Zwischensatz
von 6 oder 10 Takten die unausbleibliche Folge ist, weil $6 + 4 + 4$
oder $6 + 4 + 8$ zwei Takte zu wenig oder zwei zu viel haben wür-
den. In der ersten Pythischen Ode aber, wo die Worte $\pi\varepsilon\acute{\iota}\vartheta o\nu\tau\alpha\iota$
bis $\dot{\varepsilon}\lambda\varepsilon\lambda\iota\zeta o\mu\acute{\varepsilon}\nu\alpha$ den zweiten musikalischen Satz der Strophe bilden,
können die Sylben $-o\iota\mu\acute{\iota}\omega\nu\ \dot{\alpha}\mu\beta o\lambda\acute{\alpha}\varsigma$ einfach darum kein $\mu\acute{\varepsilon}\sigma o\nu$ bil-
den, weil W's Annahme, $\dot{\alpha}\gamma\eta\sigma\iota\chi\acute{o}\varrho\omega\nu\ \dot{o}\pi\acute{o}\tau\alpha\nu\ \pi\varrho o-$ und $\tau\varepsilon\acute{\upsilon}\chi\eta\varsigma\ \dot{\varepsilon}\lambda\varepsilon-$
$\lambda\iota\zeta o\mu\acute{\varepsilon}\nu\alpha$ seien $\varkappa\tilde{\omega}\lambda o\nu\ \dot{\alpha}\varrho\iota\sigma\tau\varepsilon\varrho\grave{o}\nu$ und $\delta\varepsilon\xi\iota\grave{o}\nu$, auf einer schlimmen
Täuschung beruht (in der auch Christ befangen ist und zwar letztrer,
weil er es bleiben will); als ob nämlich das gleiche Metrum auch dieselbe Notirung erfahren müsse, während in Wahrheit das vermeintliche
linke Kolon nur 2, das vermeintliche rechte 4 Takte füllt. Der fünfte
und sechste Takt sind also das wahre $\mu\acute{\varepsilon}\sigma o\nu$ ($\dot{\alpha}\mu\beta o\lambda\acute{\alpha}\varsigma$) und es ist zu
theilen:

$$\underbrace{\dot{\alpha}\gamma\eta\sigma\iota\chi\acute{o}\varrho\omega\nu\ \dot{o}\pi\acute{o}\tau\alpha\nu\ \pi\varrho o o\iota\mu\acute{\iota}\omega\nu}_{\dot{\alpha}\varrho\iota\sigma\tau\varepsilon\varrho\grave{o}\nu}\ |\ \underbrace{\dot{\alpha}\mu\beta o\lambda\acute{\alpha}\varsigma}_{\mu\acute{\varepsilon}\sigma o\nu}\ |\ \underbrace{\tau\varepsilon\acute{\upsilon}\chi\eta\varsigma\ \dot{\varepsilon}\lambda\varepsilon\lambda\iota\zeta o\mu\acute{\varepsilon}\nu\alpha}_{\delta\varepsilon\xi\iota\acute{o}\nu}$$

wie in der voraufgehenden Periode von 6 Takten

$$\underbrace{\pi\varepsilon\acute{\iota}\vartheta o\nu}_{\dot{\alpha}\varrho\iota\sigma\tau.}\ |\ \underbrace{\tau\alpha\iota\ \delta'\ \dot{\alpha}o\iota\delta o\grave{\iota}}_{\mu\varepsilon\sigma.}\ |\ \underbrace{\sigma\acute{\alpha}\mu\alpha\sigma\iota\nu}_{\delta\varepsilon\xi.}$$

$\tau\alpha\iota\ \delta'\ \dot{\alpha}o\iota\delta o\grave{\iota}$ der Zwischensatz ist, eben jenes irrig geleugnete, von
der Eurhythmie geforderte Gegenbild zu dem Zwischensatze $\dot{\alpha}\mu\beta o\lambda\grave{\alpha}\varsigma$.
Ich habe nie recht begriffen, was sich Westphal in seiner zweiten Be-
arbeitung der Metrik bei einer Ueberschrift, wie „tetrapodisch-

dipodisch" gedacht hat, und bezweifle, dass irgend ein moderner
Componist dadurch eine Unterweisung oder Aufklärung erhalten werde;
diese sogenannten Dipodien werden ihn stets gewaltig geniren. Sagt
man ihm dagegen, diese Dipodien sind zum Theil ehrliche Dimeter
oder noch verständlicher ein sog. tetrapodisch-dipodischer Vers sind
meistens einfach 8 Takte, so wird er sofort wissen, woran er ist.
Herr W. hat z. B. die Pyth. VI Ἀκούσατ᾽ ἤ. S. 819 wie folgt gegliedert:

Tetrapodisch-dipodisch.

⏑⏓⏑⏓ | ⏖⏑⏑⏓⏑⏑⏓⏑⏓⏓

⏓⏑⏓⏑⏓⏑⏑⏓

⏖⏑⏑⏓⏑⏑⏓⏑⏓⏖ | ⏓⏑⏓

⏓⏑⏑⏓ | ⏓⏑⏓⏑⏓⏑⏑⏓

5   ⏓⏑⏑⏓⏑⏓⏓ | ⏓⏑⏓⏑⏓⏑⏑⏓ u. s. w.

Das ist nicht verständlich, zum mindesten für jeden Musiker, der
nicht nach W's mündlicher Instruktion arbeiten kann, ein ganz un-
brauchbarer Zeichenwirrwarr. Klarer würde ihm die Sache — wenn's
einmal ohne Striche und Haken absolut nicht abgehn soll — schon
in folgender Weise werden:

⏑ | ⏓⏑⏓ | ⏖⏑⏑⏓⏑⏑⏓⏑⏓ | ⏓⏑⏓⏑⏓⏑⏑⏓Λ

⏖⏑⏑⏓⏑⏑⏓ | ⏖⏑⏑⏓⏑⏑⏓⏑⏓⏑⏑⏓ | ⏓⏑⏓⏑⏓⏑⏑⏓Λ

⏓⏑⏑⏓⏑⏓⏓ | | ⏓⏑⏓⏑⏓⏑⏑⏓Λ

Jetzt lässt sich die Wiederkehr desselben Rhythmus sowohl am Schluss
der 3 Perioden als auch im Zwischensatze der zwei ersten deutlich
erkennen und vor allem überblicken, dass von den 8 Doppeltakten
ihrer zwei die Bedeutung von Mittelsätzen haben. Jede Schwierigkeit aber wird dem Verständniss der Tonkundigen erspart, wenn wir
beispielsweise (obschon in Wahrheit $^4/_4$tel Takt stattfindet) schreiben:

Aller Anstoss an den Worten ἄδικον οὐϑ ὑπέροπλον ἤβαν δρέπων σοφίαν hört nun auf. Sie sind zu messen:

(musikalische Notation)

ἄδικον οὔϑ ὑπέρ | ο | πλον ἤβαν δρέ | πων σοφίαν |

Ebenso wenig ist nun noch ein Grund, sich durch die Kürzen V. 30. V. 39 ἐναρίμβροτον (ων P. 2 Flor.) und πατρὸς beengen zu lassen und ihretwegen ein Versende anzunehmen. Rhythmisch stehen sich ja πων σοφίαν und τον ἀναμεί, τρὸς ἐδόκη- völlig gleich. Dass Ἐμμενίδαις ein musikalisches Gesätz abschliesst, kann nach W's Diagramm beim besten Willen niemand erkennen, der Laie aber auch nicht entfernt ahnen.

Am augenfälligsten wird jedoch die Gliederung an dem Schema einer daktyloepitritischen Ode werden:

Ol. III.

	κῶλον ἀριστερὸν	μέσον	κῶλον δεξιὸν	
I		–⏑⏑–⏑⏑––	–⏑––	–⏑⏑–⏑⏑– –	
		–⏑⏑–⏑⏑––		–⏑– –	
		–⏑⏑–⏑⏑––	–⏑––	–⏑⏑–⏑⏑– –‖	
II	–⏑––	–⏑––	–⏑––	–⏑⏑–⏑⏑––	–⏑–Λ‖
		–⏑––	–⏑––	–⏑–⏑‖	

	κῶλον ἀριστερὸν	μέσον	κῶλον δεξιὸν	
I		–⏑––		–⏑––‖	
		–⏑⏑–⏑⏑		–‖	
	–⏑––	–⏑⏑–⏑⏑––		–⏑––	–⏑–Λ‖
II		–⏑⏑–⏑⏑––	–⏑⏑–⏑⏑––	–⏑–Λ	
		–⏑⏑–⏑⏑––	–⏑––	–⏑⏑–⏑⏑–Λ	
		–⏑––––⏑––		–⏑––‖	

Hiermit wäre wohl auf alle Fragen, welche Böckh offen gelassen hat, zur Genüge geantwortet. Eine Strophe oder Epode besteht aber nicht immer aus 1—3 solcher musikalischer Sätze allein, sondern schaltet entweder zwischen zwei derselben eine Perikope von weniger als 16 Takten ein, oder stellt eine solche an die Spitze oder ans Ende seiner Sätze. Dies scheinen mir die sogenannten μεσῳδικὰ ἐπῳδικὰ und προῳδικά zu sein, deren die Alten Erwähnung thun, aber nicht jene Sylbenbrocken, mit denen Herr J. H. H. Schmidt seine eurhythmischen Figuren spickt. Sie sind viel seltner als man annimmt. Wahre προ-

ῳδικά liefert der Gesammtbestand der pindarischen Epinikien vom
daktyloepitritischen εἶδος nur zwei: Isthm. V 1: ‒⏑⏑‒⏑‒⏑⏑‒⏑⏑‒⏑‒Ā
Θάλλοντος ἀνδρῶν ὡς ὅτε συμποσίου und: Nem. I 1. 2: ᾿Άμπνευμα
σεμνὸν ᾿Αλφεοῦ κλεινᾶν Συρακοσσᾶν θάλος ᾿Ορτυγία.

$$‒\,⏑\,‒\,⏑\,‒\,⏑\,‒\,⏑\,‒\,Ā$$

$$‒\,⏑\,‒\,⏑\,‒\,‒\,⏑\,⏑\,‒\,⏑⏑\,‒\,Ā$$

Beide Proodika bestehen aus 8 Takten, nur dass im ersten Falle diese
8 Takte eine, im zweiten zwei Perioden bilden. Dass wir es aber
hier wirklich mit einem Proodicon zu thun haben, lehrt eine Betrachtung der Iktenzahl der Kola auf den ersten Blick. Die Strophen und
Gegenstrophen der ersten Isthmischen Ode bestehen aus neun sog.
Versen von folgender Perkussionsanzahl: 8 . 6 , 10 . 4 . 6 . 6 . 6 . 6 . 4.
Wollten wir Z. 1 mit 2 verbinden, so würden wir auf 14 Takte kommen, mit denen umsoweniger etwas anzufangen wäre, als die dritte
Zeile 10 Takte hat. Fangen wir aber beim zweiten sog. Verse an, unsre
16 Takte abzuzählen, sind wir über alle Schwierigkeiten hinweg; da
sich auf der Stelle zwanglos 3 musikalische Sätze ergeben:

$$8 . 6 . 10 . 4 . 6 . 6 . 6 . 6 . 4.$$

zu denen die ersten 8 Takte das προῳδικόν geben. Genau so liegt
die Sache Nem. I 1. 2. Strophe und Gegenstrophen haben jede 7
Perioden von folgendem Taktumfang:

$$4 . 4 . 4 . 8 . 4 . 6 . 10.$$

die nur in der angedeuteten Verbindung Sätze zu 16 Takten zulassen,
wenn wir nicht etwa ausser dem Proodikon auch noch ein Mesodikon:

$$4 . 4 . 4 . 8 . 4 . 6 . 10.$$

statuiren wollen, wozu keine Veranlassung vorhanden ist. Dazu kommt
Nem. X 1, wo mir wenigstens die Annahme eines Proodikons die
richtige scheint. Die Iktenzahl der 6 Glieder ist in Zahlen kurz ausgedrückt der Reihe nach:

$$8 . 6 . 4 . 6 . 6 . 10.$$

Wenigstens zweifle ich, dass Z. 1 und 4 anders perkutirt werden
können.

     Nicht minder klar ist das Vorhandensein der viel häufigeren Epo-
dika (Coda) zu erweisen. Sie finden sich 6 Mal: Ol. VII 6. Pyth. IV
ep. 7. XII 7. 8. Nem. V ep. 7. Nem. IX 5. Isthm. IV ep. 9. 10. Jedes

derselben umfasst 8 Takte, die ein sog. Vers ergiebt. Es wird vollständig genügen, Ol. VII daraufhin anzusehen. Die 6 Perioden der Strophen und Gegenstrophen haben der Reihe nach folgende Iktenzahl:

$$8\,.\,4\,.\,4\,.\,10\,.\,6\,.\,8.$$

also besteht die Strophe aus 16 + 16 + 8 Takten; d. h. aus 2 musikalischen Sätzen und einer coda. Siehe auch Nem. IX 5 als ganz
klaren Beleg.

Endlich μεσῳδικά finden sich 7 vor: Ol. XII ep. 4. Pyth. III 4.
IX 5. Nem. VIII 5. Diese 4 haben 8taktige Mesodika, welche eine
einzige Periode bildet. Dazu kommen Ol. VIII ep. 5. Isthm. III 4 mit
Mesodikon aus 4 Takten (ein sog. Vers) und Ol. XII 4 mit einem Mesodikon von 6 Takten (desgl.). Auch hierfür reicht es aus, den Beweis an einem einzigen Beispiel zu führen. Die Strophen und Gegenstrophen Nem. VIII bestehen aus 6, wie folgt, perkutirten Versen:

$$4\,.\,4\,.\,8\,.\,8\,.\,8\,.\,8.$$

Da hat der Dichter und Componist selbst dafür gesorgt, dass wir nicht
an ein Epodikon denken dürfen. Denn er hat die Zusammengehörig-
keit der letzten 2 Zeilen zum musikalischen Satze durch den zweisylbigen Auftakt (siehe oben) indicirt. Wenn nun alle Proodika und
Epodika und die Mehrzahl der Mesodika aus 8 Takten besteht, so
befremdet es schon, wenn dagegen Ol. VIII ep. 5 und Isthm. III 4
insofern eine Ausnahmestellung einnehmen, als sie ein aus nur 4 Takten
bestehendes Mesodikon führen, und noch mehr Ol. XII 4 mit seinem
6taktigen Mesodikon. Indessen gestattet Isthm. III 4 (6 . 6 . 4 . 4 . 10 . 6)
absolut keine andre Auffassung, da ⏑⏑⏑‒⏑⏑⏑‒‒‒⏑⏑‒‒ durchaus nur
4 Perkussionen verträgt, wenn man selbst riskiren wollte, Ol. VIII 5
⏑⏑⏑‒⏑⏑⏑‒‒⏑⏑⏑‒⏑⏑⏑‒ durch Behandlung mit Viertelkürzen auf 8
Takte zu erweitern. Wir statuiren also Mesodika auch von 4 Takten.
Aber Ol. XII 4 ⏑⏑⏑‒‒⏑⏑⏑‒‒⏑⏑⏑‒Ā erscheint weit bedenklicher; und
es frägt sich, ob durch Annahme von Ā Ā Erweiterung zu 8 Takten oder durch die, wie wir wissen, auch erlaubte Perkussion
⏑⏑‒‒‒⏑⏑‒‒‒⏑⏑⏑‒Ā Reduktion auf 4 Takte vorzunehmen ist. Möglich
indess, dass ein geschickter Componist auch aus dem 6taktigen Mesodikon etwas zu machen versteht.

Setze ich hinzu, dass für jetzt das Maass der kleinsten Strophe der chorischen Lyrik durch 32 Takte oder zwei musikalische Sätze, das der grössten durch 56 Takte, drei Sätze und ein achttaktiges Pro-odikon (Isthm. V) bestimmt erscheint, so habe ich alles angedeutet, was mir über die Composition der hesychastischen Episyntheta oder Daktyloepitriten zu ermitteln gelungen ist, und brauche nur noch die festen Regeln, welche sich aus der Untersuchung im letzten Abschnitt ergeben haben, in folgende Sätze zusammenzudrängen:

1) Ein rhythmisch geordnetes Gefüge, welches nicht unter 4 und nicht über 16 Perkussionen hat, deren Anzahl aber durch zwei theilbar sein muss, ist in diesem $\varepsilon\tilde{l}\delta o\varsigma$ Böckh's Vers. Der kürzeste hat 4, der längste 16 Ikten.

2) Nur Perioden von 14 Ikten giebt es nicht.

3) Der längste sog. Vers fällt so mit dem musikalischen Satz zusammen, wie der kürzeste mit dem Kolon. Kürzere Verse werden so viele zu einem musikalischen Satze verbunden, als nöthig sind, 16 Takte zu füllen.

4) Darum beherrscht die metrische und sprachliche Unterlage des musikalischen Satzes entweder die Zahl 6 oder die Zahl 4, resp. 8, und die Sätze zerfallen hiernach in zwei nach verschiednen aber festen Principien geordnete unter dem Einfluss dieser Iktenzahl der Perioden

stehende Gruppen. $(6 + 6 + 4)$ $(4 + \overbrace{4 + 4 + 4})$

5) Der Grund, Sätze dieses Bau's wechseln zu lassen, ist das Streben nach Mannigfaltigkeit der Ruhepunkte. Nur 6 Ikten gestatten Pause auch in der Mitte des Kolons, 4 oder 8 Ikten gestatten nur End- und Schlusspausen.

6) Ausser vollen Sätzen von 16 Takten werden auch $\pi\varrho o\psi\delta\iota\varkappa\acute{a}$, $\mu\varepsilon\sigma\psi\delta\iota\varkappa\acute{a}$ und $\dot{\varepsilon}\pi\psi\delta\iota\varkappa\acute{a}$ fast ausnahmslos vom Umfange von 8 Takten zugelassen, vielleicht auch $\mu\varepsilon\sigma\psi\delta\iota\varkappa\acute{a}$ zu 4 Takten.

7) Ein Gebilde von wenigstens zwei musikalischen Sätzen, deren letzter jedoch auch nur 8 Takte fassen darf, heisst in der chori-schen Lyrik eine Strophe. Dieselbe darf aber auch den Umfang von 56 Takten erreichen. Die Strophe zerfällt also in musikalische Sätze, der Satz in $\pi\varepsilon\varrho\acute{\iota}o\delta o\iota$, diese in Kola oder Kola und Halb-Kola, das Kolon in Takte.

8) Der Umfang des grössten uns erhaltenen daktyloepitritischen Gesangs, der aber nicht-strophisch gegliedert ist, beträgt, wie wir

unten sehen werden, 5 musikalische Sätze. Der Vollständigkeit wegen
sei dies gleich hier mit bemerkt.

———

Herr Christ in seiner Abhandlung über die metrische Ueberlieferung des Pindar hat sich veranlasst gesehn, das kühne Wort zu sprechen, dass wir wohl darauf verzichten müssen würden, in die Composition pindarischer Epinikien jemals einzudringen. Denn wenn auch
vielleicht die daktyloepitritischen Oden in ihre richtigen κῶλα zerlegt
werden könnten, weil hier in der Wiederkehr gewisser ohrenfälliger
Rhythmen ein einigermaassen festerer Anhalt gegeben sei, so werde
sich doch schwerlich jemand in dem Gewirr aufeinanderfolgender Längen und Kürzen, wie es in den sog. logaoedischen Strophen herrsche,
zurechtfinden. Von der zweiten Olympischen Ode schweigt er
wohlweislich vollends, wie denn auch Westphal sich gehütet hat, noch
in seiner letzten Ausgabe der griechischen Metrik, mit dieser Ode an-
zubinden. Grade mit ihr aber hat es mich von jeher verlockt, mich
zu beschäftigen, und ich hoffe, dass die im Folgenden mitgetheilten
Ergebnisse meiner Untersuchung danach angethan sein werden, auch
von dieser Seite her die Ueberzeugung zu gewähren, dass die auf den
vorangehenden Seiten aufgestellten Lehrsätze unantastbar sind, weil
nur mit ihrer Hilfe ein Einblick in dies Paeonengewirr (wie Christ
sagen würde) zu gewinnen war.

Die zweite Olympische Ode.

Die alte Kolometrie, wie sie in den Handschriften und ältern
Ausgaben befolgt ist, giebt der Epode 8 Kola; die modernen Ausgaben
zerlegen sie in 6 Glieder. Beides ist unrichtig. Die Epode besteht
aus 5 Perioden und 6 Kolis. Die Strophe soll nach den Alten aus
14 κώλοις, nach den Neuern aus 7 oder 8 Gliedern bestehen; dies
ist von der Wahrheit noch weiter entfernt. Sie besteht aus 6 Perioden und 8 Kolis. Dies ist das metrische Diagramm:

$$⌣\,\_\,⌢\,⌣\,\_\,⌣\,\_\,⌢\,\_\,⌣\,\_ \qquad 4$$
$$⌣\,\_\,⌢\,⌣\,\_\,⌣\,\_\,\_\,⌣\,\_ \qquad 6$$
$$⌣\,\_\,⌣\,\_\,⌣\,\_\,⌣\,⌣\,\_ \qquad 6$$
$$⌢\,\_\,⌣\,⌣\,\_\,⌣\,⌣\,\_\,\wedge\,\| $$

$$\left.\right\}\,16$$

Epod.

$$⌣\,⌣\,\_\,⌣\,\_\,⌣\,\_ \qquad 4$$
$$⌣\,\_\,⌣\,⌢\,⌣\,\_\,⌣\,\_\,⌣\,\_\,⌣ \qquad 4$$
$$⌢\,\_\,\_\,⌣\,⌣\,\_\,⌢\,\_\,⌣\,\_\,\wedge \qquad 4$$
$$\_\,⌣\,\_\,⌣\,\_\,⌢\,⌣\,\_\,\wedge\,\| \qquad 4$$

$$\left.\right\}\,16$$

$$⌣\,\_\,⌢\,⌣\,\_\,⌣\,\_ $$
$$⌣\,⌣\,⌣\,⌣\,\_\,\| \qquad 8$$

$$\left.\right\}\,8$$

mit dessen musikalischer Uebersetzung wir uns nun zu beschäftigen
haben werden. Die alten Metriker stellen die Behauptung auf, dass
es drei Rhythmengeschlechter gebe, das ἴσον oder δακτυλικόν (2 : 2),
das diplasische oder iambische (2 : 1), das ἡμιόλιον oder paeonische
(3 : 2). Dabei wird bemerkt, dass der grösste Fuss dieses letzten Ge-
schlechtes der πεντεκαιεικοσάσημος sei. Hiernach wird uns zuge-
muthet, zu glauben, die Alten hätten einen $^5/_8$tel Takt goutirt, und
wären im Stande gewesen, 5 solcher $^5/_8$tel Takte als κῶλον oder
Motiv zu begreifen. Das glaube in dieser Fassung wer will; ein Musiker wird es trotz Aristoxenus schwerlich thun; und glücklicher Weise
setzt uns grade diese Ode Pindars in den Stand, den Worten der Alten
den richtigen Sinn abzugewinnen und ihre Doktrin zu unterschreiben,
ohne uns gleichwohl gegen alles musikalische Gefühl aufs schnödeste
zu versündigen. Wenn ich ♫♫♩ (fünf Achtel) nach dem Verhältniss von 3 : 2 perkutire, so giebt dies nimmermehr ein wahres und
brauchbares rhythmisches Verhältniss: wenn wir dagegen dieselben
fünf Achtel zwar genau so perkutiren, aber den ersten 3 Achteln auch
genau den Zeitwerth der letzten zwei Achtel geben, ist das richtige
rhythmische Verhältniss hergestellt: ♫♩♫, ♩♩♩ *). Der Takt
ist, je nachdem die More einem Achtel oder einem Viertel gleichge-

---

*) Auch der Paeon epibatos ist nur ein $^2/_2$tel Takt in Triolenform. Nämlich

$$\_\,\_\,|\,\_\,\_\,\_ \quad \text{gleich} \quad ♩\,♩\,♩\,|\,♩\,♩\,♩, \quad \text{also 2 : 2, nicht 2 : 3.}$$

setzt wird, ein $^2/_4$tel oder $^4/_4$tel Takt mit Achtel- oder Vierteltriolen. Wenn in der Doctrin der alten Metriker nicht beständig das gesungene Wort als Träger des Rhythmus mit in Betrachtung gezogen worden wäre, würden sie niemals auf die Idee gekommen sein, das Hemiolion als ein besondres Rhythmengeschlecht aufzuführen, sondern würden es ruhig dem Daktylikon oder ἴσον beigezählt haben. Aber da nun einmal auf das erste Viertel **drei gesprochne Sylben** von gleichflüchtigem Zeitwerth kamen, während auf das letzte Viertel nur **zwei kurze Sylben** kamen, nahmen sie 3 : 2 unter die brauchbaren rhythmischen Verhältnisse auf, ohne ausdrücklich zu bemerken, dass der wahre Zeitwerth einer jeden der drei ersten oder letzten Kürzen $^2/_3$ sei, wenn der Zeitwerth der zwei andern zu je 1 angesetzt werde. Diese 3 Kürzen des Paeon sind mithin nur eine andre Art von *brevi breviores*, als die im cyclischen Anapaest und Daktylus verwendeten Sechszehntel-Noten, an denen noch niemand Anstoss genommen hat, wenn er sie in Verbindungen wie ♩♪ ♩.♫ verwendet fand. Was nun den ῥυϑμὸς πεντεκαιεικοσάσημος betrifft, so löst sich die Behauptung, er sei der grösste seines Geschlechts, in befriedigendster Weise durch die andre Behauptung, eine Pentapodie habe nur 4 Ikten.

ist freilich nicht zu gebrauchen, denn das bleiben immer fünf $^2/_4$tel Takte, aber wenn der dritte und vierte Takt  geschrieben werden, dann werden es vier $^2/_4$tel Takte oder ein Kolon. Bei der Flüchtigkeit dieser Elemente aber scheint es glaublicher, dass in einem feierlichen Epinikion zum ($^4/_4$tel, vielleicht oder richtiger) $^2/_2$tel Takt gegriffen worden sei; in dem Falle ist die Pentapodie rhythmirt zu denken:

Das ist aber ganz genau dasselbe, wie wenn der Ausspruch gethan wird, die grösste Reihe im γένος δακτυλικὸν oder ἴσον sei die Tetrapodie, das ἑκκαιδεκάσημον. Denn unsre paeonische Pentapodie steht rhythmisch einer daktylischen Tetrapodie, in der die More $= 1$ völlig gleich Ich muss aber, ehe ich mich der pindarischen Ode zuwenden kann, noch auf einen andern groben Irrthum aufmerksam machen

welchen unsre Metriker in ihren Diagrammen begehen, wenn sie Paeonen in der Form von Creticis notiren. Man findet da stets $\_\cup\cup\cup$
einem $\_\cup\_$ in der Art gleichgesetzt, dass wenn Pindar an entspre-
chender Stelle mit beiden Formen abwechselt, $\_\cup\infty$ oder $\_\cup\underline{\cup\cup}$ geschrieben wird. Dies ist grundfalsch, weil weder die Längen noch
die Kürzen in beiden Formen denselben Zeitwerth repräsentiren und
in keinem Falle die zwei letzten Kürzen des Paeon den Werth einer
Länge haben. In Noten ist, eben weil ein $^2/_2$tel Takt vorliegt, der
Creticus als Stellvertreter des Paeon wiederzugeben durch: ♩. ♪ ♩
(oder ♩ ♪ ♩.). Nun braucht man aber bloss beide Formen unter
einander zu setzen, um sich von der Unhaltbarkeit der bisherigen
Doctrin zu überzeugen. Wie kann, wenn

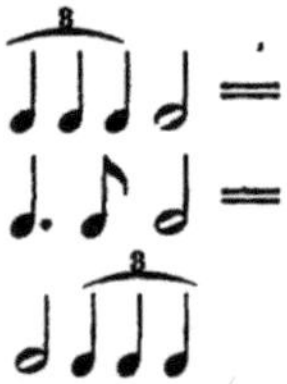

$$\overbrace{♩♩♩}^{3}♩ =$$
$$♩. ♪ ♩ =$$
$$♩\overbrace{♩♩♩}^{3}$$

ist, die Länge ♩. der um ein Achtel schwereren Länge ♩, wie ferner
die Länge ♩ den zwei Kürzen ♩♩, und die Kürze ♪ der restirenden
Kürze ♩ gleichgesetzt werden? Oder ist etwa $2 = {}^4/_3$, $^1/_{16} = {}^2/_3$?
Wer sich also der ungefügen metrischen Zeichen bedienen will, kann
nur die Gleichung $\overset{3}{\frown}\cup\_ = \overset{\alpha}{\_}\cup\_$ ansetzen. Nach diesen Vorbemerkungen wollen wir die Pindarische Ode selbst in Augenschein neh-
men, und uns dabei durch Redensarten wie ἐπίμιξις allöometrischer
Reihen und dergleichen nebelhafte Vorstellungen nicht weiter beirren
lassen. Denn die metrische Form, unter welcher sich der $^4/_4$tel
Takt verbirgt, kann uns höchst gleichgiltig sein. Ist sie ein Daktylus, so kann uns das ebenso bequem und angenehm sein, wie wenn
es ein Epitrit oder ein Ditrochaeus ist; denn [♩ ♩ ♩] ist ja grade so
gut ein $^4/_4$tel Takt wie [♩. ♪ ♩ ♩] oder [♩. ♪ ♩. ♪] innerhalb
des $^4/_4$tel Takts möglich und zulässig ist. Auch in den hesychastischen Episynthetis sahen wir ja stets ₵ mit ℂ wechseln. Ich möchte
vielmehr behaupten, dass uns grade diese sogenannten alloeometrischen

Takte erst den Schlüssel zum Verständniss des Takts in einer Strophe in die Hand geben. Z. 1 unsrer Ode z. B. eint, rein metrisch betrachtet, in auf- und absteigendem Rhythmus (περιοδεύει τὸ μέτρον ὡς γίγνεσϑαι τὸ ἀπ᾽ ἀρχῆς ὅμοιον τῷ ἀπὸ τέλους Schol. Pind. p. 54 Böckh) eine jambische Dipodie mit einer trochäischen. Dies ist den alten Metrikern (als nicht Musikern) eine so unklare Paarung geblieben, dass sie die Worte zwar als ein Kolon absetzen, aber dafür den indifferenten Namen περιοδικὸν erfinden; es sei weder ein ausgesprochen jambischer, noch trochäischer, noch sonst ein klarer Rhythmus; aber da mehr als 4 Sylben zur Bildung dieses Kolons verwandt seien, sei es kein Systema mehr, sondern eine Periode. Tricha de metr. Pind. p. 54. Wir werden darüber anders urtheilen. Ist der sog. Vers ein Kolon, wofür ihn die alte Kolometrie ansah, und worin wir mit Böckh ihr beistimmen müssen, so hat er 4 Ikten und füllt 4 Takte. Und da dies Kolon weiter innerhalb einer Strophe verwendet ist, deren Taktart der ²/₂tel Takt ist, weil ihre Einzeltakte Paeonen sind ♩♩♩♩, so müssen wir auch in dem Kolon (Z. 1) 4 ²/₂tel Takte erblicken. Die Strophe schliesst katalektisch. Folglich kann in der ersten Strophe und Gegenstrophe ᾽Α- und κα- Auftakt sein und wir könnten folgerecht rhythmisiren: ♪ | ♩. ♪ | ♩♩ | ♩. ♪ | ♩♩ ♪ |. Insofern aber die Epode akatalektisch abschliesst u. s. f. die zweite, dritte und vierte, können die Sylben ὅ-, ἰδ- u. s. f. keine Auftakte mehr sein, sondern gehören in den ersten Takt: ♩♩. | ♩♩. | ♩. ♪ | ♩♩ ♪ |. Die Frage nach dem Metrum ist damit gleich entschieden. Es sind weder Jamben noch Trochäen, sondern etwa anakrusische Epitriten mit τονή. Aber dies Beispiel kann recht eindringlich lehren, dass die Frage nach dem Metrum überhaupt eine thörichte ist, und auf eine so falsch gestellte Frage nothwendiger Weise eine falsche Antwort folgen muss. Man hat vielmehr nach dem Rhythmengeschlechte zu fragen, welches der ganzen Strophe zu Grunde liegt, weil dieses allein Auskunft geben kann, welche metrische Terminologie auf die einzelnen Scheinmetra passt. In unserm Falle wird auf die Frage so lange eine verkehrte Antwort erfolgen als der Vers mit ⏑–⏑–––⏑–⏑ bezeichnet wird; erst wenn er die Semeia:

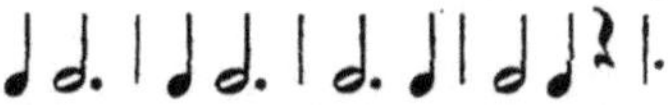

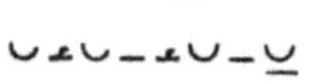

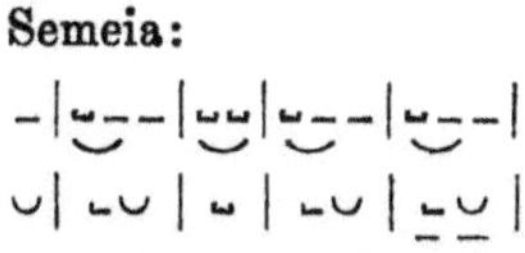

–|⏑–––|⏑⏑|⏑––|⏑––|

⏑|––⏑|–⏑|–⏑–|––⏑|

empfangen hat, kann ihm sein entsprechender metrischer Name gegeben werden. Aber eben diese Bezeichnung durch τρίσημοι und τετράσημοι kann er erst empfangen, sobald das Rhythmengeschlecht durch eine Erwägung festgestellt ist, welche ganz ausserhalb der Grenzen und Machtvollkommenheit der Metrik liegt; und, um antik zu sprechen, Sache der λῆψις war. Wäre der erste jetzt besprochene Vers ein 6taktiger statt eines 4taktigen, so würden wir leichte Arbeit haben bei unsrer Perkutirung des nachfolgenden. Da uns aber 4 Takte keinen Anhalt geben, nach welcher Formel der musikalische Satz angelegt war, wollen wir uns erst weiter nach solchen Elementen umsehen, die unsere Metriker allöometrisch zu nennen belieben. Aus solchen besteht der ganze letzte Vers der Strophe εὐωνύμων τε πατέρων ἄωτον ὀρϑόπολιν. Schneidewin, Bergk, Mommsen perkutiren hier _⏑⏑_⏞⏑⏑_⏑_⏑⏑⏑⏑; worunter sich etwas zu denken absolut unmöglich ist. Es ist zu perkutiren _⏑⏑_⏞⏑⏑⏑⏑⏑⏑⏑_Λ, was am ohrenfälligsten Z. 27 zeigt: καὶ Ζεὺς πατὴρ μάλα φιλεῖ δὲ παῖς ὁ κισσοφόρος. Auch die alte Kolometrie hat sich von dieser Empfindung leiten lassen und den Vers in

εὐωνύμων τε πατέρων | καὶ Ζεὺς πατὴρ μάλα φιλεῖ
ἄωτον ὀρϑόπολιν | δὲ παῖς ὁ κισσοφόρος

zerlegt. Ein Paeon, ein Ditrochaeus, ein Trochaeus, ein Daktylus und eine Länge spatzieren so freilich in lustiger Gemeinschaft neben einander her, aber die Musik bringt gleich Ordnung in diese Gesellschaft. Wir wissen schon, dass wir den Paeon (Creticus) als ♩. ♪ ♩ zu rhythmiren haben. Soll ihm ein Trochaeus an Taktwerth gleichkommen, muss derselbe ♩. ♩ notirt werden, der Daktylus dagegen durch ♩ ♩ ♩ ausgedrückt werden, die trochaeische Scheindipodie aber deren erste zwei Kürzen die Metriker irrthümlich für eine aufgelöste Länge ansehen durch ♪ ♪ ♪ ♩. ♪. Die Länge des Schlusstakts wäre auch genau zu präcisiren, wenn die erste Sylbe des ersten Verses der Strophen, die regelmässig eine Kürze ist, so dass sie für uns $^1/_4$tel vorstellt, Anakruse oder Auftakt wäre. Da sie dies aber nicht durchweg sein kann, weil die Epode ohne Pause schliesst, ist die Werthbestimmung der Schlusslänge davon abhängig, ob die Epodus mit einem Auftakt beginnt und welchen Zeitwerth diese hat. Jedenfalls aber darf instweilen Z. 7 so rhythmirt werden:

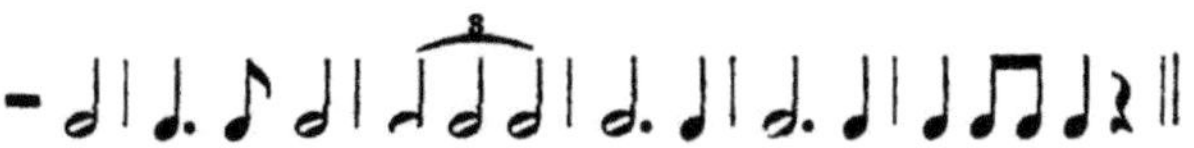

Mit dieser Uebersetzung ins Notenalphabet ist für uns sehr viel gewonnen. Denn wir kennen dadurch die Formel, nach welcher die Iktenzahl der zum zweiten Satz verarbeiteten Glieder fortschritt, für's erste wenigstens annäherungsweise. Der Umfang der zwei vorhergehenden Verse aber lässt vermuthen, dass die Formel 4 6 6 gewesen sei. Und diese Vermuthung trügt nicht. Wir perkutiren:

$$\Theta\acute{\eta}\varrho\omega\nu\alpha\ \delta\varepsilon\ \tau\varepsilon\tau\varrho\acute{\alpha}o\varrho\iota\alpha\varsigma\ \acute{\varepsilon}\nu\varepsilon\kappa\alpha\ \nu\iota\kappa\acute{\alpha}\varphi o\varrho o\nu$$
$$\gamma\acute{\varepsilon}\gamma\omega\nu\acute{\eta}\tau\varepsilon o\nu\ o\pi\acute{\iota}\ \delta\iota\kappa\alpha\iota\acute{o}\nu\ \xi\varepsilon\nu\omega\nu\ \acute{\varepsilon}\varrho\varepsilon\iota\sigma\mu\mathrm{'}\ \mathrm{'}A\kappa\varrho\alpha\gamma\alpha\nu\tauo\varsigma.$$

Wenigstens heben sich die 4 Paeonen des fünften Gliedes für jedes Ohr so deutlich ab, dass über seine 4 Perkussionen kein Streit zu befürchten steht. Darf aber für Z. 5 die Vierzahl, für Z. 7 die Sechszahl der Perkussionen als gesichert gelten, so ist für den sechsten die Sechszahl derselben ein Gebot mathematischer Nothwendigkeit. Ihrer 3 werden auch auf der Stelle empfunden

$$\nu\acute{\eta}\tau\varepsilon o\nu\ o\pi\acute{\iota}\ \delta\iota\kappa\alpha\iota\acute{o}\nu\ \xi\varepsilon\nu\omega\nu$$

Die drei andern treten erst hervor, wenn die metrische Hülle abgestreift ist und die Notenwerthe reden. Indessen wer in $\mathrm{'}\alpha\nu\alpha\xi$- erkannt hat, wird diese Form auch in $\gamma\varepsilon\gamma\omega$- und $\acute{\varepsilon}\varrho\varepsilon\iota\sigma\mu\mathrm{'}$ wiedererkennen: und $\mathrm{'}A\kappa\varrho\acute{\alpha}\gamma\alpha\nu\tauo\varsigma$ ist an sich nicht schwer verständlich. Wir rhythmiren nunmehr:

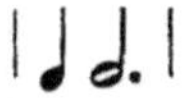

Z. 5

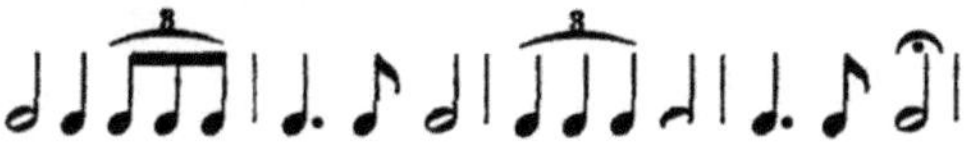

Z. 6

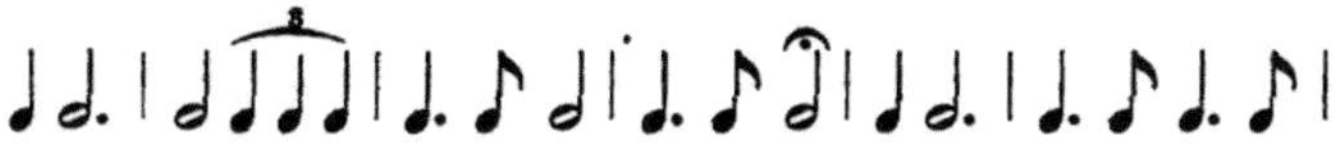

und haben somit incl. Z. 7 einen musikalischen Satz von 16 Takten gewonnen, mit zwei Schlusspausen, einer Mittelpause und einem Halter am Schluss des zweiten Kolons. Denn Mommsen hat richtig beobachtet, dass an dieser Stelle überall Wortende eintritt: $\xi\acute{\varepsilon}\nu\omega\nu$ — $\acute{\varepsilon}\varrho\varepsilon\iota\sigma\mu\mathrm{'}$, $\mathrm{'}A\lambda\varphi\varepsilon o\breve{v}$ — $\iota\alpha\nu\vartheta\varepsilon\grave{\iota}\varsigma$, $\varphi\iota\lambda\varepsilon\tilde{\iota}$ — $\delta\acute{\varepsilon}\ \mu\iota\nu$, $\tau\varepsilon\lambda\varepsilon\upsilon\tau\acute{\alpha}\sigma o\mu\varepsilon\nu$ — $\varrho o\alpha\grave{\iota}\ \delta\mathrm{'}$, $\pi\varrho\acute{\varepsilon}\pi\varepsilon\iota$ — $\tau\grave{o}\nu$, $\delta\varepsilon\delta\alpha\iota\delta\alpha\lambda\mu\acute{\varepsilon}\nu o\varsigma$ — $\varphi\acute{\varepsilon}\varrho\varepsilon\iota$, $\varepsilon\mathring{v}o\varrho\chi\acute{\iota}\alpha\iota\varsigma$ — $\acute{\alpha}\delta\alpha\kappa\varrho\upsilon\nu$, $\delta\varepsilon\nu\delta\varrho\acute{\varepsilon}\omega\nu$ — $\mathring{v}\delta\omega\varrho$, $\varphi\upsilon\tilde{\alpha}$ — $\mu\alpha\vartheta\acute{o}\nu\tau\varepsilon\varsigma$, $\pi\acute{o}\lambda\iota\nu$ — $\varphi\acute{\iota}\lambda o\iota\varsigma$. Die Mittelpause ist hier durch Vorpause bewerkstelligt, indem $\varepsilon\mathring{v}$- (Z. 7) als 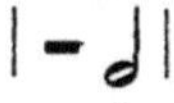 nicht als 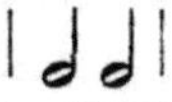 gefasst ist. Nachdem wir ermittelt haben, wo der musikalische Schlusssatz der Strophe beginnt, ist leicht zu se-

hen, dass die Strophe nur aus zwei Sätzen bestanden hat, weil die
Masse der übrigen Takte für Satz und Proodikon oder Satz und Mesodikon nicht ausreicht. Betrachten wir Z. 2:

Ueber die ersten zwei Ikten wird sich streiten lassen, soweit die Sylben in Betracht kommen, welche sie zu beanspruchen haben, aber dass
2 Sylben zu perkutiren sind, lehrt das hier allein entscheidende Ohr.
Der Rhythmus ist also ein $\dot{\varrho}v\vartheta\mu\dot{o}\varsigma\ \pi\varepsilon\nu\tau\varepsilon\varkappa\alpha\iota\varepsilon\iota\varkappa\sigma\sigma\acute{\alpha}\sigma\eta\mu\sigma\varsigma$, und kann als
solcher nur 4 Ikten haben. Wir müssen den dritten und vierten Fuss
von nur einem Iktus beherrscht werden lassen. Ob wir jedoch:

zu rhythmiren haben, ist unentschieden. Jetzt wissen wir sicher, welcher Satzform der erste musikalische Satz der Strophe angehört. Sie
folgt der Formel 4 . 4 . 8. Mit $\dot\alpha\varkappa\varrho\dot{o}\vartheta\iota\nu\alpha\ \pi\sigma\lambda\acute{\varepsilon}\mu\sigma\upsilon$ liegt nämlich die
Sache so wie mit $\ddot\varepsilon\varrho\varepsilon\iota\sigma\mu'\ \dot{}A\varkappa\varrho\acute\alpha\gamma\alpha\nu\tau\sigma\varsigma$; es ist zwar kein selbstständiges Kolon, aber ein von Z. 3 sich durch Zwischenpause ablösendes
Glied, auf welchartige Glieder schon Christ hingewiesen hat. Behandeln wir ihn als Fortsetzung des sog. dritten Verses, so ergeben beide
zusammen folgendes metrische Bild:

Ich gebe auch der ersten Sylbe einen Iktus, theils weil mir die Par-
tikel $\H\eta$ einen besonderen Nachdruck zu verlangen scheint, theils weil
mir die Pause am Schluss des vorausgehenden Verses nicht gross genug scheint, um diese Sylbe, welche in allen Strophen und Gegenstrophen als Länge behandelt ist, also ziemlich schwer ins Gewicht
fallen sollte, zu fassen. Acht Perkussionen aber sind nöthig, 7, wissen
wir, verträgt keine Periode. Hiernach rhythmire ich:

So viel von der Strophe, die aus 2 musikalischen Sätzen besteht,
deren erster, der Formel 4 . 4 . 8 gehorchend, 3 Endpausen und einen
Halter hat, während der zweite, nach der Formel 4 . 6 . 6. gegliedert,

eine Innenpause und 2 Endpausen und einen Halter hat; Summa der Takte 32; Takt $^4/_4$tel.

Die Epode wollen wir kürzer behandeln. Ihr erster Vers ist zu perkutiren –́–́⏑–́–́⏑⏑–⏑–́; auch die alte Kolometrie bildet aus ihm ein Kolon. Da die Strophen katalektisch schliessen, könnte λοι Auftakt sein, allein die Epode selbst schliesst akatalektisch, und Verse zu drei Ikten giebt es nicht. Die Musik muss ihn behandeln als:

Auch der zweite Vers hat nur 4 Ikten:

–́⏑–⏑–́⏑⏑⏑–́⏑–́⏑–́⏑–⏑

d. i. ins Notenalphabet übertragen:

Der erste Satz der Epodus folgt also der Formel 4 . 4 . 4 . 4. Z. 17 ⏑⏑⏑–́⏑–́⏑–⏑⏑⏑–́⏑– ist offenbar eine Pentapodie, die auf 4 Takte reducirt werden muss. Mathematisch möglich ist:

wahrscheinlicher:

Endlich der achtzehnte –́⏑–́⏑–́⏑⏑⏑–́⏑ wird wohl am besten als anakrusisch behandelt, indem man am Schluss von Z. 17 Pause setzt:

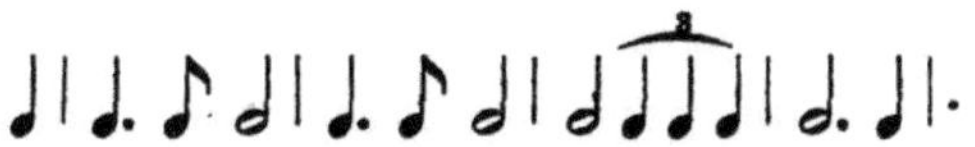

Der ganze Satz, aus 4 Vers-Kolis bestehend, hat dann 4 Pausen. Was noch restirt, kann kein voller Satz mehr gewesen sein, sondern war ein 8taktiges Epodikon. ⏑–⏑⏑⏑–́⏑–́⏑–|–́⏑–́⏑–́⏑–́⏑, in Noten:

so dass die Epode nur aus Satz und ἐπῳδικόν besteht. Dies aber ist eine Erweiterung unsrer Kenntnisse. Denn nach den daktyloepitritischen Gedichten war ein Gebilde aus zwei Sätzen das kleinste der chorischen Lyrik.

Es lässt sich also doch sogar in die übelberüchtigten Paeonen volles Licht bringen und der Beweis, dass ein in paeonischem Maasse abgefasstes Epinikion keinen andern Gesetzen unterlag, als ein daktyloepitritisches, darf wohl als geführt betrachtet werden.

Wie für das Paeonische Maass Ol. II, so ist das einzige Beispiel für Strophen mit ithyphallischen Klauseln die angezweifelte fünfte Olympische, welche von allen Metrikern als ein Unicum bezeichnet wird. Die scheinbare ungewöhnliche Kürze der Strophen und Epoden hat die alexandrinischen Kolometer gehindert, die richtige strophische Gliederung zu erkennen, und erst Manuel Moschopulus entdeckte die rechte Abtheilung, welche, von Böckh adoptirt, seitdem in allen modernen Ausgaben figurirt. Gleichwohl ist vielleicht die alte Kolometrie dazu brauchbar, die Gestalt der einzelnen Kola zu erkennen. In dieser Beziehung lenken unsre Aufmerksamkeit auf sich ihr fünftes bis siebentes Kolon:

$$\varkappa\alpha\varrho\delta\dot\iota\alpha\ \gamma\varepsilon\lambda\alpha\nu\varepsilon\breve\iota$$
$$\dot\alpha\varkappa\alpha\mu\alpha\nu\tau\acute o\pi o\delta o\varsigma\ \tau'\ \dot\alpha\pi\acute\eta\nu\alpha\varsigma\ \delta\acute\varepsilon\varkappa\varepsilon\nu$$
$$\Psi\alpha\acute\upsilon\mu\iota\acute o\varsigma\ \tau\varepsilon\ \delta\tilde\omega\varrho\alpha.$$

Da das sechste ∪∪⏑⏓∪∪—∪⏓⏓∪⏑ perkutirt werden muss, wenn anders die Definition des *κῶλον*, die wir oben auf Grund ihrer Kolometrie daktyloepitritischer Oden gegeben haben, in Kraft bleiben soll, so haben sie den Ithyphallicus hier als katalektische Tetrapodie betrachtet: ⏑∪⏑—⏑⏑∧. Die Consequenz daraus ist, dass Z. 3 musikalisch als ein achttaktiges Thema zu betrachten ist, dessen erstes Sylbenpaar $\overline{\alpha\varkappa\alpha}$ in den vierten Takt des voraufgehenden Kolons *κᾱρδία γελανεῖ* gehört: | ♩ 𝄾 ♫ |. Dies Kolon bildet aber einen Bestandtheil eines sog. Verses, welcher auf diese Weise den Umfang von 8 Takten überschreitet. Mithin kann der dritte Vers keinem musikalischen Satze nach der Formel 8 . 8. angehören, sondern muss nothwendig, das *ἐπῳδικόν* zu der ganzen Strophe gebildet haben, die offenbar nur aus Satz und Epodikon bestand, wie auch Ol. II epod. der Fall war. Nach welcher Formel war nun der Satz gebildet? Der zweite Böckh'sche Vers

$$———⏑∪∪—∪∪—∪∪—⏑⏓⏑∪⏑⏑∧$$

enthält eine daktylische Tetrapodie, die, wie wir bereits wissen, nach Metris zu perkutiren ist, wenn die Grundsätze, welche in den daktylo-

epitritischen Strophen befolgt sind, auch hier geltend gemacht sind.
Dies nöthigt aber den Scheinspondeus im Anlaut auch Sylbe für Sylbe
mit einem Iktus zu versehen. Folglich hat der Vers 10 Perkussionen,
und die Formel des aus 2 Versen gebildeten musikalischen Satzes
wäre 6 + 10. Wir würden damit den Taktumfang des ersten Verses
ganz genau kennen und brauchten ihn nur richtig zu iktiren:

$$\text{⏔⏑⏑⏔⏑⏑⏔⏑⏑⏔⏑}$$

Wir wollen jedoch nicht verschweigen, dass bei andrer Messung der
Daktylen die Sache sich anders stellt, wenngleich die angedeutete Zer-
legung der kleinen Strophe in Satz und Coda nicht wesentlich dadurch
betroffen wird. Podische Messung der Daktylen lässt nämlich die
Worte τῶν Οὐλυμπίᾳ, Ὠκεανοῦ ϑύγατερ als Pentapodie erscheinen,
und gestattet eine Beschränkung auf 4 Ikten für diesen Theil des
Verses. Die 8 Perkussionen des ganzen zweiten Verses sind aber vielleicht demjenigen erwünscht, der den ersten in 2 Tripodien und eine
Dipodie zerlegt und mit 3 + 3 + 2 Ikten bedacht sehen will. Verfahren wir so, dann besteht allerdings die ganze Strophe aus 3 Perioden
zu je 8 Ikten, und wir hätten der Formel nach die Wahl, ob wir
Satz und Epodikon, oder Proodikon und Satz statuiren wollen, wenn
nicht die zweisylbige Anakruse doch auf ein ἐπῳδικὸν hinwiese.

$$\text{⏔⏑⏑⏔ | ⏔⏑⏑⏔⏑⏔ | ⏔⏑⏔⏥ |}$$
$$\text{⏔⏑⏑⏔⏑⏑⏔⏑⏑⏔ | ⏔⏑⏔⏑⏔⏑ |}$$
$$\text{⏑⏑⏔⏑⏑⏔⏑⏔⏑⏔ | ⏔⏑⏔⏑⏔⏑ |}$$

Mir will diese Perkussionsmethodie im Hinblick auf ihre musikalische
Umschreibung nur nicht recht behagen, man müsste sich dann wenigstens für Z. 1 lieber ganz an die alte Kolometrie anschliessen, welche
den Vers aus zwei Tetrapodien zusammengesetzt dachte:

$$\text{⏔⏑⏑⏔⏑⏔ ∧}$$
$$\text{⏑⏑⏔⏑⏔⏑⏔⏑ ∧}$$

wie den zweiten (irrthümlich) aus 3 Tetrapodien, zwei brachykatalektischen und einer katalektischen. Wie gesagt, ob der Satz rhythmirt war:

das wage ich nicht definitiv zu entscheiden. Wer jedoch durch die Analyse der daktyloepitritischen Sätze darauf aufmerksam geworden ist, dass Pindar solche Amphimacer, wie unser τον γλυχύν (seine τόν ποτε, νῦν γε μὰν u. dgl.) vor den Mittelpausen der Binnenkola anzubringen liebt, wird die zweite Rhythmirung mit mir vorziehen.

In der Strophe liegt also streng genommen nichts, was die Ode als ein mit pindarischer Architektonik unverträgliches Gebäude anzusehen nöthigte. Aber allerdings tritt ein gleiches in den Epoden nicht bald hervor. Sie besteht nur aus zwei Versen, welche völlig gleich gebaut sind, nur dass der zweite zwischen die beiden Reihen, aus denen der erste besteht, noch eine Tetrapodie hineinschiebt. Dadurch erhält er aber, da der erste 10 Ikten hat, 14 Ikten, eine Zahl, welche nach unsern obigen Deduktionen Pindar, wenigstens in den daktyloepitritischen Epinikien, wohlweislich vermieden hat. Die Gesammtzähl der Ikten (24) entspricht freilich der der Strophe, aber es ist doch ein bedeutender Unterschied, ob das ἐπῳδικόν, wie in den Strophen, dem Satze nach einer Pause folgt, oder aber, ob es sich unmittelbar ohne Pause dem Satze anschliesst, so dass sogar ein Wort beiden Theilen angehört. Ein Vers wie der 24ste ist nicht zu beanstanden; er zerlegt sich ohne Schwierigkeit in das Kolon:

ἐξαρκέων κτέατεσσι καὶ εὐλογίαν ‖

und das Epodikon:

προστιθεὶς μὴ ματεύσῃ θεὸς γενέσθαι.

Aber die beiden anderen, der achte und sechszehnte, unterliegen gerechten Bedenken. Wenn wir auch für den achten die Entschuldigung des Eigennamens annehmen wollten, zumal die Handschrift A πατέρα schreibt, wodurch es möglich wird, den Vers zu schliessen und den neuen mit einem Vorschlag beginnen zu lassen, der musikalisch sehr leicht ausführbar ist, bleibt doch immer der achte mit seinem gradezu unerträglichen: ἔχοντες σοφοὶ übrig. Die Scholien geben den Plural: εὖ δὲ πράξαντες — ὅ ἐστιν ἐπιτυχόντες, aber sie sagen auch καὶ σοφίας δόκησιν ἔχουσιν, als ob sie das καὶ an andrer Stelle gelesen hätten, z. B. ἢν δ' ἔχων τις σοφὸς καὶ πολίταις ἔδοξεν ἔμμεν. Auch Kayser ist, wie ich beim Einblick in Bergks kritische Anmerkungen eben noch sehe, schon auf ähnlichem Wege gewesen. Zweifeln wir gleichwohl die Ueberlieferung zur Ungebühr an, dann freilich würde dieser ganz unpindarische Uebergang vom Satze zum Epodikon als Hauptgrund gegen den pindarischen Ursprung dieses kurzen Gedichts vorgebracht werden müssen, wenn nicht die Unebenheit dennoch ohne Schwierigkeit zu beseitigen wäre. Wie die Ueberlieferung jetzt liegt, ist vielleicht besser, als im Text geschehen, so zu rhythmiren:

Die dreizehnte Olympische Ode.

Wir könnten jetzt zu den sog. Logaöden übergehn, wenn nicht in der dreizehnten Olympischen Ode ein höchst interessantes Beispiel für den Uebergang aus den logaödischen Metren in die Daktyloepitriten vorläge, mit dessen Behandlung wir uns hier befassen wollen, weil im Ganzen doch die Hauptmasse der Worte an das daktyloepitritische Maass und nur der Anfang der Strophen an das logaödische gebunden ist. Schon mit der sechsten Zeile jeder Strophe und Antistrophe nämlich treten die Daktyloepitriten ein, und setzen sich durch die ganze Epode fort. Nachdem wir über die hesychastischen Episyntheta des ausführlichsten oben gehandelt haben, ist kein Anlass, die betreffenden Theile unsres Epinikions weitläufig zu besprechen. Es

wird vollständig ausreichen, wenn wir die Formeln der einzelnen Sätze
andeuten und unsern Lesern die Rhythmirung nach den feststehenden
Regeln überlassen. Eine einzige Stelle der Epoden wird einigen Auf-
enthalt verursachen, nicht als ob die Formel irgendwie zweifelhaft
wäre, sondern weil durch das ganze Gedicht hindurch grade an dieser
Stelle handschriftliche Verwirrung herrscht, die ziemlich hoch hinauf-
reichen mag. Das metrische Diagramm ist:

$$\_\,|\,\_\cup\_\_\_\_\cup\cup\_\cup\cup\_\_\_\cup\_\wedge \qquad 6$$
$$\cup\,|\,\_\cup\cup\_\cup\cup\_\_\_\_\cup\cup\_\cup\cup\_\_ \qquad 4 \Big\} \; 16$$
$$\_\cup\_\_\cup\_\_\_\cup\cup\_ \qquad 6$$

Epodus.

$$\_\_\cup\cup\_\cup\cup\_\_\cup\cup\_\cup\cup\_\_\_\cup\_\_ \qquad 6$$
$$\_\cup\_\_\_\cup\cup\_\cup\cup\_\bar{\wedge} \qquad 4 \Big\} \; 16$$
$$\_\cup\_\_\_\cup\cup\_\_\cup\_\_ \qquad 6$$

$$\_\cup\_\_\_\cup\_\_\_\cup\_\bar{\wedge} \qquad 4$$
$$\_\cup\_\_\_\cup\_\_\_\cup\cup\_ \qquad 6 \Big\} \; 16$$
$$\cup\cup\_\cup\cup\_\_\cup\_\_\_\cup\_\bar{\wedge} \qquad 6$$

$$\_\cup\_\_\_\cup\_\,|\,\_\cup\_\_\_\cup\_\_ \qquad 8 \; \textit{ἐπῳδ.}$$

Die missliche Stelle, von der ich sprach, ist die fünfte Zeile der Epodos. Hier weichen die Ansichten der Herausgeber erheblicher von
einander ab. Sicher steht jedoch, dass keine einzige Epodos uns hindert, die Zeile mit βασιλέα, δηρίομαι, Αἰολίδα, Σολύμους, μάττον᾽
ἢ ὡς zu schliessen, und die neue mit δίδυμον, πολέσιν, βασιλεῦ,
ἔπεφνεν, ὑδέμεν (siehe unsre conjectanea z. d. St.) zu beginnen, sobald
wir in der ersten Epode uns zur Umkehrung δίδυμον βασιλῆ ἐπέθηκ᾽
entschliessen. Der Rhythmus des Kolon ἢ θεῶν ναιοῖσιν οἰωνῶν
δίδυμον ist derselbe wie z. B. Isthm. V 2 δεύτερον κρατῆρα Μοισαίων
μελέων. Dass in den 3 letzten Epoden unmittelbar nach dem Ana-
paesten starke Interpunktion eintritt, ist richtig. Allein Pindar hat
sich ja Ol. II 95 nicht einmal gescheut, die fünfte Epodos mit dem
letzten Worte eines Satzes zu beginnen und nach demselben stark zu
interpungiren, warum sollte er sich genirt haben, innerhalb desselben
Kolons nach dem ersten Wort des sog. Verses zu interpungiren? Reci-
tiren wir diese Stellen, so werden wir natürlich ausschliesslich der
Interpunktion gerecht werden; haben wir sie zu singen, wird eine
leise Andeutung derselben vollauf genügen.

Wie aber waren die in logaödischem Maasse geschriebenen Theile componirt? Sollen wir annehmen, dass mitten in Z. 6 Böckh'scher Zählung im Worte Ἀλάτα (Z. 14) Κορίνϑῳ (Z. 52) ein urplötzlicher wahrnehmbarer Taktwechsel stattgefunden habe? ich glaube eine solche Annahme empfiehlt sich schlecht, so lange wir in der Viertelkürzenbehandlung das Mittel haben, die Logaöden zu bezwingen. Unerhört ist ja auch bei uns ein Uebergang aus dem $^4/_4$ tel in den $^3/_4$ tel Takt nicht, und unter Umständen recht wirksam, aber der Charakter eines Liedes wie unser 'Vom hoh'n Olymp herab', wo die ersten 8 Takte im 𝄵, die andern 16 in $^3/_4$ tel Takt geschrieben sind, ist doch ein andrer als Ol. XIII. Das Schema der Metra mit ihren Perkussionen, von Westphal ziemlich richtig angegeben, ist:

Ā∪∪⊥∪∪⊥⊥

∪⊥∪⊥⊥∪⊥∪∪⊥⊥

∪⊥∪⊔∪∪⊥⎯⊥∪⊥

⎯⊥∪⊕∪⊥∪⎯∪⊥

∪∪⊥∪⊥⊥∪⎯∪∪⊥⊥

Ā⎯⊥∪⊥∪∪⊥

Es bedarf nun weiter nichts als der Erkenntniss, dass aus diesen 6 Perioden, deren Iktenzahl genau 24 ist, $1^1/_2$ musikalische Sätze nach den Formeln 4 4 : 4 . 4 . 4 . 4 gebildet sind, von denen jeder nur Endpausen und keine Innenpause hat. In Noten:

Nach der Gewohnheit der Tragiker (Eur. Rhes. 13 — 33 = 41 — 51) sind hier vor Daktyloepitriten auch die sog. Logaöden im $^4/_4$ tel Takt behandelt.

Was für Takt Westphal genommen wissen wolle, sagt er freilich nicht und schliessen lässt es sich aus seinem Diagramm auch nicht, weil er die Manier hat, alle guten Takttheile mit einem Iktus zu bezeichnen, trotzdem es doch einen bedeutenden Unterschied macht, ob ich vier Daktylen so perkutire:

⏤⏤⏤⏤ oder so: ⏤⏤⏤⏤.

In unserm Falle trifft indess die Perkussion meistens zu. Denn der Takt ist von Haus aus $^3/_8$tel Takt, aus zwei zwingenden Gründen. Einmal ist *Τρισολυμπιονίκαν* Kolon und Periode zugleich; zum andern würde bei der Annahme von $^6/_8$tel Takt der Pausensatz an falscher Stelle in die Kola treffen. Auch die Formeln, nach denen die Glieder zum Satze vereint sind, schliessen $^6/_8$tel Takt aus, während sie ausser $^4/_4$tel Takt nur Annahme des $^3/_8$tel Takts, respective $^3/_4$tel Takts gestatten:

Die Sylbe *ναί* gehört beiden Rhythmengruppen an, füllt aber die Pause am Schluss des zweiten Satzes.

Wir haben hier nämlich die Z. 6 so behandelt, dass *ναί*, womit die Episyntheta beginnen, hinter die Pause in den letzten Takt des sechsten Kolons, mit welchem die sog. Logaöden schliessen, gebracht ist. Dies ist offenbar der Absicht Pindars entsprechend, der mit Ausnahme von 2 Stellen Zeile 6 der Strophe immer so gebaut hat, dass das Wort vor dieser Sylbe schliesst.

ἐν·τᾷ γὰρ Εὐνομία
δέξαι δέ οἱ στεφάνων

Πυθοῖ τ' ἔχει σταδίου
εἴργοντες ἐκ Λυκίας
δεῖξεν τε Κοιρανίδα
τέλλε θεῶν δύναμις
Ἰσθμοῖ τά τ' ἐν Νεμέᾳ
Δὶ τοῦτ' Ἐνναλίῳ

Nur an den zwei Stellen, wo die Eigennamen *Ἀλάτα* und *Κορίνθῳ*
begegnen, liegt die Sache anders, jedoch immer so, dass musikalische
Schwierigkeiten nichts desto weniger nicht erwachsen*). Hier schliesst
einfach das sechste Kolon akatalektisch ab, und die episynthetische Parthie beginnt ohne Vorschlag:

ὔμ\|μιν δὲ παῖδες Ἀλάτα.
οὐ \| ψεύσομ' ἀμφὶ Κορίνθῳ.

𝅗𝅥. ♩ | ♩♩♩ | 𝅗𝅥𝅗𝅥 | 𝅗𝅥𝅗𝅥 ‖

πολλὰ μὲν νικαφόρον ἀγλαΐαν
Σίσυφον μὲν πυκνότατον παλάμαις

𝅗𝅥. ♩ | 𝅗𝅥 𝅗𝅥 | ♩ ♫ ♩ ♫ | 𝅗𝅥𝅗𝅥 ‖

Sollte ein neuerer Componist den Versuch wagen wollen, diese herr-
liche Ode zu componiren, so kann ihm vielleicht folgende Kolometrie
eines Theils der deutschen Uebersetzung von Nutzen sein:

    In Olympia drei - Mal

      bekränztes Haus, dich zu preisen das gast - frei

        der Fremden Schaar und dem Lands-mann offen steht,

---

*) Solche Stellen, wo die letzte Sylbe einer Taktgruppe verschieden behandelt
wird, waren meiner Meinung nach überaus häufig. Gleich Ol. VII 7 ist es ganz
gleichgiltig, ob ἀ- zum ersten oder zweiten Kolon gezogen wird; gewöhnlich geschieht
das letzte. Ebenda epod. Z. 16 aber bin ich fest überzeugt, dass die Composition
ποθέ zum zweiten Kolon zog. Keine einzige Epode hindert diese Annahme. Es war
wohl nicht gesetzt:

𝅗𝅥. ♩ | 𝅗𝅥𝅗𝅥 | 𝅗𝅥𝅗𝅥𝅗𝅥 | 𝅗𝅥𝅗𝅥𝅗𝅥
𝅗𝅥𝅗𝅥𝅗𝅥 | 𝅗𝅥𝅗𝅥 | 𝅗𝅥𝅗𝅥𝅗𝅥 | 𝅗𝅥 – ‖

sondern überall:

𝅗𝅥. ♩ | 𝅗𝅥𝅗𝅥 | 𝅗𝅥𝅗𝅥𝅗𝅥 | 𝄼 𝅗𝅥𝅗𝅥
𝅗𝅥𝅗𝅥𝅗𝅥 | 𝅗𝅥𝅗𝅥 | 𝅗𝅥𝅗𝅥𝅗𝅥 | 𝅗𝅥 – ‖

Für die Sangbarkeit ein grosser Vortheil.

erschein' ich heut' im üppigen Korinth,
in Poseidons frisch auferblühendem Vorhof:
allwo die Gesetzlichkeit thront,

sammt ihren Brüdern, welche, des Staatengebäu's
fester Grund, den Bürger erhalten im Wohlstand
einigem Frieden und Rechtsinn; allzumal
wohlberathner Ordnung Geschlecht,

Gegenstrophe.

Das entschlossenen Muths wehrt
dem Uebergriff, frecher Launen Erzeuger.
Erfüllt von herrlichem Sangstoff fühl' ich mich,
und von der Lippe schwingt sich kühn das Lied.
Denn es drängt den Geist Geistesbrüder zu preisen:
Euch aber, o Kinder Alat's,

verlieh der Horen blühende Spende schon oft,
Siegeslust, wenn leichtlich in heiligem Festspiel
siegte des Leibes Gewandheit; und ins Herz
Eurer Ahnherrn zauberten sie

Epodos.

der sinnigen Schöpfungen viel; so nun das Werk des Erfinders
Ruhm verherrlicht, fand bei Euch nicht
festlicher Bakchosgesang, Dithyramb, der
Treiber des Stiers, seinen Ursprung?

Rosselenkung — hat Korinth sie nicht gelehrt?
nicht mit Adlers Doppelfittig
sinnig die Tempel der Götter geschmückt?
Spriesst nicht dort das Lied im Duft

würz'ger Blüthen, aus dem Speerwald
jungen Volks der blut'ge Kriegsgott?

Bei dieser Gelegenheit noch ein Wort über die von Athanasius
Kircher mitgetheilte Composition von Pyth. I. An der Echtheit der-

selben. zweifle ich nach den sorgfältigen Untersuchungen W's über
diesen Gegenstand keinen Augenblick. Da aber der W'sche Versuch,
die einzelnen Notenwerthe zu bestimmen, ein ebenso verfehlter ist,
wie der seiner Vorgänger, weil er jeden Vers als Periode fasst, und
nicht vom Begriffe eines musikalischen 16taktigen Satzes ausgeht, soll
am Schluss dieser Einleitung die Kirchersche Melodie in unsre Noten
übertragen einen Platz finden.

Was nun von der Gliederung Pindarischer Strophen des daktyloepitritischen εἶδος gilt, gilt übrigens auch von denen des Simonides
und Bakchylides. Aus den Epinikien des Bakchylides ist gleich das
erste Bruchstück [Bergk³ p. 1226] lang genug, um ein Urtheil zu
gestatten:

$$\text{ὄλβιος ᾧ τινι θεὸς μοῖράν τε καλῶν ἔπορεν}$$
$$\text{σύν τ' ἐπιζάλῳ τύχᾳ ἀφνειὸν βιοτὰν διάγειν.}$$
$$\text{οὐ γάρ τις ἐπιχθονίων πάντα γ' εὐδαίμων ἔφυ.}$$

Der erste dieser sog. Verse ist zugleich Kolon; er hat nur 4 Ikten; der
zweite und dritte haben jeder 8 Ikten. Es steht also nichts im Wege,
die letzten 2 zu einem Satze zu vereinen. Ebenso besteht das dritte
Bruchstück, wenn wir Bergk's Winke beachten, aus einem ganzen
Satze:

$$‒\,⏑\,◡\,⏑\,‒\,‒\,⏑\,◡◡\,‒\,◡◡\,⏑\,‒\,‒\,⏑\,◡◡\,‒\,◡\,(◡\,⏑)\qquad 6\;\big\rgroup$$
$$‒\,‒\,⏑\,◡\,⏑\,‒\,‒\,⏑\,◡◡\,‒\,◡◡\,⏑\,\bar{\Lambda}\qquad 4\;\Big\}\;16$$
$$⏑\,◡\,⏑\,‒\,‒\,⏑\,◡\,⏑\,‒\,‒\,⏑\,◡\,⏑\,\bar{\Lambda}\qquad 6\;\big\lgroup$$

Derselben Formel folgt, wie es scheint, Fr. 33 p. 1237:

$$‒\,⏑\,◡◡\,‒\,◡◡\,⏑\,‒\,⏑\,◡\,⏑\,‒\,⏑\,◡◡\,‒\,◡◡\,⏑\,\bar{\Lambda}\qquad 6\;\big\rgroup$$
$$⏑\,◡◡\,⏑\,◡◡\,⏑\,\bar{\Lambda}\qquad 4\;\Big\}\;16$$
$$⏑\,◡\,⏑\,‒\,‒\,⏑\,◡\,⏑\,‒\,‒\,⏑\,◡\,⏑\,‒\qquad 6\;\big\lgroup$$
$$⏑\,◡\;.\;.\;.\;.\;.\;.\;.\;.\;.\;.\;.\;.\;.$$

Zwei ganze musikalische Sätze sind in Fr. 29 p. 1236 wieder er-
kennbar:

$$⏑\,⏑\,◡◡\,‒\,◡◡\,⏑\,‒\,⏑\,◡◡\,‒\,◡◡\,⏑\,◡\,⏑\,◡\,⏑\qquad 8\;\big\rgroup$$
$$‒\,⏑\,◡\,⏑\,‒\,⏑\,◡◡\,‒\,◡◡\,⏑\,‒\,⏑\,◡\,⏑\,‒\,⏑\,◡\,⏑\,\bar{\Lambda}\qquad 8\;\Big\}\;16$$

$$⏑\,◡\,⏑\,‒\,‒\,⏑\,◡◡\,‒\,◡◡\,⏑\,\bar{\Lambda}\qquad 4\;\big\rgroup$$
$$⏑\,⏑\,◡◡\,‒\,◡◡\,⏑\,‒\,⏑\,◡◡\,‒\,◡◡\,⏑\,\bar{\Lambda}\qquad 6\;\Big\}\;16$$
$$⏑\,◡\,⏑\,‒\,‒\,⏑\,◡\,⏑\,‒\,‒\,⏑\,◡\,⏑\,◡\qquad 6\;\big\lgroup$$

Wir haben, wenn die Strophe (oder Epode) zwei Sätze umfasste,

hiermit entweder die ganze Strophe oder, wenn sie aus dreien bestand,
offenbar die letzten zwei übrig, welche so nach Kolis abzusetzen sind:

ὮΩ Τρῶες ἀρηΐφιλοι, Ζεὺς
ὑψιμέδων, ὃς ἅπαντα δέρκεται,
οὐκ αἴτιος θνατοῖς μεγάλων ἀχέων· ἀλλ̓
ἐν μέσῳ κεῖται κιχεῖν

πᾶσιν ἀνθρώποισι δίκαν, ὁσίαν,
ἁγνὰν Εὐνομίας ἀκόλουθον
καὶ πινυτᾶς Θέμιδος. ὀλβίων παῖ-
δές νιν εὑρόντες σύνοικον.

Beiweitem das umfangreichste Bakchylideische Bruchstück ist das
dreizehnte aus den Paeanen: p. 1230 Bergk. Von ihm sind wir jetzt
in den Stand gesetzt, die ganze Gliederung, auf deren Feststellung
Westphal Metrik S. 673 verzichtet, vollständig zu erkennen. Was uns
erhalten ist, ist eine Antistrophos und die epodisch angelegte Epodos.
Man hat folgendermaassen die Kola abzugrenzen:

¹ Τίκτει δέ τε θνα-
τοῖσιν εἰράνα μεγάλα
² πλοῦτον καὶ μελιγλώσ-
σων ἀοιδᾶν ἄνθεα δαιδαλέων

³ τ᾽ ἐπὶ βωμῶν θεοῖσιν αἴθε-
σθαι βοῶν ⁴ ξανθᾷ φλογὶ μῆρα τανυτρί-
χων τε μήλων ⁵ γυμνασίων τε νέοις αὐλῶν τε καὶ κώμων μέλειν.

Ἐπῳδός.
⁶ ἐν δὲ σιδαροδέτοις πόρπαξιν αἰθᾶν
⁷ ἀραχνᾶν ἱστοὶ πέλονται
⁸ ἔγχεά τε λογχω-
τὰ ξίφεά τ᾽ ἀμφάκεα δάμναται εὐρώς.

⁹ χαλκεᾶν δ᾽ οὐκ ἔστι σαλπίγγων κτύπος·
¹⁰ οὐδὲ συλᾶται μελίφρων
ὕπνος ἀπὸ βλεφάρων
¹¹ ἁμὸν ὃς θάλπει κέαρ.

¹² συμποσίων δ᾽ ἐρατῶν βρίθοντ᾽ ἀγυιαί,
παιδικοὶ θ᾽ ὕμνοι φλέγονται.

Die Formeln der einzelnen musikalischen Sätze sind:

$$\mathring{\alpha}\nu\tau\iota\sigma\tau. \quad \overgroup{8.8.} \quad \overgroup{6.4.6.}$$

$$\mathring{\varepsilon}\pi\varphi\delta. \quad \overgroup{4.4.8.} \quad \overgroup{4.8.4.} \quad \overgroup{8.}$$

Dass mit μέλειν eine Weise abbreche, hat Hartung richtig gefühlt. Die Abtheilung bei Bergk ist Z. 2. 3 dahin zu berichtigen, dass
δαιδαλέων in die zweite Zeile gezogen wird.

Als besonders günstiger Zufall ist zu betrachten, dass eine Anzahl
bei Pindar observirter Erscheinungen hier auf engem Raum vereinigt
sind. Wir begegnen auch bei Bakchylides den verschiednen Formen
des Epitriten im Anlaut und Auslaut der Kola: ⏓, ⏓⏓, Ⴕ∪∪⏓⏓, ⏓∪⏓,
⏓∪∪⏓, der Anakruse als Schlusselement des voraufgehenden vierten
Taktes, wir finden den Daktylus nach 3 Epitriten (6 Ikten) κατὰ
πόδα, nach 2 Epitriten metrisch gemessen; wir finden endlich eine
epitritische Trizygie nach Bedürfniss mit 4 oder 6 Ikten versehen.
Nur ein Beispiel für das aus Epitrit und Daktylen bestehende Kolon
fehlt zufällig.

Für Simonides sind wir nicht so glücklich dran, ein gleich langes
Stück Epinikion zu besitzen; aber auch Fragment 57 p. 1138. 39 mag
unsern Zwecken dienen:

[1]τίς κεν αἰνή-

σειε νόῳ πίσυνος Λίνδου ναέταν Κλεόβουλον

[2]ἀενάος ποταμοῖσιν ἄνθεσι τ᾽ εἰαρινοῖς

[3]ἀελίου τε φλογὶ χρυσέας τε σελάνας

[4]καὶ θαλασσαίαισι δίναις

ἀντία θέντα μένος

[5]στάλας; ἄπαντα γὰρ ἐστι θεῶν

ἵσσω. λίθον δὲ [6]καὶ βρότεοι παλάμαι

θραύοντι. μωροῦ

φωτὸς ἅδε βουλά.

Das Excerpt beginnt mitten im musikalischen Satze; worauf noch
zwei volle Sätze folgen, wahrscheinlich der Epodos, vielleicht der
Schlussepodos des ganzen Gesanges angehörig. Ihre Formel ist:

$$(\overgroup{6.6)}\,4?\quad 4.4.8.\quad \overgroup{4.4.4.4.}$$

Denn die Abtheilung Bergks will mir nicht durchweg richtig erscheinen. Schon στάλας gehört entschieden nicht in seinen vierten Vers;

aus 5 und 6 würde ich unbedenklich vier Verse gebildet haben. Das
metrische Diagramm mit der wahren Vertheilung der Ikten ist:

(metrisches Diagramm: zwei Gruppen von Kola, jeweils mit der Zahl 16 geklammert)

Zu den Varianten des Epitriten kommt hieraus noch ⏑⏑⏑ hinzu.
Der Ithyphallikus am Schluss, wie Olymp. V wiederholentlich. Das
Kolon ⏑⏑⏑⏑⏑, wie Ol. VII 3 katalektisch *δωρήσεται*. Westphal hat
natürlich diese Bruchstücke in seiner Metrik Ausg. 2 auch behandelt,
aber befangen von seiner wunderlichen Idee der tetrapodisch-dipodi-
schen Strophe trotz mannigfaltiger Uebereinstimmung mit mir (z. B.
bezüglich des Ithyphallikus) vielfache Versehen begehen müssen. So
ist verkannt, dass Simonid. Fr. 57 *στάλας* kein Dispondeus sein kann,
und nicht in Bergk's vierten Vers gehört; dass *ϑραύοντι μωροῦ* eine besondre Periode, die Sylbe *ῆσ*- Anakruse ist. Ebenso wenig ist sein
Diagramm des Bakchylideischen Paean zu gebrauchen. Das ist noch
ganz die unausskömmliche Manier der alten Kolometer, aus jedem Langvers die Epitriten abzulösen, wenn sich ihrer nicht zwei oder drei zu
einem Kolon verbinden lassen, nur dass diese die Idee des Kolons festhalten, während Hr. W. die Bergk'sche Abtheilung hinnimmt, und sich die
Frage nach ihrer Brauchbarkeit gar nicht stellt, weil er eben jeden Vers
apart behandelt und wo sein Vers schliesst, auch einen musikalischen
Abschnitt statuirt. Darum steht auch bei ihm *ἄνϑεα* mit aller Seelenruhe
im zweiten, *δαιδαλέων* im dritten Verse; darum kam ihm keine Ah-
nung, dass auch *ἐπὶ βωμῶν* ein ebensolcher *Ἰωνικὸς ἀκέφαλος* sein
könne, wie *ἀραχνᾶν ἰ*-, darum figurirt so ein Unding, wie –⏑⏑⏑–
Z. 8, u. s. f. Solche Terminologien, wie der *ἀκέφαλος*, machen sich
recht gelehrt in einem philologischen Werke, sind aber recht unnützer
Ballast, der, wie Exempel zeigt, gar nicht zur Erkenntniss des wahren

Sachverhalts beiträgt, wenn so ein *ἀκέφαλος* einmal in den landläu-
figen metrischen Diagrammen ohne Signalement herumläuft. Besser
gelungen ist die Behandlung von Bakch. Fr. 29; hier ist allerdings
ἀγνὰν ein Dispondeus, oder eine Form des Epitrit, wenn einmal
metrisch geredet werden soll. Aber falsch ist hier wie überall die
Perkussion der Daktylen.

Der Rhodier Timokreon kommt bei Westphal p. 674 kurz weg
mit der Bemerkung, dass die Versabtheilung seiner Bruchstücke sehr
unsicher sei, dass aber das grösste Fragment ein grosses Skolion zu
sein scheine. Ein Versuch, ein Diagramm desselben zu entwerfen, ist
nicht gemacht. Grade in solchen Fällen aber, wo die Metrik mit ihren
armseligen Mitteln nicht ausreicht, sollte man meinen, sei es doppelte
Pflicht eines Metrikers, der die Musik in seine Darstellung auf jeder
Seite mit hineinzieht, mit Hilfe derselben in das Sylbenchaos das gehörige Licht zu bringen. Werden auch so, eben weil nur ein Bruchstück, wenn auch ein recht langes, vorliegt, kleine Zweifel übrig bleiben, so ist doch wenigstens ein Schritt zum Licht gethan, während wir
jetzt ganz im Dunkel tappen und der Willkür preisgegeben sind. Ich
schreibe das Melosfragment (1 p. 1201 Bergk [3] == p. 939 [2]) für die
Freunde der Langverse erst in dieser Gestalt hin:

Ἀλλ᾿ εἰ τύγε Παυσανίαν ἢ καὶ τύγε Ξάνθιππον αἰνέεις ἢ τύγε
　　　　　　　　　　　　　　Λευτυχίδαν

ἐγὼ δ᾿ Ἀριστείδαν ἐπαινέω
ἄνδρ᾿ ἱερᾶν ἀπ᾿ Ἀθηνᾶν·
ἐλθεῖν ἕνα λῶστον ἐπεὶ Θεμιστοκλῆ᾿ ἤχθαρε Λατῴ
5 *ψεύσταν, ἄδικον, προδόταν, ὃς Τιμοκρεῦντα*
ξεῖνον ἐόντ᾿ ἀργυρίοισι κυβαλικοῖσι πεισθεὶς οὐ κατᾶγεν ἐς πα-
　　　　　　　　　　　　　　τρίδα

Ἰάλυσον λαβὼν δὲ τρί᾿ ἀργύρου
τάλαντ᾿ ἔβα πλέων εἰς ὄλεθρον
τοὺς μὲν κατάγων ἀδίκως, τοὺς δ᾿ ἐκδιώκων, τοὺς δὲ καίνων
　　　　　　　　　　　　　　ἀργυρίων ὑπόπλεως·
10 *Ἰσθμοῖ δὲ πανδόκευε γλοιῶς ψυχρὰ κρέα παρέχων·*
οἱ δ᾿ ἤσθιον κηὔχοντο μὴ ὥραν Θεμιστοκλέους γενέσθαι.

Das Diagramm derselben ist:

$$\text{⏑⏑∪∪–∪∪⏑–⏑∪⏑––⏑∪⏑––⏑∪∪⏑∪∪⏑Λ} \quad 12$$
$$\text{∪⏑∪⏑––⏑∪⏑–} \qquad\qquad\qquad\quad 4$$
$$\left.\phantom{\begin{matrix}a\\b\end{matrix}}\right\}\ 16$$

$$\text{—}\cup\cup\text{—}\cup\cup\text{—}— \qquad\qquad 4\;\Big\rbrace$$
$$\text{——}\cup\cup\text{—}\cup\cup\text{—}\cup\text{—}\cup\cup\text{—}\cup\cup\text{—}— \qquad 6\;\Big\rbrace\,16$$
$$5 \quad \text{——}\cup\cup\text{—}\cup\cup\text{—}\text{—}\cup\text{—}\widehat{\cup} \qquad\qquad 6\;\Big\rbrace$$

$$\text{—}\cup\cup\text{——}\cup\cup\text{—}\cup\cup\text{—}\cup\text{—}\cup\text{—}\text{—}\cup\text{—}\cup\text{—}\cup\cup\text{—}\wedge \qquad 10\;\Big\rbrace$$
$$\cup\text{——}\cup\text{—}\cup\cup\text{—}\cup\text{—}\wedge \qquad\qquad 6\;\Big\rbrace\,16$$

$$\cup\text{—}\cup\text{——}\text{—}\cup\text{—}— \qquad\qquad 4\;\Big\rbrace$$
$$\text{——}\cup\cup\text{—}\cup\cup\text{—}\text{—}\cup\text{—}\text{—}\cup\text{—}\text{—}\cup\cup\text{—}\cup\cup\text{—} \qquad 12\;\Big\rbrace\,16$$

$$\text{—}\cup\text{—}\cup\text{—}\cup\text{——}\cup\cup\text{—}\cup\cup\text{—} \qquad\qquad 8\;\Big\rbrace$$
$$\text{—}\cup\text{——}\cup\text{——}\cup\text{—}\widehat{\cup}\text{—}\cup\text{—}— \qquad\qquad 8\;\Big\rbrace\,16$$

Erhalten sind 11 solcher Langverse, von denen Z. 1. 2. 3 genau
dem neunten und zehnten entsprechen würden, wenn nicht der dritte
akatalektisch der zehnte katalektisch ausginge. Die Annahme, als ob
mit 3 die Strophe, mit 10 die Antistrophos schliesst, mit 11 die Epode
beginne, ist also glücklicher Weise ausgeschlossen. Die Rhythmen
verrathen übrigens deutlich, dass mit Z. 11 die Epode, mit Z. 5 die
Antistrophos schliesst, letztre mit dem significanten Abschluss *Τιμοκρεῦντα*. Auch in Pindar pflegen musikalische Sätze mit *ἀλλ'* ein-
geleitet zu werden, aber gewöhnlich Binnensätze, und darum glaube
ich, dass das satirische Skolion Timokreons in den Strophen wie Epoden aus 3 musikalischen Sätzen bestand.

Str.   fehlt.

Antistr.   Erster Satz: fehlt.

> [1] ἀλλ' εἰ τύγε Παυσανίαν
> ἢ καὶ τύγε Ξάνθιππον αἰνέεις,
> ἢ τύγε Λευτυχίδαν,
> [2] ἐγὼ δ' Ἀριστείδαν ἐπαινέω,
>
> [3] ἄνδρ' ἱερᾶν ἀπ' Ἀθανᾶν
> [4] ἐλθεῖν τινα λῶστον, ἐπεὶ Θε-
> μιστοκλῆ' ἤχθαρε Λατώ, [5] ψεύσταν,
> ἄδικον, προδόταν, ὃς Τιμοκρεῦντα

Epode.   [6] ξεῖνον ἐόντ' ἀργυρίοισι κυβαλικοῖσι πεισθεὶς οὐ κατᾶγεν
ἐς πατρίδα, [7] Ἰάλυ-
σον, λαβὼν δὲ τρί' ἀργύρου

$$^8 τάλαντ' ἔβα πλέων εἰς ὄλεθρον,$$
$$^9 τοὺς μὲν κατάγων ἀδίκως,$$
$$τοὺς δ' ἐκδιώκων, τοὺς δὲ καίνων,$$
$$ἀργυρίων ὑπόπλεως·$$

$$^{10} Ἰσθμοῖ δὲ πανδόκευε γλοιῶς$$
$$ψυχρὰ κρέα παρέχων$$
$$^{11} οἱ δ' ἤσθιον κηὔχοντο μὴ ὥ-$$
$$ραν Θεμιστοκλέους γενέσθαι.$$

Die Lesart der Handschrift πατρίδα ist nun trotz des Hiatus gerechtfertigt. Dagegen erweist sich τρί' als anstössig. Etwa δ' ὄγ' oder δ' ἔπτ'.

Noch ist unter den Fragmenta adespota das 138ste aus Plat. Epist. I p. 397 Bekk. übrig, welches in Kola so abzusetzen ist:

$$^1 Οὐ χρυσὸς ἀγλαὸς σπανιώτατος ἐν θνα-$$
$$τῶν δυσελπίστῳ βίῳ οὐδ' ἀδάμας,$$
$$^2 οὐδ' ἀργύρου κλῖναι πρὸς ἄνθρω-$$
$$πον δοκιμαζόμενα$$

$$^3 στράπτει πρὸς ὄψεις οὐδὲ γαίας$$
$$εὐρυπέδου γόνιμος$$
$$^4 βρίθοντες αὐτάρκεις γύαι, ὡς ἀγαθῶν$$
$$ἀνδρῶν ὁμοφράδμων νόησις.$$

Der Epistolograph hat zwei musikalische Sätze mitgetheilt. Bergks Abtheilung ist falsch. Denn nur wenn die Worte στράπτει πρὸς ὄψεις Z. 3 beginnen, erhalten wir die zur Messung κατὰ μέτρον für εὐρυπέδου γόνιμοι nöthigen 2 Epitriten, und die nach δοκιμαζόμενα nöthige Pause. Und nur wenn wir -κεις γύαι daktylisch fassen, kommt in den vierten Vers der richtige Rhythmus. Das Wort στράπτει gewinnt hierdurch einen unverhofften sichern Beleg, da man ihm seinen Platz in Soph. O. C. 1515 streitig machen will. Nur Meineke p. 195 ed. 1863 schützt es dort, wie jetzt einleuchtet, mit Recht. Das metrische Diagramm ist:

$$
\begin{array}{ll}
{-}\,{-}\,\smallsmile\,{-}\,\smallsmile\,{-}\,\smallsmile\,\smallsmile\,{-}\,\smallsmile\,\smallsmile\,{-}\,{-}\,{-}\,\smallsmile\,{-}\,{-}\,{-}\,\smallsmile\,\smallsmile\,{-}\,\smallsmile\,\smallsmile\,{-} & 8 \\
{-}\,{-}\,\smallsmile\,{-}\,{-}\,{-}\,\smallsmile\,{-}\,{-}\,{-}\,\smallsmile\,\smallsmile\,{-}\,\smallsmile\,\smallsmile\,{-} & 8
\end{array}\Bigg\} 16
$$

$$
\begin{array}{ll}
{-}\,{-}\,\smallsmile\,{-}\,{-}\,{-}\,\smallsmile\,{-}\,{-}\,{-}\,\smallsmile\,\smallsmile\,{-}\,\smallsmile\,\smallsmile\,{-} & 8 \\
{-}\,{-}\,\smallsmile\,{-}\,{-}\,{-}\,\smallsmile\,\smallsmile\,{-}\,\smallsmile\,\smallsmile\,{-}\,{-}\,{-}\,\smallsmile\,{-}\,{-}\,{-}\,\smallsmile\,\smallsmile\,{-} & 8
\end{array}\Bigg\} 16
$$

Gegenüber diesen mit fester Hand abgegrenzten Gruppen nehmen sich
die Exercitien unsrer Metriker, welche ab und zu zur Herstellung
einer antiken Strophe aus den Trümmern prosaischer Ueberlieferung
gemacht werden, höchst wunderlich aus. Die Versuche, aus Hippolytus
adv. Haeres. V p. 96 ed. Miller ein Stück von Pindars Hymnus auf
den Zeus Ammon herzustellen, sind wohl noch allen in gutem Anden-
ken. Sehen wir uns Hermann's Anordnung etwas genauer an: seine
Antistrophe lautet von Anfang an:

> εἴτε Βοιωτοῖσιν Ἀλαλκομενεὺς λίμνας ὑπὲρ Καφισίδος
> πρῶτος ἀνθρώπων ἀνέσχεν,
> εἴτε καὶ Κουρῆτες Ἰδαῖοι ἔσαν θεῖον γένος,
> ἢ Φρύγιοι Κορύβαντες.

Das sind nun wohl Daktyloepitriten, aber in pindarischem Sinne componiren kann das kein Musiker. Die Ikten liegen wie folgt:

$$-\cup-\,-\,-\cup\cup\,-\,\cup\cup-\,-\,-\cup-\,-\,-\cup-\,\wedge$$
$$-\cup-\,-\,-\cup-\cup\cup\,\bar{\cup}$$
$$-\cup-\,-\,-\cup-\,-\,-\cup-\,-\,-\,-\,\bar{\wedge}$$

Also würde hinter Ἰδαι- der erste Satz zu Ende sein und das würde
sich Pindar doch wohl verbeten haben. Der zweite würde zufällig
mit Ἅλιος enden. Aber der dritte wieder hinter καλλίπαιδα, so dass
für den vierten (der an sich schon ein unerhörter Luxus ist) bloss
ein ganzer Takt zu viel übrig bliebe, der nirgends unterzubringen ist.
Auch Th. Bergk hat sich den Luxus von 4 Sätzen gestattet. Wenn
wir jedoch von seinen ersten 12 Takten absehen, die natürlich keinen
musikalischen Satz ergeben, und uns erlauben, seine Verse etwas anders zu gestalten, so ist wenigstens die letzte Trias seiner Sätze nicht
gradezu unbrauchbar. Zufall oder angebornes Feingefühl haben hier
ihre Schuldigkeit gethan. Von den Worten $-\cup\cup-\cup$ τὸ δ' ἐξευρεῖν
bis ἀνέσχεν reicht der erste, von εἴτε Κουρῆτες bis ἐπεῖδεν der
zweite, von δενδροφυεῖς bis Ἐλευσίς der dritte Satz. Wenn wir dagegen, wie es Bergk's Absicht war, Strophe und Antistrophe mit zwei
Versen folgendes Umfangs beginnen

$$-\cup-\bar{\cup}\,-\cup-\,-\,-\cup\cup-\cup\cup-\,-\,-\cup-\,\bar{\wedge}$$
$$-\cup-\,-\,-\cup-\,-\,-\cup\cup-\cup\cup-\,-\,-\cup\cup-\,\bar{\wedge}$$

so sind wir verloren. Wir haben hier schon 20 Takte, und wollen
wir mit Φλεγραῖον abbrechen, nur 14. In Zukunft werden sich also
solche specimina etwas um die Satzformeln der Strophen zu beküm-

mern haben, am besten aber ganz unterbleiben, da wir diese Formeln nicht errathen können.

Wenn ich übrigens 4 Sätze als einen Luxusartikel bezeichnet habe, so kann ich natürlich nicht dafür bürgen, dass man im Alterthum in einem trichotomisch aus Strophe, Antistrophe und Epodos auf musikalischen Vortrag angelegten Gedichte niemals über 54 Takte hinausgegangen sei, allein unsre aus klassischer Zeit erhaltene chorische Poesienliteratur spricht nicht dafür. Auch der grosse Paean des Ariphron aus Sikyon oder des Likymnios von Chios, für dessen Abschluss die 3 Epitriten des neunten Verses hinreichend zeugen, erreicht nur das höchste Maass der 54 Takte. Da auch seine Versabtheilung bei Bergk [3] p. 1250 = p. 984 [2] nicht völlig in Ordnung ist, will ich auch diesen schönen Rest daktyloepitritischer Form hier in berichtigter Gestalt vorführen:

'Υγίεια πρεσβίστα μακάρων,
μετὰ σεῦ ναίοιμι τὸ λειπόμενον βιοτᾶς,
σὺ δέ μοι πρόφρων σύνοικος εἴης.

εἰ γάρ τις ἢ πλούτου χάρις ἢ τεκέων,
ἢ τᾶς ἰσοδαίμονος ἀνθρώποις βασιληΐδος ἀρχᾶς, ἢ πόθων,
οὓς κρυφίοις 'Αφροδίτας ἄρκυσιν θηρεύομεν

ἢ εἴ τις ἄλλα θεόθεν ἀνθρώποισι τέρψις ἢ πόνων
ἀμπνοὰ πέφανται,
μετὰ σεῖο, μάκαιρ' 'Υγίεια τέθαλε

πάντα καὶ λάμπει χαρίτων ἔαρι
σέθεν δὲ χωρὶς οὔτις εὐδαίμων ἔφυ.

Die Perkussion der Verse ergiebt die Formeln:

4 . 6 . 6 .   4 . 6 . 6 .   8 . 4 . 4 .   4 . 4 .

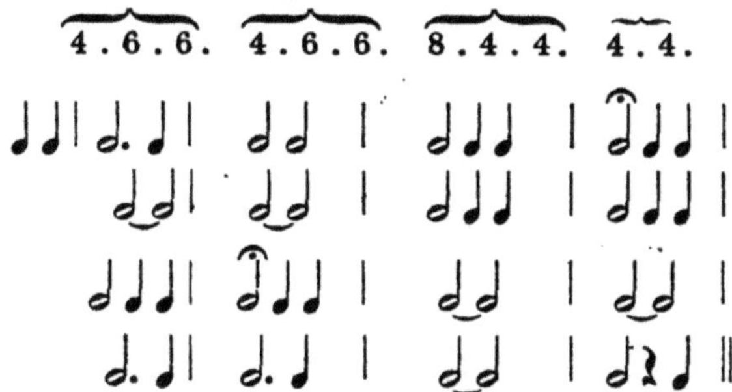

Anders freilich steht es mit dem unter Aristoteles' Namen cursirenden
Hymnus auf die Ἀρετή bei Diog. Laert. V 7 Ath. XV 695 A (Stob.
Flor. I 12) behandelt von Bergk. P. L. Gr. [3] tom. II p. 664 = ed. [2]
p. 520. 1 und Valent. Rose Aristot. pseudepigr. p. 599. Dieser besteht
nicht nur aus 4 Sätzen, sondern aus fünf. Ich vermuthe jedoch, dass
er in die Klasse derjenigen Gesänge gehörte, die mit der διπλῆ ἔξω
νενευκυῖα versehen waren und dass diese vor Z. 12 stand. Der Paean
lautet:

Ἀρετὰ πολύμοχθε γένει βροτείῳ,
θήραμα κάλλιστον βίῳ
σᾶς πέρι, παρθένε, μορφᾶς
καὶ θανεῖν ζαλωτὸς ἐν Ἑλλάδι πότμος,

καὶ πόνους τλῆναι μαλερούς ἀκάμαντας·
τοῖον ἐπὶ φρένα βάλλεις
καρπὸν ἰσαθάνατον χρυσοῦ τε κρείσσω
καὶ γονέων μαλακαυγήτοιο θ᾽ ὕπνου.

σεῦ δ᾽ ἔνεχ᾽ οὐκ Διὸς Ἡρακλέης
Λήδας τε κοῦροι
πόλλ᾽ ἀνέτλασαν ἔργοις
σὰν ἀγρεύοντες δύναμιν.

σοῖς δὲ πόϑοις Ἀχιλεὺς
Αἴας τ᾽ Ἀΐδαο δόμους ἦλϑον·
σᾶς δ᾽ ἕνεκεν φιλίου μορφᾶς καὶ Ἀταρνέος
ἔντροφος Ἀελίου χήρωσεν αὐγὰς.

τοιγὰρ ἀοίδιμος ἔργοις,
ἀϑάνατόν τέ μιν αὐξήσουσι Μοῦσαι
Μναμοσύνας ϑύγατρες Διὸς ξενίου σέβας ἀσκοῦ-
σαι φιλίας τε γέρας βεβαίου.

Die Formel ist:

$$\overset{16}{\overbrace{4\,.\,4\,.\,4\,.\,4.\ \ \ 4\,.\,4\,.\,4\,.\,4.\ \ \ 4\,.\,4\,.\,4\,.\,4.}}$$
$$\underbrace{4\,.\,4\,.\,8.}\quad\underbrace{4\,.\,4\,.\,8.}$$

Auf musikalischen Vortrag ist entschieden auch dieser Paean berech-
net gewesen, allein der Einfachheit der Formel sieht man schon an,
dass von der Mannigfaltigkeit des Pindarischen Pausensatzes keine
Rede sein kann. Periode und Kolon decken sich fast überall.

Lehrreich ist aber auch ein solcher Gesang für uns. Denn er giebt uns darüber Aufschluss, was für Muster die Alexandriner zu einer so unisonen Kolometrie verleiteten, wie sie z. B. Ol. III uns vorliegt. Wenn die letzten Ausläufer der chorischen Lyrik, welche der Zeit der Alexandriner am nächsten stehen, bereits in so fühlbarer Weise auf den Reichthum des Pausensatzes verzichtet hatten, dass ihre Sätze strenggenommen zur Einfachheit der tetrakolischen Strophe des Melos zurückkehren, kann es nicht Wunder nehmen, wenn sie alle hesychastischen Episyntheta Pindars in solche Kola zerhacken. Auf die h. E. der Tragödie noch einzugehen, lohnt nicht der Mühe. Die Tragödie macht vom Epitrit einen so bescheidenen, von den daktylischen Elementen dagegen einen so übermässigen Gebrauch, dass eine Aehnlichkeit zwischen ihren Formen und den pindarischen in Wahrheit kaum besteht. Gleichwohl stehe probeweise hier Pseudo-Aeschyl. Prom. Stas. II α 526 — 535 $=$ 534 — 44.

$$
\begin{array}{ll}
{\scriptstyle -\,\cup\,\cup\,-\,\cup\,\cup\,-\,\wedge} & 4 \\
{\scriptstyle -\,\cup\,-\,-\,-\,\cup\,\cup\,-\,\cup\,\cup\,-\,-} & 4 \\
{\scriptstyle -\,\cup\,-\,-\,-\,\cup\,\cup\,-\,\cup\,\cup\,-\,-\,-\,\cup\,\cup\,-\,\cup\,\cup\,-\,-\,\cup\,-} & 8 \\
{\scriptstyle \cup\,-\,\cup\,\cup\,-\,\cup\,\cup\,-\,-\,-\,\cup\,-\,\wedge} & 4 \\
{\scriptstyle -\,\cup\,\cup\,-\,\cup\,\cup\,-\,\wedge} & 4 \\
{\scriptstyle -\,\cup\,-\,\smile\,-\,\cup\,-\,-\,-\,\cup\,-\,\cup\,-\,-} & 8 \\
\end{array}
$$

(Klammern rechts: die ersten drei Zeilen 4, 4, 8 zu 16, die letzten drei 4, 4, 8 zu 16.)

Gewöhnlich hält man auch Sophokles' Oedip. Tyr. 1086 — 1096 $=$ 1097 — 1109 für ein Lied in Daktyloepitriten. Hier beruht aber diese Ansicht auf einer leicht verzeihlichen Täuschung. Das Melydrion ist ein Hyporchem im $^6/_8$tel Takte, nicht im $^4/_4$tel Takte, wie schon das Fehlen aller Pentapodien zeigen kann. Seine Kolometrie und richtige Notirung ist folgende:

Die Stellen, an welchen die griechischen Theoretiker ♪. ♪ = zwei irrationalen Längen gesetzt hätten, sind hier ohne Weiteres durch ♩ ♪ wiedergegeben. Wirkliche Daktyloepitriten sind dagegen bei Sophokles in den Trachinierinnen in der ersten Strophe der Parodos zu finden: in der zweiten Strophe und der Épodos sind sie nicht mehr in der althergebrachten Reinheit erhalten. Von den Worten

οὕτω δὲ τὸν Καδμογενῆ

an gehen die hesychastischen Episyntheta plötzlich in fremdartige Rhythmen über. Das Diagramm der Strophen α α und Str. β 112—115 ist:

In ähnlichem Stile ist Eur. Med. 413—20 = 411—28 ff. gehalten; wo das letzte Kolon des ersten Strophenpaares in diejenige neue Form hinüberleitet, an welche das zweite Strophenpaar gebunden ist. Die Worte: ἄνω ποταμῶν bis ἕξει sind zu notiren:

Wo nämlich dieser ithyphallische Abschluss oder auch die Form eintritt, ist stets von der reinen alterthümlichen Form der Daktyloepitriten abgewichen, und in die Manier der fünften Olympischen Ode eingelenkt, gegen welche, wie oben erwähnt, schon manches Bedenken aufgetaucht ist.

    Ueber die Composition der pindarischen Logaöden wird in der Einleitung zum zweiten Bande das Nöthige beigebracht werden.

II.

Die Pindar Handschrift
der Bibliothek zu Alexandria.

Zu der fünften Olympischen Ode bemerken unsre Scholien p. 117 Böckh: *Γέγραπται ἡ ᾠδὴ τῷ αὐτῷ Ψαύμιδι τεθρίππῳ καὶ ἀπήνῃ καὶ κέλητι νενικηκότι τὴν ὀγδοηκοστὴν δευτέραν Ὀλυμπιάδα. αὕτη ἡ ᾠδὴ ἐν τοῖς ἐδαφίοις οὐκ ἦν, ἐν δὲ τοῖς Διδύμου ὑπομνήμασιν ἐλέγετο Πινδάρου.* Es bedarf kaum einer ausdrücklichen Erwähnung, dass diese Notiz von dem Scholiasten aus dem Commentare des Didymos zu den Epinikien selbst entlehnt ist. Die Frage ist nur, was Didymos in seinem Commentare eigentlich behauptet hatte. Leutsch, welchem wir über dies Epinikion einen kleinen aber gehaltreichen Aufsatz im Philologus verdanken, Bd. I p. 116 ff., nimmt an, Didymus sei der erste gewesen, welcher wahrscheinlich mit Rücksicht auf die vierte Olympische Ode unser Gedicht für pindarisch erklärt habe, sei es, dass dasselbe früher eine Handschrift allein ausgemacht habe, sei es, dass es einer Miscellanhandschrift lyrischer Gedichte unbekannter Verfasser angehört habe; in den ältesten Recensionen — den Incunabeln pindarischer Gedichte zu Didymos Zeit — also den *ἐκδόσεις* oder *διορθώσεις* des Zenodot, Aristophanes und Aristarch, den *ἐδαφίοις* des Scholion habe es nicht gestanden. Dass es in unsern Handschriften sämmtlich Aufnahme gefunden habe, sei eben eine Folge des grossen Ansehens, welches die Arbeiten des Didymos bei den späteren Herausgebern genossen hätten. Hiernach würde Didymos in seinem Commentare etwa gesagt haben: seine Textesgrundlagen enthielten dieses Gedicht zwar nicht, allein da Er es für Pindarisch halte, habe er es hier eingereiht und commentirt. Man kann jedoch nicht behaupten, dass diese Ausdeutung des Scholion einen hohen Grad von Wahrscheinlichkeit beanspruche. Denn 1) sieht es dem Didymos ziemlich unähnlich, dass er sich mit der Frage nach dem Ursprunge eines anonym cursirenden Schriftstückes selbstständig beschäftigt haben sollte, 2) hatten, wie Leutsch selber bemerkt, schon Aristarchos, der Pergamener Artemon und Demetrios von Skepsis das Lied erklärt, es war also nicht bloss als loses Blatt zufällig den Alexandrinern, sondern auch in einem andern Exemplare oder in einer von dem alexandrinischen Exemplare genommenen Abschrift den Pergamenern bekannt geworden und für bedeutend genug gehalten worden, die Aufmerksamkeit der Commentatoren zu fesseln. Ich möchte daher die Worte des Scholiasten lieber so deuten, dass er in einer durch zu grosse Kürze etwas unverständlich gewordenen Weise aus dem Commentare des Didymos nur die Tradition der aristophaneischen Schule mittheilt, welche in diesem Falle mit der pergamenischen übereinstimmte. Ich denke mir die Sache so: Aristophanes von Byzanz, der den Bestand der pindarischen Hinterlassenschaft zunächst nicht in seiner Eigenschaft als Gelehrter, sondern als Bibliothekar sowohl im Ganzen als im Einzelnen ordnete, und nach dieser Ordnung aufstellte, hatte auch der ohne Autornamen der Bibliothek zugekommenen fünften Olympischen Ode ihren Platz auf derselben zuzuweisen: und nicht sowohl Didymos als vielmehr schon Aristophanes dürfte auf den vom bibliothekarischen Standpunkt aus zweckmässigen Einfall gekommen sein, das Blatt in Rücksicht auf Form und Inhalt den pindarischen Olympioniken beizuschliessen, wo es jederzeit leicht gefunden werden konnte und nicht Gefahr lief, übersehen zu werden. Keiner andern als ganz ähnlicher bibliothekarischen Rücksicht verdanken ja der Schiffskatalog und vor allem die Dolonie ihren heutigen Platz innerhalb der Ilias. Die Pergamener aber werden mit diesem fliegenden Blatte, immerhin einer kostbaren Reliquie, nicht anders verfahren sein. Daraus folgt aber noch keineswegs, dass Aristophanes in seiner Ausgabe der pindarischen Epinikien oder ein andrer jener Grammatiker, welche als die ältesten Editoren des Dichters zu betrachten sind, und als solche die Urheber jener ἐδάφια wurden, von denen das Scholion redet, das Gedicht mit aufgenommen und mit behandelt habe, — vielmehr bezeugt das Scholion das grade Gegentheil davon. Wer jedoch nicht mehr wusste, aus welchem Grunde es dem Aristophanes beliebt hatte, dem Blatte seine Katalogsnummer grade hinter den Olympioniken anzuweisen, und auf den Einfall kam, sich für seine Privatbibliothek oder für den Zweck exegetischer Vorlesun-

gen eine Abschrift der Epinikien anzufertigen, der wird unbedenklich
das angeschlossene Blatt als pindarisch mit in den Kauf genommen,
zu seiner Bequemlichkeit hinter Olymp. IV rangirt, und die Ode als
pindarisch commentirt und verfochten haben. Dass schon Aristarch
auf solche Abwege gerathen sei, ist schwer glaublich. Er konnte
Olymp. V in seine Vorlesungen über Pindar sehr wohl mit hineinziehen,
ohne an Pindar als ihren Dichter zu glauben, sei es, dass er zeigen
wollte, wie andre schwächere Dichter denselben Stoff behandelt hätten,
oder dass er sich bei Gelegenheit der Exegese von Ol. IV eine Ab-
schweifung auf diese Ode gestattete, die zufällig, auf denselben Sieger
gedichtet, sich erhalten hatte. Aber wird sich auch die Schule des
Aristarch, welche den mündlichen Vortrag des grossen, weit mehr als
Lehrer denn als Schriftsteller fruchtbaren und einflussreichen Mannes
nicht mehr genoss, sondern aus nachgeschriebenen Collegienheften, den
so oft falsch gedeuteten κατ᾽ Ἀρίσταρχον ὑπομνήματα (εἰς Πίνδαρον),
ihr aristarchisches Wissen schöpfte, sich lange von Irrthum freigehalten
haben, oder wird sie nicht bald genug den Fehlschluss gethan haben,
dass der Meister doch wohl Ol. V für pindarisch gehalten habe, weil
er diese Ode in seinen Vorlesungen mit interpretirt hatte? Ich glaube
stark. Und was Didymos von Aristarch wusste, das wusste er, wenn
nicht alles trügt, zum geringsten Theile aus Schriften Aristarchs unmittelbar, sondern eben aus vererbten Heften der oben beschriebnen
Art, in ähnlicher Weise, wie wir mit unsrer Kenntniss über F. A. Wolfs
Lehrthätigkeit auf die von seinen Zuhörern, und nicht grade den be-
gabtesten, nachgeschriebenen und zum Druck beförderten Collegienheften angewiesen sind. Wenn uns der Scholiast die Namen derjenigen
Philologen mitgetheilt hätte, welche Ol. V für pindarisch hielten, so
würden wir — das bin ich ziemlich fest überzeugt — wohl den Namen aristarchischer Schüler, aber nicht dem des Aristarch selbst
begegnen, obschon ich nicht in Abrede stellen will, dass schon Didymos in seiner oberflächlich urtheilenden Eilfertigkeit aus der Ansicht
der Schule einen falschen Rückschluss auf die Ansicht des Aristarch
selbst gethan haben könne. Wie dem aber auch sei — das Wichtigste
für uns bleibt ὅτι αὕτη ἡ ᾠδὴ ἐν τοῖς ἐδαφίοις οὐκ ἦν. Was diese
ἐδάφια waren, hat Leutsch so klar auseinandergesetzt, dass eine Ver-
weisung auf Philol. I p. 116. 117 genügt. Es waren, wie wir sagen
würden, nicht Codices, sondern Incunabeln, editiones principes. Ich

wage aber noch einen Schritt weiter zu gehen und zu behaupten, dass alle diese Incunabeln (alexandrinischen Ursprungs) aus einem einzigen Codex, oder schärfer ausgedrückt einer erst durch die Bibliothekare Alexandriens veranstalteten Sammlung des pindarischen Nachlasses abgeflossen waren, in welcher der Regel nach jedes Gedicht wohl nur durch ein Exemplar vertreten war. Gleichwohl dürfte die pindarische Bibliothek auch so einen nicht unbedeutenden Raum gefüllt haben, da, wie Leutsch sehr richtig bemerkt a. a. O. p. 118, wahrscheinlich die Noten über die Textesworte geschrieben waren, was jedes Epinikion mindestens um das Doppelte seiner Seitenzahl vermehren musste (Plutarch de Music. c. XXXI). Der Gründe, weshalb ich nicht an das Vorhandensein mehrerer vollständiger Pindarexemplare auf der alexandrinischen Bibliothek glauben kann, sind vornehmlich zwei. Erstens erwähnen die Scholien, wenn sie kritische Schwierigkeiten zu lösen suchen, zwar Conjecturen der Ausleger und Bearbeiter des Textes, aber niemals handschriftlich überlieferte Discrepanzen, wie solche die Homerscholien aus den Homercodicibus in Masse, wenngleich ohne grossen textkritischen Werth, anführen; zweitens darf wohl Schol. [2] Ol. II 48 p. 67: φιλέοντι δὲ Μοῖσαι] ἔστι περισσὸν τὸ κῶλον ὡς πρὸς τὴν ἀντίστροφον. ὅθεν καὶ ὀβελὸς αὐτῷ παρακεῖται. πᾶσαι γάρ ιδ' ὁμοῦ κώλων αὕτη δὲ μόνη πεντακαίδεκα εὑρίσκεται ἔχουσα. Schol. [3] τὸ κῶλον τοῦτο ἀθετεῖ Ἀριστοφάνης, περιττεύειν γὰρ αὐτό φησι πρὸς ἀντιστρόφους (Vrat. A) als ein ganz sicherer Beweis angeführt werden, dass wenigstens von dem zweiten olympischen Epinikion kein zweites Exemplar existirte, da es kaum glaublich ist, dass in allen Exemplaren derselbe Ueberschuss eines Kolarions sich breit gemacht haben sollte, wenn man nicht seine Zuflucht zu der noch unwahrscheinlichern Annahme nehmen will, dass alle diese vermeintlich vorhandenen Handschriften, welche den Aristophanes hier im Stiche liessen und zur Streichung e conjectura nöthigten, aus einem und demselben interpolirten Archetypus geflossen seien. Dieses aus einzelnen Oden von Aristophanes zusammengestellte Exemplar der Epinikien, das wahre ἐδάφιον, muss übrigens ein Exemplar von vorzüglicher Güte gewesen sein. Denn ich kenne kaum einen Dichter des Alterthums, dessen Text uns in so ausgezeichneter Reinheit erhalten wäre als der pindarische. Fortgesetzte Beschäftigung mit dem Dichter hat mich wenigstens gelehrt, dass selbst bei anscheinend sehr erheblichen Verderbnissen die Schä-

digung des Textes sich auf ein Minimum reducirt, und man sich, wenn
irgend wo, so bei Pindar, vor durchgreifenden Veränderungen sehr zu
hüten hat. Unendlich oft reicht ein Buchstab, den das ἐδάφιον aus-
gelassen hatte, aus, alles in Ordnung zu bringen. So Ol. X (XI) 45.
Pyth. IV 40. 152. 255. X 20. XII 11. Nem. III 24. 10. X 5. Isthm.
I 41. V 58. Und ebenso oft genügt Umstellung zweier Nachbarbuch-
staben oder zweier Sylben. Und grade die Unerheblichkeit dieser Irrungen, welche unmöglich die Schreiber aller Exemplare genau an denselben Stellen hätten begehen können, ist mir ein weitrer Beweis, dass
von allen Oden nur ein Exemplar vorhanden gewesen ist. Mit Hilfe
der Scholien die Lesarten dieses Exemplars wiederzufinden, ist eine
der Aufgaben, welche sich die folgenden Blätter stellen. Sie wird uns
dadurch wesentlich erleichtert, dass die alten Diorthoten sich der guten
pindarischen Ueberlieferung gegenüber selbst sehr zurückhaltend be-
nommen zu haben scheinen, und der kritischen Willkür möglichst enge
Schranken zogen. An all den Stellen, welche ersichtlich schon in dem
ἐδάφιον der Bibliothek das nämliche oder ein sehr ähnliches Verderb-
niss erlitten hatten, wie es unsre ebenfalls sehr schätzenswerthen Handschriften fortpflanzen, sind sie, soweit ich die Sache übersehen kann,
viel geneigter gewesen, durch eine peinliche erzwungene Deutung,
welche oft aller Constructionsmöglichkeiten spottet (vgl. z. B. Ol. XIII
107 und Th. Bergk's sehr richtige Aemerkung zu Ol. II 96 ed. ³), die
Ueberlieferung zu retten, als eigne Correcturen zu Markte zu bringen,
Und — führt ja einmal ihre Exegese (wie Pyth. II 17) auf kritische
Nachbesserung, so führen wieder unsre Handschriften, die doch in
letzter Instanz auf den alexandrinischen Text zurückgehn, auf die Gewissheit, dass sie ihren Vermuthungen im Texte selbst keinen Platz
gegönnt, sondern sie im Commentare zum Besten gegeben haben. Ich
glaube wenigstens nicht, dass wir hier nur durch einen falschen Schein
getäuscht werden. Man könnte freilich, angesichts der kühnen Wag-
nisse der Alexandriner in den Texten andrer Dichter, behaupten wollen,
der grössere Respect vor der pindarischen Ueberlieferung sei ein Trug-
schluss aus der Bevorzugung, welchen der exegetische Theil des Com-
mentars aus individueller Vorliebe des Scholiencorpusredactors vor dem
kritischen Theile erfahren habe; er habe eben überwiegend exegetische
Commentare und eine so recht in aristarchischer Manier gehaltene
Prosaparaphrase, an deren Berücksichtigung es Didymos nicht habe feh-

len lassen, excerpirt, und die διορθωτικά in seinen Auszügen stief-
mütterlich behandelt (vgl. Pyth. XII 11). Allein bei dem innigen Verhältniss, in welchem doch selbstredend die Exegese beispielsweise eines
Aristarch zu seiner Diorthose oder Textesconstitution steht, müssten
doch in den Erklärungen einer Stelle die Spuren eines aus Conjectur
geänderten Textes um so sichtbarer sein, als die Scholien doch zuweilen 6 bis 7 verschiedene Erklärungsversuche mittheilen. Aber fast
immer lässt derselbe Text auf dem Streckbette der alexandrinischen
Exegese wirklich all diese Deutungen zu. — Bei dieser Sachlage ist
es nicht zu verwundern, wenn auch unsre Handschriften, soweit dieselben vor die Thätigkeit des Thomas Magister, Moschopulus und Demetrius Triclinius fallen, einen erfreulich guten Zustand des Textes
aufweisen, mindestens einen der von dem Texte der Alexandriner sich
nicht erheblicher entfernt haben dürfte, als es in Folge absichtsloser
Irrungen von vornherein zu erwarten steht. Durch diese Andeutungen
habe ich eigentlich bereits meinen Standpunkt gegenüber den beiden
letzten Ausgaben, deren jede in ihrer Art Ausgezeichnetes geleistet
hat, gekennzeichnet. Ich glaube einerseits, dass, so schön und lehrreich auch in allen Fällen Bergks [3] Vermuthungen mit ihren ausführ-
lichen Begründungen sein mögen, doch vielfach ein strengeres Festhalten an der Ueberlieferung und eine gelindere Heilmethode möglich
gewesen wäre; andrerseits, dass, so dankenswerth auch die unsägliche
Mühe sein mag, welche sich Mommsen mit der Herbeischaffung, Erweiterung und Classificirung des kritischen Apparats gegeben hat, doch
die vollständige Mittheilung desselben eine völlig überflüssige Pedan-
terie gewesen ist. Denn was ist, wenn wir aufrichtig sein wollen,
schliesslich der langen Rede kurzer Sinn, als dass wir in Zukunft un-
seren Text auf die beiden von Mommsen selbst glücklich entdeckten
Handschriften, den Ambrosianus und den Codex des Fulvius Ursinus
zu gründen haben? Allerdings nöthigen uns die Defecte in diesen MSS,
für die beschädigten Partien eine andre handschriftliche Basis zu legen.
Allein da kein Zweifel darüber obwalten kann, dass nächst den beiden
genannten Hds. die von Mommsen mit den nächsten Buchstaben des
Alphabets bezeichneten die beachtenswerthesten Zeugen sind, so wird
von jetztab eine kritische Ausgabe des Pindar wieder darauf Bedacht
zu nehmen haben, die üppigen Ranken der Mommsen'schen Ausgabe
zu beschneiden und den Apparat auf ein geniessbares übersichtliches

Maass zu reduciren. Eigner Conjecturen hätte sich Mommsen besser
enthalten, wenngleich unter denselben eine und die andre (z. B. Ol. I
54 ἄμμε καὶ für ἅμα καὶ) ihre Verehrer finden wird. Ich selbst be-
absichtige zwar keineswegs eine durchgreifende Recension des Dichters zu veranstalten, da, wie im Vorwort angedeutet ist, der Schwer-
punkt meiner Arbeit in der Uebersetzung und der neuen Kolometrie
liegt. Aber da ich sowohl zu besserer Veranschaulichung der Kola,
wie zur Bequemlichkeit philologischer Leser meiner Uebersetzungs-
proben einmal den Text beizufügen genöthigt bin, habe ich wenigstens
die Verpflichtung gefühlt, zunächst ohne Rücksicht auf die durch-
gängige Lesbarkeit desselben, den Versuch zu machen, mit Hilfe der
Scholien und besten Handschriften einen dem alexandrinischen Grund-
texte möglichst conformen zu reconstruiren. Die folgenden Blätter,
auf die ich mich in den kurzen kritischen Noten unter dem Texte
öfter beziehen werde, werden hoffentlich den Beweis liefern, dass, sobald wir erst sicher wissen, was im alexandrinischen Exemplare stand,
die Besserung zwar niemals ohne Weiteres auf der Hand, aber doch
fast immer viel näher liegt, als es die reiche Conjecturensammlung der
neuesten beiden Ausgaben erwarten lässt*). Bergk und Mommsen
haben wohl auch nicht unterlassen, Uebereinstimmung und Abweichung
der Scholien von unsrer Tradition anzugeben, aber zu einem rechten
instrumentum criticum sind ihnen die Scholien nicht geworden, weil
sie ihnen entweder beim Zeugenverhör mit viel geringerm Vertrauen
entgegen kommen, als dem Zeugnisse der handschriftlichen Ueberliefe-

---

*) Stellen, an welchen eine Behandlung mit schonender Hand absolut nicht aus-
reicht, sind sehr selten. Eine ist Pyth. XII 28 — 32. Hier muss der Sinn sein:
der ὄλβος wird ohne Anstrengung nicht erreicht. Entweder krönt (denn voraus-
berechnen lässt sich des Schicksals Fügung nicht) die Gottheit die Mühe sofort
mit dem erwarteten Erfolge oder es kommt für den Menschen sofort eine Zeit der
Ueberraschung, welche ihm grade dann, wenn er's am wenigsten noch erwartet, den
vorlängst mühsam erstrebten ὄλβος in den Schooss wirft, während sie ihm andres,
was er grade jetzt viel eher erwartet hätte, noch vorenthält. Darum muss ein sehr
alter Fehler in παρφυκτὸν stecken. Denn so wahr ja an sich der Gedanke ist, dass
der Mensch seinem Schicksal nicht entgeht, so kann man doch denselben hier nicht
brauchen, wo von der besondern Gunst des Schicksals die Rede ist, das Anstrengun-
gen augenblicklich oder später belohnt, einer Gunst, der doch niemand entgehen will.
Man lese daher τό γε μόρσιμον οὐ ΤΕΚΜΑΡΤΟΝ, vgl. Pind. Pyth. X 63, Ol. XII
7. Im übrigen bleibt es das natürlichste, ἤτοι nicht wie Er. Schmidt und Mommsen
als *vel* zu nehmen, sondern als ἤτοι, wie die alten Exegeten thun. Das entsprechende ἤ wird für ἀλλ’ in der Form von ἤ’ d. i. ἠὲ herzustellen sein.

rung, oder, wenn sie ihnen folgen, wiederum versäumen, die aus ihrer Exegese erschlossene Fassung des Textes mit unserer handschriftlichen Tradition zu combiniren.

Nach diesen Vorbemerkungen bitte ich meine auf den folgenden Seiten vorgetragenen Vermuthungen über die ursprüngliche Gestalt vielbesprochner Stellen zu beurtheilen und zu prüfen. Ich gebe sie in dem Gewande, in welchem sie vor Jahren niedergeschrieben wurden, da, wenn sich auch Einleitung und Uebersetzung einen grössern deutschen Leserkreis wünscht, als ihn die philologisch geschulten Freunde Pindars bilden, doch diese textkritischen Fragmente bestimmt sind, das Interesse auch auswärtiger Fachgenossen zu wecken, und wenig Aussicht haben, ausserhalb philologischer Kreise Beachtung zu finden. Uebrigens habe ich die Form der Diatribe gewählt, um meine Ansicht über die einzelnen Stellen ausführlicher darlegen zu können, und nicht Gefahr zu laufen, durch allzugrosse knappe Kürze missverstanden zu werden, wie es mir leider schon oft begegnet ist. Polemik jeder Art ist fern gehalten, so schwer es einem auch durch manche Pindariker, z. B. Herrn Friederichs, gemacht wird, nicht Opposition zu machen. Allein ich bin glücklicherweise von Natur *οὔτε δύσηρις οὔτ᾽ ὦν φιλόνεικος ἄγαν*, darf also bei meiner Haltung wohl auch eine ähnliche ruhige Würdigung meiner kritischen Versuche erwarten, wie sie zu meiner grossen Freude meinen Bemühungen um Hesych durch Th. Bergk zu Theil geworden ist.

Diatribe

de

Pindari locis nonnullis controversis.

—————

Pind. Pyth. VI 50.

τίν τ᾽, Ἐλέλιχθον. ὀργαῖς πάσαις ὃς ἱππείαν ἔσοδον
μάλα ἀδόντι νόῳ, Ποσειδᾶν, προσέχεται.

Sic libri scripti, nisi quod B ὅσον porrigit, et ex interpolatis εὗρες
θ᾽ ὃς et ὀργαῖς ἐς affertur. Schol. p. 290: Σοὶ δὲ, ὦ Πόσειδον,
προσέχεται (προσέρχεται cod.) καὶ προσοικειοῦται, ὃς εὗρες ἱππείας
εἰσόδους (ἱππείαν εἴσοδον Gotting.) τουτέστιν ἱππικὰς ἁμίλλας, ὅτι
ἱππικὸς ὁ θεός, unde cave conicias Alexandrinorum lectionem fuisse
εὗρες. nam diserte᾽ gloss. Gott. ἔξωθεν τὸ εὗρες, quod si intellexisset
Mommsenius abstinuisset a conjectura sua ἃς εὗρες ἱππείους ἐσόδους.
Bergkius duas proposuit conjecturas, alteram in editione II ᵃ: ὃς θῆκας
ἱππίαν ἔσοδον, alteram in III ᵃ: ὀργαὶς (aeolice pro ὀργῶν) πρός.
Alias aliorum ariolationes commemorare nihil attinet. Metrum, cum
supervacaneo vocabulo πάσαις abjecto, firmo pede incedat et scholiasta numeros plurativos legisse videatur, dixerit aliquis loco facillime succurri posse accentus mutatione duplici: ὀργᾷς ὃς ἱππειὰν ἐσό-
δων. Sed si poetae morem bene novi, non dixerat ille, Neptunum
ludorum equestrium cupidine ardere, sed deum gratia sua prosecutum
esse Xenocratem equos alentem summoque studio rei equestri incum-
bentem. Jungo igitur τὶν δ᾽ ὀργαῖς προσέχεται (summopere tibi de-
ditus est) et apodosin semper suspicatus sum ordiri ab ὅς. Quam ne
verbo suo carere contendas, moneo, falli glossatorem Gottingensem,
cum dicit: ἔξωθεν τὸ εὗρες. nam antiquitus lectum fuisse verbum aliquod, quod scholiasta per εὗρες reddit, mihi quidem persuasissimum
est propterea, quod de subaudiendo verbo ne verbum quidem exstat in
veterum commentariis ad tales errores committendos satis profecto pro-
pensorum. Manifesta igitur de interpolatione est altera dei terram
quassantis invocatio. Ποσειδᾶν nihil aliud᾽ est nisi vocabuli Ἐλέλιχθον

explicatio metro et dialecto Doricae accommodata. Vid. schol.: ὦ Πο-
σειδον. Pindarus scripserat ΠΟΤΕΙΔΕΣ, quod vides, quam facile
lapsui ansam dare potuerit. Corrigo:

$$τίν\ τ'\ Ἐλέλιχθον\ ὀργαῖς,\ ὃς\ ἱππείαν\ ἔσοδον$$
$$μάλα\ Ϝαδόντι\ νόῳ\ ποτεῖδες,\ προσέχεται.$$

*Tibique, Neptune, qui equestrem ejus incessum lubenti animo propitioque
oculo intueri soles, gnaviter adhaeret.* Lubenter, inquit, Neptunus Xenocratem vidit domi sumptus facientem in alendis equis et Pythone
hippodromum ad certamen curule intrantem. Locum sic a mendis li-
beratum vides ne graviora quidem vitia traxisse . nam ut ποτεῖδες
a Ποτειδᾶν parum distat, ita πάσαις explicandi gratia verbo ὀργαῖς
additum rei metricae peritis non ita magnae poterat offensioni esse.
Scholia πάσαις non agnoscunt. Quid multa? Exemplar Alexandrinum
exhibebat locum sic scriptum:

$$ΤΕΙΝΤΕΕΛΕΛΙΧΘΟΝΟΡΓΑΙΣΟΣΙΠΠΕΛΑΝΕΣΟΔΟΝ$$
$$ΜΑΛΑϜΑΔΟΝΤΙΝΟΟΙΠΟΤΕΙΔ \ .. \ ΠΡΟΣΕΧΕΤΑΙ$$

Ol. IX 112.

$$τόνδ'\ ἀνέρα\ δαιμονίᾳ\ γεγάμεν$$
$$εὔχειρα\ δεξιόγυιον,\ ὁρῶντ'\ ἀλκὰν$$
$$Αἰάντειον\ τ'\ ἐν\ δαιτὶ\ Ὀϊλιάδα\ νικῶν\ ἐπεστεφάνωσε\ βωμόν.$$

Ab hac optimorum librorum lectione non recessit T. Mommsenius
praeterquam quod Ϝιλιάδα correxit, sed longe recedit Bergkius in epecdosi scribendo: Αἰάντεόν τ' (vel Αἰαντέων τ') ἐν δαίϑ' ὡς Ἰλιάδα,
in editione vero novissima Αἰάντεόν τε δαίϑ' ὅσ' Ἰλιάδα vel Αἰάν-
τεον δὲ δαιτὶ Ϝιλιάδα νικῶν ὅσ' ἐστεφάνωσε βωμόν. In ceteris falsus
hoc unum perspexit ἐστεφάνωσε scribendum esse, quod agnoscit schol. [1]
p. 231: ἃ νικήσας ἐστεφάνωσε τὸν Αἰάντειον βωμὸν ἐν·πανηγύ-
ρει, schol. [2] Αἰάντειον βωμὸν ἔστεφε νικῶν ἐν δαιτὶ, schol. [3] νε-
νικηκότος καὶ ἐστεφανωκότος τὸν Αἴαντος βωμὸν. Quamquam
ne ἐστεφάνωσε quidem a Pindaro profectum est sed ἐπε(ὶ) στεφάνωσε. Nam ὃς ἐστεφάνωσε invenisse scholia e schol. [1] verbis ὅστις
ἀνὴρ κτλ. non satis tute colligas. Restat igitur ut procuremus reliqua.
Atque ΑΙΑΝΤΕΙΟΝΤ reperisse veteres interpretes certum quidem
videri possit, sed Pindarica esse praefracte negaverim. Solet enim poeta
victores laudare non solum propter corporis vigorem et strenuitatem,
sed etiam propter pium deorum heroumque cultum. Pium vero se
praestat nunc Epharmostus, quod Olympia redux sacra facit Aiaci eidem-

que coronam consecrat suam, admiratus, puta, heroa *θοῦρον*, ut Homeri verbis utar, *ἐπιειμένον ἀλκήν*. His praemissis clarebit, opinor, cur sic scripsisse Pindarum suspicatus sim:

δεξιόγυιον, ὁρῶν Ϝ᾽ ἀλκὰν

ΔΙΑΝ ΤΙΟΝΤ᾽, ἐν δαιτὶ Ϝιλιάδα νικῶν ἐπεὶ στεφάνωσε βωμόν.

Hoc autem afferens praemium (hymnum), altè vociferare audacter: huncce virum divinitus natum esse, manu agilem, membris dextrum; *videns eum divinam fortitudinem pie colentem, ut qui* victor Olympia redux *in solemnibus epulis Iliadae aram coronaverit*, heroique coronam suam consecraverit. Mutationes fere nullae sunt. *Ϝ᾽* pro *Ϝε* scripturam in Homeri etiam carminibus auctore Bekkero recte receptam admittere, quam *Τ* prorsus delere malui, *τείοντ᾽* archetypum habuisse haud improbabile, quamvis longa h. l. numeris repugnante, cum verbi *τίω* penultima utrumque tenorem admitteret; *ΔΙΑΝ* vero an *ΑΙΑΝ* porrexerit vetus epiniciorum exemplar ambigi jam poterit. Nam fortasse errorem peperit sola commentatorum Alexandrinorum incuria, qui sequenti patronymico *Ϝιλιάδα* decepti, *Αἰάντειον τ᾽* sibi legere viderentur. Ceterum Pindarus utrum *Ϝιλιάδα* an *Ὀϊλιάδα* scripserit, non liquet. Recte enim habere etiam ἐν δαίτ᾽ Ὀϊλιάδα docet Hom. Il. IV 259 ἐν δαίϑ᾽ ὅτι περ quem sequi in talibus solent Graeci poetae ad unum omnes, ut concidat Mommsenii opinio adnot. crit. p. 137 Ol. VIII 52 elisionem dativi apud Pindarum inauditam esse. Habebimus etiam *φάτισ᾽*. Itaque *ἐδάφιον* illud Aristophaneis curis collectum inque ordinem redactum haec habuisse censendum est:

ΔΕΞΙΟΓΥΙΟΝΟΡΟΝϜΑΛΚΑΝ

ΔΙΑΝΤΕΙΟΝΤΕΝΔΑΙΤΙϜΙΛΙΑΔΑ

ΝΙΚΟΝΕΠΕΣΤΕΦΑΝΟΣΕΒΟΜΟΝ

Nem. III 24.

δάμασε δὲ ϑῆρας ἐν πελάγεσσιν

ὑπερόχους, ἰδίᾳ τ᾽ ἐρεύνασε τεναγέων

ῥοάς, ὁπᾷ πόμπιμον κατέβαινε νόστου τέλος.

καὶ γᾶν φράδασσε.

Ita locum constituit Tycho Mommsen librorum auctoritatem secutus, probante Ernesto de Leutsch in indice schol. Gotting. hibern. 1865 p. 5, et *ἰδίᾳ ἀπ᾽ ἄλλων sine comite ullo* interpretante. Scholiastae adnotatio contra ducit ad δία τ᾽ ἐρεύνασε, unde Böckhius effecit *διά τ᾽ ἐξερεύνασε* quod ipsum in textum recepit Th. Bergk licet ipse conjecisset ὑπερόχους ἰδέαν, ἐρεύνασέ τε. Hermannus denique διά τ᾽ αὐτ᾽ ἐρεύνασε proposuerat. Requiritur fluctuum epitheton magnificentius, idque vide ne fuerit σπιδίας τ᾽. Vocabulo glossematico hoc usus est Aeschylus quoque in Fr. 369 p. 88 ed. Nauck. σπίδιον μῆκος ὁδοῦ quod una cum Antimachi Colophonii Fr. CI p. 98 ed. Stoll. conservaverunt EM. 271, 19 Eustath. Il. p. 882, 58 a schol. A. Il. Δ 754 pendentes. Novit etiam aliunde petitum Hesychius vol. III p. 66, 1498—1503 σπιδέος· μακροῦ. σπίδιον· τὰ αὐτά. σπιδές· μέγα, πλατύ, εὐρύ. σπιδόεν πλατύ, πυκνόν, μέγα κτλ. . ψίδιον· μακρόν (adde Κύπριοι). Ejusdem stirpis adverbium delitescit etiam in altero Pindari loco

Isthm. IV [V] 38.

. ἔλα νῦν μοι πεδόθεν .

quod cum Scholiasta explicasset ἐξ ἀρχῆς ἀνύμνησον Lonicerus voluit idem esse atque *a principio repete*. Contra Erasmus Schmidius p. 97 vertit: impelle mihi o Musa currum meum poeticum ex humili in sublime. Sed ne haec quidem expositio satis congrua est. Vetus vitium traxisse locum e scholiastarum glossematis ἐκ ῥιζῶν, ἐξ ἀρχῆς, ἀρξάμενοι ἄνωθεν, ἐπ᾽ εὐθείας ὁδοῦ καὶ δι᾽ ὁμαλοῦ abunde patet, neque alio quam ad ipsum πεδόθεν ducit lectio cod. D. παιδόθεν. Verum erit σπιδόθεν, quod servavit Antimach. l. c. σπιδόθεν προνοῆσαι. Aliud est πεδόθεν in Odyss. XIII 295 μύθων τε κλοπίων οἵ τοι πεδόθεν φίλοι εἰσίν, quo pertinet gl. Hesych. τ 1200.

Pyth. II 17.

ἄγει δὲ χάρις φίλων ποίτινος ἀντὶ ἔργων ὀπιζομένα.

Sic libri scripti praeter perpaucos, in quibus exstat ποῖτινος ac divisim ποί τινος. Mommsenius (Bergk ²) πόττινος reponit ope schol. qui interpretatus est: ἄγει δὲ ἑαυτὴν ἡ χάρις πρὸς ἀμοιβήν τινος ὑποστρεφομένη (leg. ἐπιστρ.) τῶν προϋπαρξάντων ἀσφαλεστάτων (corrigunt προσφιλεστάτων) ἔργων. Alii ποίνιμος emendari jubebant propter schol.: ποίτινος δὲ ἡ ἀμειπτικὴ et gloss. V^b ἀνταμειπτικὴ, gloss. C ἀντιδεκτική. Kayserus denique τίμιος proposuit. Quae cum parum sint probabilia, Bergkius ³ priorem lectionem revocavit sic struens verba: ἄγει δέ που χάρις ὀπιζομένη τινὸς ἀντὶ ἔργων φίλων. — Scholia nihil lucis afferunt, nisi quod *antiquitus* corruptum locum etiam aliis virorum doctorum conjecturis tentatum esse docent. Nam χάρις σφηλῶν invito metro scripserunt (Hesych. σφηλόν· τὸ ἰσχυρόν) qui ἀσφαλεστάτων interpretati sunt, haud dubie v. 20 δρακεῖσ’ ἀσφαλὲς moti, alios vero ὀπαζομένα maluisse docet explicatio ὕστερον ἐπακολουθοῦσα. In explicando vero desperato voc. πόττινος vel ποίτινος ita consentiunt veteres interpretes referentes ad radicem τι (τίω τίνω) ut nihil aliud in archetypo legisse videantur. Ac possis hujus vocabuli patrocinium suscipere comparato ἔνθινος (C. I. Gr. 2555, 11 Voretzsch. inscr. Cretens. p. 18) pro ἔντινος, sed hoc ipsum admodum sublestae fidei est. Corrigo: ἄγει δὲ χάρις φίλων ΠΟΙΠΝΥΟΣ ἀντὶ ἔργων (Γέργων) ὀπαζομένα, unde apparet archetypi auctorem levem admodum commisisse errorem, una literula Υ omissa. Veneratur autem Cinyram amicorum gratia, *sedulo* eum propter beneficia prosequens et studiose carminum adfatu ambiens. Hesych. ποιπννός· θεράπων ubi secundum Herodiani canones accinere possumus et ποίπνῦος et ποιπνῦός. Φίλων cum χάρις quam cum Γέργων jungere malui; φίλοι sunt Cyprii ipsi, quos Cinyras heros amore amplectitur φιλοῦντας φιλῶν. De voc. ποιπνύων usu Pindarico cf. Dissen ad Pyth. X 64. Ibi scholia reddunt ἐπιθυμῶν, recte, *studiose ambiens officiosam comitatem meam.* Hic ipsa Gratia ποιπνύει ὀπίζεσθαι καὶ διὰ τιμῆς ἄγειν τὸν Κινύραν.

Pyth. II 72.

κ α λ ὸ ς τοι πίθων παρὰ παισὶν αἰεὶ καλός.

Affert Galenus de us. part. I 22, ubi καλός τοι πίθηκος legitur et post αἰεὶ distinguitur. Ceterum ἀεὶ plurimi libri, exiguus numerus αἰεὶ porrigunt; ἀεὶ etiam schol. ² πίθηκον ἀεὶ εἶναι καλόν; reliqua scholia neque hoc vocabulum norunt neque prius καλόν se legisse significant. Omnino dolendum tot scholia praeter sextum et septimum fere nihil continere quod ad locum difficillimum explanandum inserviat. In sexto tamen offendunt verba: δοκεῖ καλὸς εἶναι καὶ γελοῖος, nec non imperativus: ὁ Βακχυλίδης παρὰ παισὶ μὲν ἄφροσιν εὐδοκιμείτω παρὰ δὲ σοὶ σοφῷ ὄντι πίθηκος ἔστω. et pretiosissimum est septimum: ὡς ὁ πίθηκος ἀκούων παρὰ τῶν παίδων ὅτι καλός ἐστιν ἐπαίρεται, οὕτω καὶ οἱ μάταιοι τῶν ἀνθρώπων ἐπαίρονται καὶ καυχῶνται ὅπερ τοῖς φρονοῦσιν οὐχ ἁρμόζει, εἰδόσιν ὅτι κατὰ κολακείαν καὶ ἐνέδραν ἐπαινοῦνται οὐκ ἐξ ἀληθείας. Apparet enim hunc septimum interpretem non αἰεὶ accinisse, sed mutato accentu cogitasse de verbo ἄἴει sive quod metrum postulat ἄει. Hesych. I 50, 51 ed. m. ἄει ἀκούει ἢ διὰ παντός, quae glossa vel propter locum suum indubitabilis est. Nec videtur idem prius καλός reperisse, sed ejus loco

G 2

C

verbum aliquod, quod ipse ἐπαίρεται reddit, schol. [6] εὐδοκιμείτω.
Quod quale fuerit quaerere differo, cum animum advertant imperativi
εὐδοκιμείτω et ἔστω, quibus quid ansam dederit a nullo dum, quos
quidem vidi, interpretum quaesitum est. Mihi non dubium est, quin
imperativus hic tantum non manu ducat nos ad optativum ἄϊοι vel ᾄοι
h. e. ὁ πίϑηκος παρὰ παισὶν ἀκουέτω καλός. Quid praeterea scripserit poeta, patefiet ex enucleato sententiarum nexu. Insita, inquit,
virtute plurimum vales, mi Hiero; itaque nosce te ipsum et infucatum
talem te exprome, qualis natus es. Inter simiam et Rhadamanthum
hoc interest, quod Rhadamanthus praeclaram prudentiam tanquam in-
corruptae mentis fructum sortitus bene cognitum habebat, cum qualis
ipse naturâ esset, tum quales nati essent alii, quibuscum commercium
habebat, ideoque neque assentatorum blanditiis animo oblectabatur, neque delatorum et susurronum artibus calumniatoriis decipiebatur; si-
miolus contra, naturam stulte occultans, aliusque videri cupiens, blan-
dimentis sibi datis capitur, ut qui vel pueris καλός ipsi acclamantibus
gaudio efferatur, et quamvis deformis de pulcritudine sibi persuadeat.
Recte igitur locum interpretatur scholion [7] ac necesse est aliquid in
hanc sententiam scriptum fuerit: ὁ πίϑηκος καλὸς παρὰ παισὶν
ἀκούων ἐπαιρέσϑω (χαρείη, δοκοίη) vel ἀκούοι χαρεὶς (ἐπαιρόμενος,
δοκῶν). Mihi equidem diversae schol. [6. 7.] explicationes εὐδοκιμείτω
et ἐπαίρεται inde natae videntur, quod in libro suo habuerunt:

> δοκῶν τοι πίϑων παρὰ παισὶν ᾄοι
> καλός. ὁ δὲ ῾Ραδάμανϑυς κτλ.

Hoc nonnulli minus recte interpretati sunt: simia pueris tantum videtur pulcer, provectioris aetatis hominibus non item. Alii significare
viderunt: simia videatur sibi esse is, quem cavillabundi pueri accla-
mant. H. e. concedamus simiolo ut aurem praebens pueris pulcrum
ipsum vocitantibus pulcer sibi videatur; principi, qualis tu es, innatis
virtutibus conspicuo non opus est dissimulata natura, quem decet Rhadamanthi instar cognitam habere cum suam tum aulicorum hominum
naturam, ut neque deteriorem se exhibeat, quam indoles patitur, neque
assentatorum dolis corruptus justo honorificentius de semet ipso sentiat
plus confisus adulatoribus, candidorum amicorum calumniatoribus, quam
veris amicis semper admonentibus, ne adulterina adsumpta natura fu-
cum faciat. Sic cum omnia optime procedant loco conclamato bene
consultum esse dicerem nisi libri nostri omnes et schol. [2] in indicativo

AEI conspirarent. Quaeritur igitur, uter sententiae institutae accommodatior sit modus ᾆοι an ᾆει? Ac me judice longe praestat indicativus. Nam ut propriae principi virtutes sine fuco exsplendescere possint plurimum refert, ut amicorum virorum coetu cingatur, adulatorum susurronumque turba arceatur. Arcentur vero, imo ne accedunt quidem, assentatores calumniatores aliique id genus homines ad eum, qui se ipsum noscit aliorumque mores dignoscere didicit (μαθών) operam enim frustra se consumpturos sciunt in homine aures non praebente: verum ad δοκησίσοφον accedunt operam non perdituri, quippe credulum et patulas blanditiis aures habentem ob id ipsum, quod se non noscit, quod alius quam natus est, non modo videtur sibi (δοκῶν), sed etiam haberi vult et quotiens haberi videtur gaudet. Facillime adulatores voti compotes fiunt, dummodo audiat homo simiae comparandus, quî gestit audire, laudibusque aspergatur, quibus excellere se lubenter credet asserentibus. Quid multum? audit, quae pro veris sibi venditans ipse audire gestit. Scribo igitur, ut generalis evadat sententia,

γένοι᾿, οἷος ἐσσὶ, μαθών. δοκῶν τοι, πίθων παρὰ παισὶν, ᾆει
  καλός.

H. e. γένοιο τοιοῦτος, οἷος κατὰ φύσιν εἶ, μαθὼν τὴν ἀληθῆ σου φύσιν. ὁ μὲν γὰρ δοκῶν ἑαυτῷ καλὸς κἀγαθὸς εἶναι ἄνθρωπος τὸν πίθηκου μόρον πάσχει, ὑπὸ κολάκων ἀκούων καλὸς, εἰδεχθὴς ὤν, διὰ τὸ χαίρειν οὕτω καλούμενος. Prius librorum καλὸς glossema est, explicationi voc. δοκῶν inserviens. Quod quis propter γελοῖος schol. [6] coniciat γέλος τοι, quamquam propius accedit ad καλός, non puto gravitati sententiae convenire. Quae cum ita sint archetypum Alexandrinum persuasum mihi est ipsam poetae manum repraesentasse, sed in exemplaribus inde transscriptis explicandi caussa vocabulo δοκῶν adscribi solitum esse glossema καλὸς, etiam nunc nostros libros occupans.

Pyth. II 56.

τὸ πλουτεῖν δὲ σὺν τύχᾳ πότμου σοφίας ἄριστον.

In hac lectione conspirant libri. neque aliam reperit aut interpres aut paraphrasta vetus. Sententiarum nexus hic est: Me vero effugere decet maledicentiam. Vidi enim, quamvis remotus conviciatorem Archilochum ut plurimum inopia pressum maledicis odiis impinguatum. Verumtamen ditescere juvante fortuna cum sit omnino optimum, tum, si quem alium, poetam sapientiae doctorem decent divitiae sapientia honeste comparatae. Quales quidem divitias tu, Hiero, liberaliter suppeditare potes. Idcirco correxerim:

$$\tau\grave{o} \; \pi\lambda o\upsilon\tau\varepsilon\tilde{\iota}\nu \; \delta\grave{\varepsilon}, \; \sigma\grave{\upsilon}\nu \; \tau\acute{\upsilon}\chi\alpha \; \pi\varrho\acute{o}\mu o\upsilon \; \sigma o\varphi\acute{\iota}\alpha\varsigma, \; \mathring{\alpha}\varrho\iota\sigma\tau o\nu.$$

h. e. $\pi\varrho o\eta\gamma o\upsilon\mu\acute{\varepsilon}\nu\eta\varsigma \; \sigma\grave{\upsilon}\nu \; \tau\acute{\upsilon}\chi\eta \; \tau\tilde{\eta}\varsigma \; \sigma o\varphi\acute{\iota}\alpha\varsigma.$

Isthm. VIII [VII] 1.

$$K\lambda\varepsilon\acute{\alpha}\nu\delta\varrho\omega \; \tau\iota\varsigma \; \mathring{\alpha}\lambda\iota\varkappa\acute{\iota}\alpha \; \tau\varepsilon \; \lambda\acute{\upsilon}\tau\varrho o\nu$$
$$\varepsilon\mathring{\upsilon}\delta o\xi o\nu, \; \tilde{\omega} \; \nu\acute{\varepsilon}o\iota, \; \varkappa\alpha\mu\acute{\alpha}\tau\omega\nu$$
$$\pi\alpha\tau\varrho\grave{o}\varsigma \; \mathring{\alpha}\gamma\lambda\alpha\grave{o}\nu \; T\varepsilon\lambda\varepsilon\sigma\acute{\alpha}\varrho\chi o\upsilon \; \pi\alpha\varrho\grave{\alpha} \; \pi\varrho\acute{o}\vartheta\upsilon\varrho o\nu \; \mathring{\iota}\grave{\omega}\nu \; \mathring{\alpha}\nu\varepsilon\gamma\varepsilon\iota\varrho\acute{\varepsilon}\tau\omega$$
$$\varkappa\tilde{\omega}\mu o\nu$$

Exhibui locum ut in editionibus novissimis Mommseniana et Bergkiana tertia constitutus est, postquam Hermannus et Böckhius (coll. Ol. VIII 74 Isthm. III 41) $\mathring{\alpha}\nu\varepsilon\gamma\varepsilon\iota\varrho\acute{\varepsilon}\tau\omega$ receperunt libris in $\mathring{\alpha}\gamma\varepsilon\iota\varrho\acute{\varepsilon}\tau\omega$ conspirantibus. Vereor tamen ut recte viri doctissimi codicum auctoritatem spreverint praesertim cum hac via aditum ipsi sibi praecluserint ad reliqua verba rectius conformanda. Profecto enim non acquiescendum erat in lectione *ΤΙΣΑΛΙΚΙΑΙΤΕ* quamvis scholiastarum praesidio munita. nam neque sodales intellegi possunt, cum non appareat, quos tandem hic dicere queat sodales, neque cum Dissenio p. 594 ornatum cumulatae orationis (Cleandro et rabori ejus juvenili) agnoscere licet. Senserunt hoc Hartungus et Bergkius. Verum illius conjecturam $\mathring{\alpha}\lambda\iota$-$\varkappa\acute{\iota}\alpha \; \tau\iota$ recte ut pessimam rejecit Mommsenius, neque quod Bergkius suspicatus est $\mathring{\alpha}\lambda\iota\varkappa\iota\tilde{\omega}\tau\alpha$ (h. e. aeolica $\mathring{\alpha}\lambda\iota\varkappa\iota\acute{\omega}\tau\eta\varsigma$ forma) multis placiturum esse opinor, cum non satis de dialecti Pindarici temperamentis Aeolicis talis speciei constet. Mihi *T*, ut saepius factum videmus in libris Pindari, *F* videtur originem debere, unde sejunctione literarum adhibita commodiore statim prosilit lectio *FΙΣΑΛΙΚΙ*. Quae restant elementa *ΑΙΤΕ* particulam exhortativam continere patet, vel ejusmodi particulae interpretamentum, qualia sunt $\mathring{\alpha}\gamma\varepsilon$, $\mathring{\iota}\tau\varepsilon$. Itaque primus odae versus hanc jam induit formam:

ΚΛΕΑΝΔΡΟΙFΙΣΑΛΙΚΙΔ[ΕΥ]ΤΕΛΥΤΡΟΝ

Nam cum Cleander jam saepius victor renunciatus sit, haud incongruum videatur $\delta\eta\mathring{\upsilon}\tau\varepsilon$. Reliquum est, ut *ΤΙΣ* quo carere non possumus, suam in sedem reducatur et tertii versus exitus emendatius sic scribatur: *ΙΟΝΤΙΣΕΓΕΙΡΕΤΟ.* Verte: *Agedum, Cleandro aequali vestro, o invenes, excitet vestrum aliquis, ad splendidum patris Telesarchi vestibulum profectus, laborum inclitum pretium.* Possis vero etiam $\delta\varepsilon\mathring{\upsilon}\tau\varepsilon$.

Nem. IX 7.

ἔστι δέ τις λόγος ἀνθρώπων τετελεσμένον ἐσλὸν

μὴ χαμαὶ σιγᾷ καλύψαι

Interpretari haec conantur scholia etiam p. 492 cum reddunt: ὡς οὐ δεῖ τὸ ὑπό τινος κατεργαζόμενον καλὸν σιγῇ παραδιδόναι, ὥστε εἰς γῆν κατενεχθῆναι καὶ ἄδοξον διὰ τῆς σιωπῆς γενέσθαι, fere ut Dissenius explicat p. 485 *ut humi jaceat silentio pressum.* Sed licet in voce χαμαὶ omnes et scripti libri et impressi consentiant, verum tamen viderunt ii, qui depravatam esse contenderunt. Atque Heckerus quidem et Leutschius μηδαμᾷ proposuerunt, ulterius progressus Th. Bergkius p. 229 huc pertinere suspicatur, quod legitur schol. Ol. XI 58 καὶ ἀλλαχοῦ κεῖται. μησὶ γὰρ (cod., leg. μὴ σιγᾷ) βρεχέσθω, spectans illud ad Isthm. V 51 κατάβρεχε σιγᾷ. Neutri recte. Nam voc. σιγᾷ nativa vis apposito adjectivo augenda erat. Hoc igitur reperisse mihi videor in v. ἀχανής. Lego:

ΜΗΑΧΑΝΕΙΣΙΓΑΙΚΑΛΥΨΑΙ

Hesych. ἀχανεῖ· ἀνανοίκτῳ. (ἀφεγγεῖ ἀφανεῖ βαθεῖ Cyrill.) ἀχανής· ἄφωνος ἄφθογγος μὴ ἀνοίγων στόμα Moerid. p. 59. Videntur haec verba μήχανεῖ scripta fuisse, nec mirum lectionis hujus non intellectae correctionem satis infaustam hucusque exemplaria nostra inquinasse. Cf. Pind. Isthm. IV 30 [III 48] ἄγνωστοι σιωπαί.

Pyth. IV 40.

πεύθομαι δ' αὐτὰν κατακλυσθεῖσαν ἐκ δούρατος

ἐναλίᾳ βᾶμεν σὺν ἅλμᾳ

ἑσπέρας ὑγρῷ πελάγει σπομέναν.

Schol. σὺν τῇ θαλάσσῃ τῆς δύσεως. Schol. ² ἤτοι κατὰ τὸν καιρὸν τῆς ἑσπέρας ἢ τῷ πελάγει τῆς δυτικῆς θαλάττης ἀκολουθήσασαν. E libris mss. unus D ἑσπέρας exhibet, unde Hecker metro adversante ἐς πέρας, Öhlschläger ἐς τέρας conjecerunt. Recte viderunt Hermannus et J. Tr. Meyerus in mendo cubare etiam ἐναλίᾳ, sed infeliciter mutaverunt alter in ἐναλίαν alter in ἐναλίου referentes aut ad αὐτὰν aut ad δούρατος. Nam dicendum erat quod ad litus appulerit gleba. Rescribo igitur: ἐναλίας — ἐς πέτρας sc. Theraeas et verto: *audio autem eam submersam e navi abiisse cum salsugine ad marinos Therae scopulos humidum pelagus secutam.* Atque haec certa puto. Sed insunt etiam in praecedentibus salebrosa nonnulla, minus certis conjecturis tollenda. Versu 36 οὐδ' ἀπίθησέ νιν libri. Schol. οὐδ' ἀπιθῆ αὐτὸν πεποίηκε πρὸς τὴν ὑποδοχήν. Hermannus ἐν, Bergkius ἐν, alii Foι conjecerunt: „neque inobediens Tritoni fuit Euphemus." Nititur Trito hospitale munus dextera arreptum Euphemo dare, sed non attingit longius distantem: itaque Euphemus prosilire in litus cogitur et manui Tritonis manum suam contra porrigere, ut glebam fatalem accipiat. Lego igitur οὐδ' ἀθέριξέ νιν. Non vilipendebat τὸ προτυχὸν (obvium manu prensum) ξείνιον, ut laborem in litus prosiliendi fugeret. — V. 55 pro χρόνῳ δ' ὑστέρῳ malim δευτέρῳ.

Pyth. IV 57.

Medeae vaticinio peracto poeta sic pergit:

ἦ ῥα Μηδείας ἐπέων στίχες. ἔπταξαν δ' ἀκίνητοι σιωπᾷ
ἥρωες ἀντίθεοι πυκινὰν μῆτιν κλύοντες.

Consentiunt libri et scholia ut videtur quorum haec verba sunt: ἔφη ἡ τῆς Μηδείας στιχομυθία et οὕτως εἰρήκασιν οἱ τῆς Μηδείας λόγοι, ut sit schema Pindaricum, quod me arbitro nullum est. Gloss. P.: οὕτως ἐλέχθη. Emendationes interpretum partim non satisfaciunt (αἴ ῥα Böckh, Dissen) partim omnino Graeca non sunt (ἦ ῥα Μήδειά γ' ἐπέων στίχας). Bergkii emendatio [3] ἦ ῥα καὶ Μήδει' ὀπίσω στίχεν hoc habet commodi, quod epicam phrasin servat, sed improbanda propterea est, quod egregium illud ἐπέων στίχες attenuat. Fortasse Μηδείας e vetusta aliqua interpretatione huc illatum, ut supra illatum vidimus καλὸς, expulit germana poetae verba, quae, qui Homerici sermonis Il. XVI 211 στίχες ἄρθεν et ἄραρον meminerit, non negabit haec esse potuisse: ἦ ῥα· τάσδ' ἄρθεν Fεπέων στίχες, dixit et coagmentabantur ipsi verborum ordines; συνηρμόσθησαν.

Pyth. IV 152.

ἀλλὰ καὶ σκᾶπτον μόναρχον καὶ θρόνος

καὶ in perpaucis tantum libris omittitur, nec θρόνον aut multos aut bonos habet testes. Nihilominus Bergk [2] ἀλλὰ σὺ — θρόνον, in ed. [3] σκᾶπτον ἀλλ' οὐκ ἂν μόναρχον καὶ θρόνον conjecit, ut accusativi pendeant ab ἀφίημι. Rectius scholiastae, qui nominativos legerunt, subaudiunt πονεῖ. Verum tamen illud πονεῖ ἀλγύνει λυπεῖ quod more suo subintellegi volunt non subaudiendum est sed e corrupto et plane otioso καὶ restituendum. Lego:

ἀλλὰ κνᾷ σκᾶπτον μόναρχον καὶ θρόνος

h. e. *pungit me* pro quo vulgo κνίζει utitur Pindarus. Vides vetustis-

simi exemplaris auctorem nihil amplius peccasse, quam quod unam li-
terulam verbo *KNAI* subtraheret.

Pyth. IV 213.

Κόλχοισιν βίαν
μῖξαν Αἰήτᾳ παρ’ αὐτῷ. πότνια δ’ κτέ.

Recte Bergkio παρ’ αὐτῷ de vitio suspecta videntur coll. schol. παρ’
αὐτῷ τῷ ταχεῖ (om. Böckh) αἰήτῃ. Frustra obloquitur Mommsen, cui
ταχεῖ manifeste corruptum visum est ex βα[σι]λεῖ. Displicent tamen
mihi quoque Bergkii emendationes altera Αἰήτᾳ παρ’ ἄστει in edit. [2]
proposita, altera multo audacior Αἰήτᾳ παρ’ αὐτώδει. πότνα δ’ in
ed. [3] vulgata, quamquam πότνα Pindaricum non esse ipse significat.
Scholiasta nisi forte ταχεῖ ex τραχεῖ corruptum est, non dubium est
quin legerit Αἰήτᾳ παρ’ αὔρῳ, unde adnotamentum ipsius corrigendum παρ’ αὔρῳ, τῷ ταχεῖ, Αἰήτᾳ. Nam hanc solemnem esse obso-
leti vocabuli αὖρος interpretationem e lexicographis constat. Pindarus
autem non hoc scripserat, sed *ΑΙΗΤΑΙΤΑΓΑΥΡΩΙ* h. e. τ’ ἀγαυ-
ρῷ. Hesych. ἀγαυρός· αὐθάδης . κομψός . κακός. Liber vetustus
non habuisse videtur, nisi haec tempore attrita: *ΑΙΕΤΑΙ . Α . ΑΥΡΟΙ*,
quae prout potuerunt emendare conati sunt Alexandrinorum grammaticorum principes.

Pyth. IV 250.

ὦ ’ρκεσίλα, κλέψαν τε Μήδειαν σὺν αὐτᾷ τὰν Πελίαο φόνον.

Sic scriptum hunc locum exhibent omnes libri cum manu exarati tum
impressi. Nec scholia non agnoscunt lectiones Πελίαο φόνον et σὺν
α’τᾷ, quamquam commemorant etiam viri docti nescio cujus conjecturam haud insipidam σὺν αὐτῷ. Cf. Schol. [2] σὺν αὐτῇ σὺν τῇ
Μηδείᾳ θελούσῃ ὅπερ ἔνιοι μεταγράφουσι μὴ νοοῦντες σὺν αὐτῷ
τῷ δέρει. Atque conjecturae huic Tafelio probatae favere dixeris Lycophr. Alex. 1310 καὶ δευτέρους ἔπεμψαν Ἄτραγας (vulgo ἄρπαγας)
λύκους, ταγῷ μονοκρήπιδι κλέψαντες νάκην. Utitur ea etiam Bergkius,
hic aurei velleris raptum nullo pacto omitti potuisse arbitratus, ad com-
mendandam emendationem suam in ed. [3] propositam: κλέψεν τε κῶας
καὶ σὺν αὐτῷ τὰν Πελίαο φόνον. In eandem sententiam possis κλέψεν τε τέρφος καὶ σὺν αὐτῷ, cum Hesychius τέρφος Doriensium esse
testetur pro δέρμα, possis etiam κωδίᾳ σὺν αὐτὰν, quod ad librorum
scripturam proxime accederet, si fides habenda esset EM. 597, 4 di-
centi κωδία καὶ κώδιον τὸ προβάτειον (δέρμα) οὐκ ἄρα τὸ ἐν

Κόλχοις νάκος ῥητέον, ubi tamen Bachmannus ad Lycophr. p. 266 *κῶας καὶ κώδιον* (voluisse videtur *κῶας δὲ καὶ κώδιον*) corrigendum censet. Vereor tamen ut Bergkii conjectura, quamvis ingeniosissima punctum ferat. Nam ut largiamur ipsi *Μήδειαν* explicationis caussa supra adscriptum fuisse, tantum tamen valere non potest critici Alexandrini auctoritas ut conjectura ejus ad novanda plura abutamur. Accedit, quod ne certum quidem est paraphrastam etiam vulgatam lectionem confirmare cum interpretatur: *ἀπέκλεψε τὴν Μήδειαν ἑκοῦσαν καὶ αὐτὴν τὴν τῷ Πελίᾳ φόνον γενομένην*. Potuit *σὺν αὐτᾷ* per *ἑκοῦσαν καὶ αὐτὴν* reddere. Sed apta explicatio haec est lectioni quoque *Μηδείᾳ σὺν αὐτᾷ*, nulli vero accommodatior, quam tertiae huic: *Μήδειαν σὺν αὐτὰν* (sc. *ἐκκλέψασαν*) h. e. clam abstulit Medeam simul ipsam se subducentem, futurum Peliae exitium. Atque hanc Alexandrini archetypi scripturam fuisse, conjectura demum in *αὐτᾷ* mutatam persuasum habeo, a qua proficiscendum sit emendaturis. Nam tam contorta scriptura, Alexandrinorum sane grammaticorum ingenia digna, uti maluisse Pindarum, quam quae in promptu erat expeditissima *Μήδειαν συναύδασαν* vix crediderim neque persuadent interpretamenta *τὰν Πελίαο φόνον* (*τὴν τῷ Πελίᾳ φόνον γενομένην. ἥτις ἦν τοῦ Πελίου φόνος*) ab ipso Pindaro profecta esse. Non urgueo, desiderari *μέλλουσαν, ἐσομένην*, imo ferrem temporis notionem omissam, si ante *Πελίαο φόνον* commate incideretur, sed male me habet articulus *τὰν* adjectus. Delitescere puto *Πελίαο φονῶν* (a nominativo *φοναὶ*) et *αὐτὰν τὰν* ex mala literarum sejunctione orta arbitror invito archetypi scriptore, qui nisi fallit animus porrexerat haec junctim scripta *αὐτάνταν*. Hesych. I p. 325, 72 *αὐτάντας· ὁ προεστὰς τινος πράγματος καὶ αὐθεντῶν* (Mus. *αὔταντας* codex). quae forma Dorica est pro vulgata *αὐθέντης* et Sophoclea *αὐτοέντης*. Egregie *αὐτάνταν Πελίαο φονῶν* dici fatebere Medeam, quae post reditum Peliae filiabus auctor fuerat, ut patrem conciderent; atque acquiescerem in lectione jam restituta, nisi *κλέψεν τε σὺν* pro *σύν τε ἔκλεψεν* 'et simul abstulit'' (Dissen. Isthm. V 12) quodammodo offenderet. Abstergemus vero hanc etiam maculam pro *αὐτάντας* restituto synonymo ab eodem Hesychio servato *συνάντας* (Vol. IV p. 102, 2517. *συνέντης· συνεργός*) Lobeck. rhem. p. 121. Verum erit:

κλέψιν τε Μήδειαν συνάνταν τῶν Πελίαο φονῶν.

Pyth. VI 46.

πάτρωΐ τ᾽ ἐπερχόμενος ἀγλαΐαν ἔδειξεν
ἄπασαν, νόῳ δὲ πλοῦτον ἄγει κτλ.

Haec codicum lectio est, nisi quod Urbinas A (R Mommsenii) ὦπασαν habere dicitur fortasse ex ὄπασσεν natum. Schol.: ἐπερχόμενος οὖν πρὸς τὴν τοῦ θείου ἀγλαΐαν (sic Bg, ἀγγελίαν U) καὶ κατὰ (om. G) τὸν κόσμον ἑαυτὸν ἴσον ἀπέδειξεν, ut ἄπασαν legisse non videatur, sed πάτρω τ᾽ ἐπερχόμενος ἀγλά᾽ ἴσον F ἔδειξεν vel tale quid aliud: nam etiam αἶσαν ἴσαν ἔδειξεν e schol. verbis eliciat aliquis. Atque ἴσαν τ᾽ vel ὁμάν τ᾽ Mommsenius etiam proposuit, sufficiens tamen illud in locum vocc. πάτρωΐ τ᾽ quae juxta cum ἄπασαν interpolatori deberi suspicatur. Quod ut non nego Pindarum potuisse scribere, nego tamen ita re vera scriptum reperisse scholiastam, qui verbis τοῦ θείου aperte ad vulgatam lectionem πάτρωϊ πάτρω respiciat. Aliam igitur viam ingressus Bergkius ed. [1.2] voc. ἔδειξεν eliminato reliqua ad hunc modum conformavit: πάτρω τ᾽ ἐπερχόμενος ἀγλαΐαν ἄπασαν, h. e. *omne patrui decus imitans.* In quibus ἀγλαΐαν ἄπασαν more poetae dictum elocutionis Pindaricae gnaris dubitatione carebit, modo accusativum mutes in genetivum et distinctione mutata scribas:

ἔβα,
πάτρω τ᾽ ἐπερχόμενος, ἀγλαΐᾶν ἀπασᾶν.

Nam genetivi a πρὸς στάθμαν sunt suspensi, verbisque sic structis inest egregia Theronis glorificatio, id quod sensit scholiasta verba πρὸς στάθμαν ἔβα interpretatus: ἑαυτὸν ἴσον ἀπέδειξεν. — νόῳ] πόνῳ?

Pyth. VII 5.

ἐπεὶ τίνα πάτραν τίνα τ᾽ οἶκον ναίων ὀνυμάξομαι
ἐπιφανέστερον
Ἑλλάδι πυθέσθαι;

Mommsenius p. 234 αἶᾶν (= αἰῶν αἰάων γαιάων) proposuit, quo nihil excogitari poterat perversius. Nam vulgata lectio non est conjectura a Didymo invecta, ut Mommsenio visum, sed antiquissimi libri scriptura variis criticorum Alexandrinorum conjecturis lacessita: ναίοντα, τ᾽ ἄϊων, αἰῶν᾽, quam ipsam Didymus nimia religione utcunque defendere studuit. Ni hoc .ita esset, non potuissent scholia talibus uti formulis: γράφουσιν — ἀφαιροῦντες τὸ ν̄, ἕτεροι δὲ πάλιν τὸ μὲν ν̄ αἴρου_σιν. Verum igitur vidisse censendi sunt ii, qui vocabulum celebrandi significatione praeditum hic latere opinarentur, veluti Thierschius, qui κλείων (Kayserus αἰνέων) proposuit. Alius in eandem sententiam coniciat ῥαίνων 'laude conspergens.' Sed ἐπιφανέστερον poscit illustrandi notionem, quam nanciscimur scribendo δαίων = φλέγων. Cf. ὅσσα δεδήει et φλεγυρὰ ψῆφος βροτῶν.

Pyth. IX 19.

$$\text{ἁ μὲν οὐϑ᾽ ἱστῶν παλιμβάμους ἐφίλησεν ὁδοὺς}$$
$$\text{οὔτε δείπνων οἰκουριᾶν μεϑ᾽ ἑταιρᾶν τέρψιας.}$$

Sermo est de Cyrene venatrice a virginum studiis aliena. Locum exhibui quemadmodum in libris plerisque scriptus est . in οἰκουριᾶν enim et ἑταιρᾶν consentiunt omnes, inter δεῖπνον et δείπνων variant; οἰκοριᾶν correctori metrico deberi certum est. Bergkius in ed. [2] paraphrastam longe aliud quid legisse ratus correxit: οὔτε δείπνων τέρψιας οὐϑ᾽ ἑταρᾶν οἰκουριᾶν (οἰκουρίαν), quod Mommsen. p. 253/4 vel in textum recipere non dubitavit: in ed. [3] vero hanc tanquam germanam lectionem nobis commendat: οὔτε δείνων τέρψιας οὐϑ᾽ ἑταρᾶν οἰκούρια: *neque chorearum deliciae neque puellarum aequalium ludicra ei curae cordique erant*, δείνων de saltationis genere interpretatus, οἰκούρια per παίγνια reddens. Atqui omnino verum non est, paraphrasten alium verborum ordinem reperisse ut paraphrasin ejus attentius perlegenti patebit: οὔτε τῶν δείπνων τὰς τέρψιας οὔτε τῶν ἑταιρῶν τῶν τοῦ οἴκου δεσποζουσῶν, ἀπὸ κοινοῦ τὸ οὐχ εἵλετο τὰς τέρψεις. Neque schol. Gotting. non adversatur Bergkii conaminibus cum adnotat γράφεται καὶ δεῖπνον οἰκουριῶν. Res potius sic habet. Οὔτε in capite versus a paraphrasta additum Pindarico more omittendum egregie firmat schol. Gott. scripturam δεῖπνον. Nam metrum optime stabit semel posita negatione sic: δεῖπνον οὔτ᾽ οἰκουριᾶν, modo vitiosam syllabam ᾶν productam sustuleris et pro μεϑ᾽, quod schol. non agnoscunt, e paraphrasi receperis, id quod aperte legerunt, εἵλεϑ᾽. Quod si feceris non opus est ut verborum transpositionem audaciorem adhibeas, ἑταιρᾶν simul mutato in ἑταρᾶν. Versum igitur nacti sumus hunc: δεῖπνον οὔτ᾽ οἰκουριανειλεϑ᾽ ἑταιρᾶν τέρψιας, in quo ante omnia contra scholl. mentem virgula incidendum est ante ἑταιρᾶν, ut poeta δεῖπνον et οἰκούρια dixerit virginum oblectamenta. Nam cum metro impediamur, quominus οἰκουριᾶν pro genetivo plurativi numeri capiamus, cum ἑταιρᾶν copulare non possumus. Restat ut οἰκουριᾶν εἵλεϑ᾽ metro accommodetur, quod fiet revocata lectione οἰκούρι᾽ ἀνείλεϑ᾽. Denique fortasse δεῖνον ope Bergkii restituendum.

Pyth. X 29.

αὐτίκα δ᾽ ἐκ μεγάρων Χείρωνα προσέννεπε φωνᾷ

Quid sibi velint verba *ἐκ μεγάρων* non intellego. Nam Apollo, qui in Thessalia versatur, Chironem ex adyto Delphico alloqui non potest; neque verba *ἐκ μεγάρων προσέννεπε* significare possunt id, quod nonnulli volunt: ʿ*allocutione sua hortatus est, ut ex antro procederet*. Ego novitate rei perculsum Apollinem clamorem edidisse puto, unde scribendum suspicor: *αὐτίκα ΔΕΣΜΑΡΑΓΩΝ* h. e. *δὲ σμαραγῶν*. Vocem enim tollunt, exclamandoque vicinos arcessere student, qui alios nimia audacia sibi periculum capitis creare vident.

Pyth. X 20.

τῶν δ᾽ ἐν Ἑλλάδι τερπνῶν

λαχόντες οὐκ ὀλίγαν δόσιν, μὴ φθονεραῖς ἐκ θεῶν
μετατροπίαις ἐπικύρσαιεν. θεὸς εἴη
ἀπήμων κέαρ.

In hanc librorum nostrorum lectionem commentati sunt scholia. Interpretati sunt etiam Th. Bergkius, Mommsenius (et Friederichs): *Si quis aerumna prorsus fuerit liber, diis sit aequiparandus.* Alii locum emendatione egere saniore judicio arbitrati cultro tamen sana aggressi sunt, ulcus ne senserunt quidem. *οἷος* Hermannus, *αἰεὶ* Schneidewinus proposuerunt. Scribendum erat una literula adjecta: *(π)ένθεος εἴη ἀπήμων κέαρ*, ut *γήρως ἄλυπα*, Soph. OC. 1519 *κακῶν ἀτρύμονες*, Aeschylus Sept. 877 *κακῶν ἀκήρατος*, Eur. Hipp. 962 *ἀθῶος πληγῶν*, Ar. Nubb. 1413 (Matth. Gr. Gr. §. 345) ausi sunt. Hinc simul apparet pro *λαχόντες* scribendum esse *λαχών τις* et post *ἐπικύρσαι* plene interpungendum. Ac *ΛΑΧΟΝΤΙΣ* archetypi lectionem fuisse manifestum est, mutandam ab Alexandrinis, qui in eodem volumine repertum *ΕΠΙΚΥΡΣΑΙ.ΕΝΘΕΟΣΕΙΕ* ita solverent, ut in nostris exemplaribus factum est omnibus. In ejusdem epinicii versu 29 *ναυσὶ οὔτε πεζὸς ἰὼν εὕροις* nostrates demum unius syllabae defectum observarunt. Sed neque *ἂν εὕροις*, neque *τάχ᾽ εὕροις* quod Bergkius suasit amplector ipse. Archetypum habuisse: *ΙΟΝΣΥΓΕΥΡΟΙΣ* quamquam demonstrari nequit, probabile tamen videtur.

Pyth. XI 55.

Hujus epinicii versus difficillimi sunt 54—58, quos graviter corruptos jam veteres criticos expedire non potuisse ex scholiorum reliquiis apparet, ut adnotat Bergkius p. 181 ed. 3. Codicum lectio haec est:

$$\varphi\vartheta o\nu\varepsilon\varrho o\grave{\iota} \;\; \delta' \;\; \mathring{\alpha}\mu\acute{\upsilon}\nu o\nu\tau' \;\; \mathring{\alpha}\tau\alpha$$
$$\varepsilon\check{\iota} \;\; \tau\iota\varsigma \;\; \mathring{\alpha}\varkappa\varrho o\nu \;\; \grave{\varepsilon}\lambda\grave{\omega}\nu \;\; \mathring{\eta}\sigma\upsilon\chi\acute{\iota}\alpha \;\; \tau\varepsilon \;\; \nu\varepsilon\mu\acute{o}\mu\varepsilon\nu o\varsigma \;\; \alpha\mathring{\iota}\nu\grave{\alpha}\nu \;\; \mathring{\upsilon}\beta\varrho\iota\nu$$
$$\mathring{\alpha}\pi\acute{\varepsilon}\varphi\upsilon\gamma\varepsilon \;\; \mu\acute{\varepsilon}\lambda\alpha\nu o\varsigma \;\; \delta' \;\; \mathring{\alpha}\nu' \;\; \grave{\varepsilon}\sigma\chi\alpha\tau\iota\grave{\alpha}\nu$$
$$\varkappa\alpha\lambda\lambda\acute{\iota}o\nu\alpha \;\; \vartheta\acute{\alpha}\nu\alpha\tau o\nu \;\; \grave{\varepsilon}\nu \;\; \gamma\lambda\upsilon\varkappa\upsilon\tau\acute{\alpha}\tau\alpha \;\; \gamma\varepsilon\nu\varepsilon\tilde{\alpha}$$
$$\varepsilon\mathring{\upsilon}\acute{\omega}\nu\upsilon\mu o\nu \;\; \varkappa\tau\varepsilon\acute{\alpha}\nu\omega\nu \;\; \varkappa\varrho\alpha\tau\acute{\iota}\sigma\tau\alpha\nu \;\; \chi\acute{\alpha}\varrho\iota\nu \;\; \pi o\varrho\acute{\omega}\nu.$$

Alii ἀμύνονται ἄτα, alii ἀμύνονται omisso ἄτα, B' ἀμύνονται ἄτᾳ; deinde ἀπέφυγῆ solus B; μέλανος δ' (om. ἀν') EB' Urs.; θανάτου ἐν B (καλλίω θανάτου ἔσχεν sine ἐν α'β' Tricl.) καλλίονα θάνατον ἔσχεν ἐν DJZ^{pc}?; κράτιστον B¹. Atque in ἀμύνοντ' ἄτᾳ consentiunt scholia, quamquam nec ἄ|τᾳ inter duos versus distrahi, nec $\overline{\tau\alpha \;\; \varepsilon\mathring{\iota}}$ crasi coalescere possunt. V. 55 ἀσυχᾶ vel ἡσυχᾶ dudum metro suasore restitutum est, item v. 36 ἀπέφυγεν quod ipsum lectione B ἀπέφυγῆ latet. Deinde μέλανος δ' ἀν' habet quidem lemma schol. ² sed metrum non admittit, neque agnoscit schol. ¹ paraphrasis. Denique v. 57 θάνατον firmat schol. ¹·² consensus, quo impedimur etiam ne quam temere vocabulo ἔσχεν auctoritatem tribuamus, licet desiderari hic syllabam longam metri defectu edoceamur. Virorum doctorum pericula critica qui cognoscere cupit, petat e Mommsenii et Bergkii commentariis, quae cum multis refellere non attineat, breviter meam de h. l. aperiam sententiam. Ac primum quidem falluntur, qui κτεάνων κρατίσταν jungunt, sive illi κρατίσταν tulerint de feminino non solliciti, sive κράτιστον requirant, licet Hartungus hanc emendationem suam vel Th. Bergkio probaverit. Tu potius κρατίσταν χάριν intellege ‘*validissimam gratiam*’, et κτεάνων, uti par est et dudum a schol. ² quamvis in reliqua interpretationis parte improbando factum video, a comparativo καλλίονα suspende, ut sit: *dulci generi divitiis praestantiorem validissimam laudis gratiam relinquens.* Praeterea etiam ii egregie errant, qui scholiorum perversam interpretationem suam facientes θάνατον χάριν πορών significare volunt communium virtutum amatorem mortem suam relinquere soboli suae tanquam gratiae apud cives suos futurae auctorem. Ferri haec sententia posset, si de viris ageretur bellica virtute et eximia fortitudine conspicuis, qui moribundi sane generi suo honestam apud cives gratiam comparant ideoque dici possunt suis praestantiorem opibus hereditatem relinquere mortem suam: hic vero de privatis hominibus sermo est qui probam absque omni fastu alienam vitam degentes communium virtutum laudem liberis tanquam hereditatem optimam poetarumque praeconio dignam reliquerunt. Quae cum ita sint, ante γλυκυτάτᾳ colo incidendum et nova plane sententia ordienda est. At quid tum fiet, dicentes audio, vocabulo καλλίονα priori enunciati membro inhaerenti? Hos igitur recordari jubeo, saepissime in poetarum libris mss. eo peccatum esse, quod priora binorum versuum verba locos suos mutaverunt. Optime certe procedent omnia v. καλλίονα post γενεᾷ retracto sic:

$$\text{γλυκυτάτα γενεᾷ}$$
$$\text{καλλίονα κτεάνων κρατίσταν χάριν πορών.}$$

Restat ut ad pristinam integritatem revocentur verba εὐώνυμον θάνατον et quae praecedunt. Puto jam apparere, quid veteres criticos in verba ordini a nobis restituto adstricta incidentes seduxerit, ut a poetae mente prorsus aberrantes sic ea commentati sint, ut in schol. [1] factum videmus: ἀπέφυγεν (sc. θανάτου sive Ἅιδου) ἂν ἐσχατιὰν, τὸν ἑαυτοῦ θάνατον καλλίονα τῶν ἑαυτοῦ κτημάτων τῇ ἰδίᾳ ἑαυτοῦ γενεᾷ χάριν παρεσχηκώς. Scilicet quae verba antiquo vitio foedata cum superioribus jungere non poterant cum subsequentibus utcunque reconciliare conati sunt. Nos vero, quibus verba εὐώνυμον θάνατον, ut quae neque cum antegressis neque cum sequentibus coeant, jam ante Aristarchi aetatem vitium traxisse persuasum est, emendare desperata, quam balbutientem tolerare poetam satius ducimus. Qua in re subit mirari Ty. Mommsenio haec excidere potuisse: 'ad vulgatam lectionem subaudiverunt Jo. Lonicerus et H. Stephanus θανάτου "nigrae [mortis] in ultimis finibus" quod defendi possit schemate ἀπὸ κοινοῦ. Ol. I 104. VII 5.' Imo quantocius reponendum est ante omnia θανάτου cum μέλανος jungendum et deinde εὐώνυμος, quod ad enunciati subjectum referendum tum demum in εὐώνυμον mutatum, est postquam θανάτου in θάνατον abiit. His jam sententiae et syntaxi satisfactum, numeris satisfactum non est. Fiet vero, ut primo obtutu videtur, expulso glossemate θανάτου et reducta glossa Ἀΐδα. Nam Alexandrinorum exemplar non εὐώνυμον θάνατον exhibuisse, sed εὐώνυμον Ἀΐδαν e glossa EF θανάτου Z τοῦ σκοτεινοῦ Ἅιδου, schol. [3] τοῦ θανάτου ἢ τοῦ ᾄδου satis videare tute conicere. Sed de metris infra accuratius disputabimus. Post Ἀΐδα numeri postulant spondeum pro vocula ἐν in codicibus plerisque obvia. Fuerit πάντων quo ducere videtur schol. [2] sub finem, vel tale quid. Verbum finitum a sequioribus criticis interpolatum Alexandrini certe non legerunt, quamquam schol. [2] πορών, a schol. [1] παρεσχηκὼς καὶ καταλιπὼν redditum, ἀπολείπει commentatus est. — In v. 55 an ἀσυχᾶ· recte restitutum sit, etsi numeri favent, dubitari potest; sed gravius vitium alunt verba ἀμύνοντ(α) ἄτα εἴ τις ἄκρον ἑλών. Ἄκρον ἑλεῖν significat: ad summum pervenire. At hoc sic nude positum a proposito hic alienum est. Nam modicas res (τὴν μεσότητα schol. ²) laudat, non summa rerum culmina (τὸ τέλειον τῆς εὐδαιμονίας schol. ¹). Itaque aut εἰ μή τις requiritur aut quod praetulerim τᾶν τ᾽ εἴ τις h. e. si quis communium virtutum summas laudes adipiscitur. Denique in φϑονεροὶ δ᾽ ἀμύνονται non haerendum est, sed cum Hermanno, Böckhio, Dissenio explicandum: ‘invidi autem avertuntur’. Scriptum erat haud dubie AMYNONTĀΔΤΑΙ pro AMYNONTAITĀΔ. Mommsenii ariolationes refutatione non indigent. Itaque haec est strophae obscurae, quae tamdiu emendandi conatus elusit emendatio certissima:

ξυναῖς δ᾽ ἀμφ᾽ ἀρεταῖς τέταμαι . φϑονεροὶ δ᾽ ἀμύνονται,
τᾶν δ᾽ εἴ τις ἄκρον ἑλὼν ἀσυχᾶ τε νεμόμενος αἰνὰν ὕβριν
ἀπέφυγεν, μέλανος ἂν ἐσχατιὰν
εὐώνυμος [?] Ἀΐδα [?]* πάντων* γλυκυτάτᾳ γενεᾷ
καλλίονα κτεάνων κρατίσταν χάριν πορών.

H. e. vulgares potius circa virtutes occupatus sum. Invidi enim avertuntur, si quis talium virtutum fastigium adeptus tranquillamque vitam degens superbientem fastum effugit eo, quod vel in nigri Plutonis finibus bene audiet, sobolique dulcissimae bonum praebet validissimum quibuslibet divitiis praestantiorem.

Certissimam dixi emendationem meam, quod ex ea non modo poetae consilium cognoscitur, sed etiam interpretum Graecorum varii errores explicationem habent. Tolle ex. c. comma post ἀπέφυγε et traice post ἐσχατιὰν, atque habebis sententiam, quam schol. ¹ inesse vult verbis: μέχρι καὶ ϑανάτου δικαίως ἔζησε .... καὶ καταλιπὼν ἐξόπισϑεν (cod. ἔξωϑεν) δόξαν καὶ τὴν μετὰ ϑάνατον ἑαυτοῦ εὐφημίαν. schol. ³ τὸν ϑάνατον ἑαυτῷ περιποιησάμενος. Vel tolle incisionem post Ἀΐδα(ν) et tamquam in promptu tibi erit jungere Ἀΐδαν (sive ϑάνατον) πάντων καλλίονα κτεάνων πορὼν (ἀπολείπει, καταλιπὼν) τῇ γενεᾷ αὐτοῦ τὴν κρατίστην χάριν (εὐφημίαν), quasi honestam mortem dicat hereditatem omnibus opibus pulcriorem, ut quae posterioribus bonam famam afferat: vel etiam sic: Ἀΐδαν πάντων καλλίονα πορὼν χάριν γλυκυτάτᾳ γενεᾷ κρατίσταν κτεάνων, mortem qua-

vis re domestica praestantiorem relinquens posteris dulcissimis gratio-
sum munus inter divitias facile primum id locum obtinens. Nam etiam
sic struxisse nonnullos verba docet schol. ³ κρατίστην κτημάτων χάριν.
Fuerunt denique, qui syllabae defectu animadverso omissionem verbi
finiti agnoscerent. Hi igitur θάνατον ἔσχεν ausi sunt, vel significa-
bant certe deesse aliquid glossemate: λείπει τὸ ἐξεῦρε.

Pauca addam de metrica ratione v. 57. Spondeum habet in primo
pede εὖω, quo similis fit eidem versui in str. β et γ Κασσάνδραν,
Παρνασοῦ. Itaque poeta non in nominibus propriis licentiam hanc
sibi sumpsit, sed syllabam voluit esse irrationalem. Unum tamen est
quod male me habet. Video enim rem a poeta sic institutam esse, ut
non singuli versus strophici responderent singulis antistrophicis suis,
sed ut omnes strophici eidem metro parerent eademque esset antistro-
phicorum ratio. Scilicet cum antistrophorum numeri sint hi:

$$\_\overset{\frown}{\cup\cup}\cup\cup\_\overset{x}{\_}\_\overset{\frown}{\cup\cup}\cup\_\cup\cup\_$$

strophicos versus adstrictos voluit metro huic:

$$\_\_\_\_\cup\cup\_\overset{x}{\_}\_\overset{\frown}{\cup\cup}\cup\_\cup\cup\_$$

Itaque verborum εὐώνυμον θάνατον emendatio supra a nobis proposita
εὐώνυμος Ἀΐδα, quamvis ad sententiam aptissima et certissima, tamen
propter metricas rationes reicienda, cedat oportet alteri sensui non minus
accommodatae:

$$ε\overset{\prime}{υ}υμνος \ θανάτου* \ πάντων* \ γλυκυτάτᾳ \ γενεᾷ$$

quae correctio, quo proprius iam a tradita lectione abest, eo nemini
non commendabilior videbitur. εὔυμνον et θάνατον invenerant Alexandrini.

Superest ut primae strophae versus quartus restituatur, qui nunc
procedit ματρὶ πὰρ Μελίαν χρυσέων ἐς ἄδυτου τριπόδων, cum tro-
chaeo in primo pede. Schol. εἰς τὴν Μελίαν καὶ τῶν τιμίων τριπόδων εἰς τὸν ἄδυτον ἀνθρώποις θησαυρόν. Veteres igitur πὰρ non
agnoscunt, sed Μελίαν χρυσέων τ' ἐς interpretati sunt, recte subau-
dientes ἐς et Μελίαν. Vide num scriptum fuerit ματρὶ ἴκταρ.

Ol. X (XI) 10.

ἐκ θεοῦ δ' ἀνὴρ σοφαῖς ἀνθεῖ πραπίδεσσιν.
ἴσθι κτλ.

Libri plerique cum vitio metrico, cuius immunes teste Mommsen. adnot. crit. p. 151 sunt CNO, ὁμῶς ὢν addentes post πραπίδεσσιν

(πραπίσιν C). Interpolati lacunam per ἐσαιεὶ explent, Scholia utrumque videntur agnoscere criticis nostris, cum commentantur: κατὰ δὲ βούλησιν δαίμωνος ἴσως καὶ αὐτῷ τῷ τρόπῳ (sic) σοφὸς διὰ παντὸς ἀνθεῖ ταῖς γνώμαις. ἀπὸ γὰρ θείας μοίρας μουσικός τις καὶ ἔξοχος λάμπει ταῖς γνώμαις, ὁμοίως ὥσπερ καὶ σὺ νικήσας. τοῦτο δὲ πρὸς τὰ ἴδια ἐγκώμια κατασκευάζει λέγων ἑαυτὸν διαπαντὸς σοφῶς φράζειν; iisdemque Bergkius etiam vocabulum τίς debet coniectans: ἐκ θεοῦ δ' αἰεὶ σοφαῖς ἀνθεῖ τίς ὁμῶς πραπίδεσσιν; h. e. "at ne poëtae quidem, in quo divinitus insita est sapientia, semper adest ingenii copia." Veniam enim petere Pindarum quod nunc brevissimo carmine defungatur, mox ampliter victoris laudes celebraturum se. Mihi .emendatio loci controversi pendere videtur a recta sequentium versuum explicatione. Non sufficit κόσμον ἀδυμελῆ (Bergk κόμπον, possis eodem jure κῶμον) sic nude positum. Nam hoc etiam 'carmen sub ipsam Agesidami victoriam festinatum' — verba sunt Böckhii — κόσμος est ἀδυμελής. Desideramus igitur alterum epitheton quo afferatur ornamenti, in patriam reverso offerendi, praesenti dono praeclarioris futuri majestas. Atque hoc ipsum lacuna, qua versus 10 exitus foedatur, haustum esse vel inde apparet, quod asyndeton ἴσθι νῦν ut nunc comparata res est omni caret vi. Jam compone mihi librorum CNO lectionem cum lectione quae quidem interpretis veteris fuisse videtur sic:

ἐκ θεοῦ δ' ἀνὴρ σοφαῖς ἀνθεῖ πραπίδεσσιν ὁμῶς ὢν
ἐκ θεοῦ δ' ὁμῶς σοφὸς ἀνθεῖ πραπίδεσσιν διὰ παντὸς

nec dubitabis quin utrique vocabulum ὁμῶς in eodem versus sede invenerint ut iam totius versus emendatio ab hac pendeat lectione:

ἐκ θεοῦ δ' ὁμῶς σοφὸς ἀνθεῖ πραπίδεσσιν ἀνὴρ ὢν

Delitescit igitur sub vocibus ἀνὴρ ὢν epitheton aliquod vocabulo κόσμον amplificando aptum et per διὰ παντὸς quodammodo explicandum. Arbitror hoc fuisse ΑΓΗΡΩΝ 'perenne ornamentum dulcisonum' et sententiarum nexum hunc fuisse: Et haec quidem lingua nostra gubernare gestit, sed divinitus contingit simul sapienti florere ingenio, h. e. atque Olympionicae laudes ampliter celebrandas voluntas quidem nostra semper est propensissima nec lingua recusat ministerium, sed non aeque incepta secundant, dii quorum afflatu opus est ut artificiose deductum et sapientiae gemmulis distinctum carmen efflorescat. Nunc igitur in carmine ex tempore fuso breviusculo lauda linguae voluntatem, post-

hac, si deus nobis ingenii sollertiam adnuerit, mittam in perpetuum
mansurum hymni ornamentum dulciloquum. Itaque locum ita confor-
mari jusserim:

τά κεν ἀμετέρα
γλῶσσα ποιμαίνειν ἐθέλοι,
ἐκ θεοῦ δ᾽ ὅμως, σοφαῖς ἀνθεῖν πραπίδεσσιν. ἀγήρων
ἴσθι νῦν, Ἀγεστράτου
παῖ, τεᾶς, Ἀγησίδαμε, πυγμαχίας ἕνεκεν
13 κόσμον ἐπὶ στεφάνῳ χρυσέας ἐλαίας
ἁδυμελῆ κελαδήσω,
τῶν Ἐπιζεφυρίων Λοκρῶν γενεὰν ἀλέγων.

Opposita sunt ἀμετέρα et ἐκ θεοῦ, γλῶσσα et πραπίδεσσιν. Interpretes veteres vides post ἀγήρων distinxisse, quod cum non potuisset
fieri, nisi etiam infinitum ἀνθεῖν invenissent, hoc quoque argumento ad
sustentandam restitutionem nostram uti licet. Τίς in textu non lege-
bant, sed subaudiebant τινὰ ad ἀνθεῖν. Pro κόσμον praestat fortasse
κῶμον cum pergat συγκωμάξατε. Praeterea aegre desidero perendi-
nationis notionem; sed ubi lateat nescio. Possis ἀλέγων ἐσένας. Certe
scholia γενεὰν legisse non videntur.

Ol. X (XI) 94 p. 80 Bgk [3].

τὶν δ᾽ ἀδυεπής τε λύρα
γλυκύς τ᾽ αὐλὸς ἀναπάσσει χάριν

ἀναπλάσσει codicum potior pars, ἀναπτάσσει perpauci, ἀναπάσσει me-
liores libri cum scholl., qui interpretantur: ἀναπέμπει ἀναβάλλει ἀναποικίλλει ἀνεγείρει ἄνω ποιεῖ ἢ διαποικίλλει. Paraphrasis etiam
ἀναποικίλλει καὶ παρέχει τὴν ἡδονὴν ἥ τε λύρα καὶ ὁ αὐλός. Hinc
post Erasmum Schmidium, Dissenius quoque illustratum ibat verbis:
tibi dulcisona lyra et fistula dulcis inspergit gratiam hymni. At χάρις
h. l. non hymnus est, sed decus κῦδος et legendum quantocius:

αὐλὸς ΑΜΑΟΠΑΣΣΕΙ χάριν

h. e. ἅμ᾽ ὀπάσσει.

Ol. I 28.

ἦ θαυματὰ πολλὰ καί πού τι καὶ βροτῶν
φάτις ὑπὲρ τὸν ἀλαθῆ λόγον
δεδαιδαλμένοι ψεύδεσι ποικίλοις ἐξαπατῶντι μῦθοι.

Locum conclamatum Bergkius [3] sic conformabat: λόγον ὑπὲρ τὸν ἀλαθῆ
φάτις δεδαιδαλμένῳ — μύθῳ: ‘saepe etiam hominum fama sermone

speciosis mendaciis supra veritatem exornato fallit.' Φάτις vult nominativum pluralis esse, cuius contractionem testari Apollon. Dysc. de pronom. p. 120 B schol. Il. E 10 Greg. Cor. 475; verba ad hyperbaton removendum traiecta esse. His accedere nequeo, sed ne una quidem literula mutata scribo φάτισ' in dandi casu. *'Certe mirabilia sunt multa, sed nonnunquam etiam hominum famá supra veracem sermonem variegatae variis mendaciis decipiunt fabulae.'* Hoc vel φάτι, quod praefero, legit qui adnotat πολλὰ γὰρ ἀληϑῆ νομίζεται ἐκ τῆς φήμης ὅτε τὸ ψεῦδος προσλάβῃ, quamquam minus apte interpretatus reliqua: οἱ μῦϑοι ὑπὲρ τὸν ἀληϑῆ λόγον ἰσχύουσι καὶ ἐξαπατῶσι τοῖς δεδαιδαλμένοις καὶ ποικίλοις ψεύδεσι, ut δεδαιδαλμένοις ψεύδεσι ποικίλοις τ' legisse videri possit. Bergkius, cum poetas hic culpari arbitratur, fallitur; describit potius Pindarus fabularum incrementa. Decipimur nonnunquam fabularum illecebris, quae postquam primus ex hominum ore rumor exiit, quo longinquius temporum decursu ab origine sua vagantur, eo longius distare solent a vero, paullatim mendaciorum speciosissimorum accessu exornatae. Sic quae credibilia fuerunt fiunt incredibilia, rursus tamen credibilia futura, si lepores poetici honorem iis attulerint. — Ceterum si quis φάτισι πὰρ τὸν ἀλαϑῆ λόγον praetulerit, non obstabo.

Ol. I 40.

τότ' Ἀγλαοτρίαιναν ἁρπάσαι
δαμέντα φρένας ἱμέρῳ, χρυσέαισιν ἀν' ἵπποις
ὕπατον εὐρυτίμου ποτὶ δῶμα Διὸς μεταβᾶσαι.

Asyndeton ut removerent critici aut χρυσέαισι τ', ἵπποις ϑ' proposuerunt, aut enallage casuum admissa (Bergk 3) μεταβάσαις conicere ausi sunt, non animadvertentes vitium sub ἁρπάσαι delitescere. Nam labis immunem esse locum frustra nunc negat Mommsen. adnot. crit. p. 4 retractata, quam in epist. ad Böckh. p. V ediderat, sententia. Scribendum ἁρπαγαῖς, δάμεντα. Minus placet ἁρπαγᾷ.

Ol. I 63.

νέκταρ ἀμβροσίαν τε
δῶκεν, οἷσιν ἄφϑιτον
ἔϑεσαν αὐτόν. εἰ κτλ.

Libris in ϑέσαν αὐτὸν εἰ δὲ consentientibus, non licet expulso pronomine αὐτὸν cum Ahrente et Bergkio 2 ϑῖσαν (= ἔϑρεψαν) reponere. Non magis tamen admittendam esse puto, quam Mommsenius in adnot. crit. p. 7 commendabat inque textum recipere ausus est conjecturam suam ϑέν νιν, quamquam ϑέν = ϑέσαν etiam Simonides usurpavit epigr. 132 τάσδ᾽ ἀνέϑεν et epigr. 134 ὅπλ᾽ ἀνέϑεν. Versibus enim sic distributis:

> νέκταρ ἀμβροσίαν τε
> δῶκεν. οἷσιν ἄφϑιτον ϑέσαν
> αὐτὸν. εἰ δὲ κτλ.

apparet verborum δῶκεν οἷσιν alterum insiticium esse, ἄφϑιτον autem cum spiritu aspero proferendum esse ἄφϑιτον. Latet fortasse obsoloetus aoristus οἷσεν quo de cf. Buttm. Gr. Gr. ampl. II p. 314, quamquam factum esse potest, ut οἷσιν inferrent, quos fugeret ἄφϑιτον esse ᾰ ᾿φϑιτον. Αὐτόν idem est atque μόνον αὐτόν, quemadmodum ap. Theocr. ί 19 τυφλὸς δ᾽ οὐκ αὐτὸς ὁ Πλοῦτος = οὐκ οἷος. Loco sic conformato evanescit etiam homoeoteleuton Mommsenio odiosum. Minus certa est correctio v. 57:

> κόρῳ δ᾽ ἕλεν
> ἄταν ὑπέροπλον,᾽ τάν οἱ πατὴρ ὕπερ
> κρέμασε καρτερὸν αὐτῷ λίϑον,
> τὸν ἀεὶ μενοινῶν κτλ.

corrigunt ἄν οἱ, cum scholia dupplex pronomen agnoscant. Fatendum tamen parum probabile hoc esse, licet Hartungiano invento probabilius, qui ut duo vitia removeret intulit tertium neglecto digammo ὑπέροπλον οἱ, τάν. Nam Fοι requiritur. Probarem igitur Bergkii emendationem ᾰν Fοι - ἄτῳ (= ἀάτῳ) nisi Pindarus scripsisse videretur:

> ἄταν ὑπέροπλον, οἷον πατὴρ ὕπερ

(Matth. Gr. Gr. §. 480, 3). Archetypus haud dubie porrigebat:

ΑΤΑΝΥΠΕΡΟΠΛΟΝΑΤΑΝΟΙΠΑΤΗΡΥΠΕΡ

Ol. I 48.

> ὕδατος ὅτι τε πυρὶ ζέοισαν ἐπ᾽ ἀκμὰν
> μαχαίρᾳ τάμον κατὰ μέλη.

Sic libri non interpolati omnes; quorum lectio cum metro adversetur Mommsenius in ed. et adn. crit. p. 5 ope scholiorum intulit εἰς ἀκμάν, Bergkius [3] ex interpolatis recepit ἀμφ᾽, simul τε in σε mutato. Malim: ὅτι τε πυρὶ ζέοισαν ἔν σ᾽ ἀκμάν. In libris maiusculis exaratis diffilis erat literarum Π et Η distinctio.

Ol. I 107.

ϑεὸς ἐπίτροπος ἐὼν τεαῖσι μήδεται
ἔχων τοῦτο κῆδος, Ἱέρων,
μερίμναισιν.

Cf. Mommsen. adn. crit. p. 1259. In libris perpaucis exstat κῦδος, quod Faehsius coniectura assecutus erat. Mommsenius Böckhii recepit emendationem κᾶδος, Bergkius Rauchensteinii κῦρος praeoptavit. Scholia librorum lectionem optimorum κῆδος agnoscunt. Invenerunt igitur *ΚΕΔΟΣ* h. e. κέρδος, a μήδεται non ab ἔχων suspensum. Praeterea cum Hermanno corrige ἐκὼν pro ἔχων. *Deus, praesidium tuum, tuis, o Hiero, curis libenter hunc fructum meditatur;* sc. ut honestarum rerum peritus et potentiâ aliis praestantior praediceris.

Ol. II 76. 77.

ὃν πατὴρ ἔχει Γᾶς ἑτοῖμον αὐτῷ πάρεδρον
πόσις ὁ πάντων Ῥέας ὕπατον ἐχοίσας παῖς ϑρόνον.

Locus hic est e difficillimis, cui sanando impares fuerunt grammatici Alexandrini, cum originem vitii non perspexissent. Neque persanarunt recentioris aetatis critici, quamquam non negaverim Bergkii emendationem in universum et sententiarum rationi et numeris satisfacere: ὃν πατὴρ ἔχει παῖς ὁ Γᾶς ἑτοῖμον πάρεδρον πόσις ἀπάντων Ῥέας ὑπέρτατον ἐχοίσας ϑρόνον. Nam scholio Didymeo, cui verba se accommodasse confitetur, abusus potius quam usus est, utpote a Böckhio foede interpolato, cum in codice Vratislaviensi teste C. E. Chr. Schneidero sic scriptum sit: ὁ δὲ δίδυμος ἐπὶ τοῦ κρόνου καϑιστᾷ τὸν κρόνον ὀνομάσας πατὴρ πάντων ὁ κρόνος. ἕτοιμον καὶ ἀχώριστον ἔχει πάρεδρον: πόσις ὢν ῥέας: παῖς δὲ τῆς ὕπατον (ὑπέρτατον cod. Γ h. e. Paris. E rec. Thomanae) ἐχούσης ϑρόνον. τῆς πίσης γὰρ τῶν τιτάνων ὁ ϑρόνος. οἳ γῆς εἰσιν υἱοί. Haec non laciniae sunt, ut Gerhardus Böckhio persuasit, sed integrum Didymi scholion constituunt, modo spretis Mommsenii p. 32 ineptiis iusta adhibeatur emendatio. Lego: ἐπὶ τοῦ ϑρόνου καϑιστᾷ τὸν Κρόνον. ὃν ὁ μάσας (μέγας corr. Schneiderus) πατὴρ πάντων ὁ Κρόνος ἑτοῖμον καὶ ἀχώριστον ἔχει πάρεδρον, πόσις ὢν Ῥέας παῖς δὲ τῆς ὕπατον ἐχούσης ϑρόνον, τῆς Γῆς. εἷς γὰρ τῶν Τιτάνων ὁ Κρόνος οἳ γῆς εἰσιν υἱοί. Explicat igitur Didymus *fere* eadem quae nos tradita habemus verba, sed perverse explicat, quod neque Aristarchi mentem perspexit neque versum priorem intellexit gravissimo vitio laborare. Recte enim Aristar-

chus Jovis fieri mentionem observaverat, quem Servius etiam ad Verg.
Aen. VI 566 Rhadamanthi patrem esse perhibet, quamquam fatendum
est, in iustam eundem reprehensionem incurrere quod Jovem Rhadamanthi compotorem fingens ad conjecturam audaciorem πόσιος refugeret,
et interpunctione loco parum commodo collocata verborumque structurae
vi illata sententiam a mente Pindari prorsus alienam extorqueret hanc:
πάρεδρον πόσιος, ὁ Ῥέας (παῖς), θρόνον ἐχούσης ὕπατον. Nam in
altero versu de Saturno sermonem fieri atque hunc ipsum appellari
πόσιν Ῥέας non minus existumo apparere, quam recte Didymum, improbato temerius ab Aristarcho novato verborum ordine hoc πόσιος
ἀντῶν ὁ Ῥέας, ad archetypi ordinem Ῥέας ὁ πάντων rediisse. Aristarchi quidem auctoritati obsecuti libri nostri iterum inverterunt verborum ordinem, nos vero posthabitis auctoritatibus decet quid conjectura
possit experiri in fundamentis a Didymo iactis. Jam vero sententia
a Pindaro instituta cum dubitari nequeat, quin fuerit haec: Rhadamanthum a patre suo (Jove) in eas regiones deductum esse, *ubi* Saturnus,
Opis maritus in Terrae Oceanique confiniis sedem habet, apparet post
πάρεδρον commate distinguendum esse et versum 77 cum 76 adverbio
aliquo relativo connexum fuisse. Delitescit haec particula, si quid video
sub ὁπάντων quod ὁπᾶι τὸν scribendum arbitror, quae emendatio et
per se, si literarum similitudinem spectes facillima videbitur, et cum
maxime commendabitur externa sequentis vocabuli specie, quam duobus,
ni fallor, debet parentibus, vicino ὁπᾷ τὸν et Didymeae vocabuli antiquitus scripti explanationi. Nam ut pergamus in abstergendis vitiis
versui adspersis, ὕπατον Didymo deberi, non Pindaro, non solum metrum demonstrat pessum datum cum dactylo opus sit pro tribracho,
sed sententia etiam minus commoda, cum non *supremam* teneat sedem
Saturnus in beatorum insulis commorans, sed *extremam* in terrae, ut
diximus, oceanique confiniis. Poeta scripserat ΕΣΧΑΤΟΝ, quod ubicunque de deorum sedibus usurpatur, ὕπατον πρῶτον interpretari solent veteres interpretes. Quae sequuntur verba ἐχοίσας παῖς θρόνον
metro adversantur et verbo finito, quo iam carere non possumus, indigent. Eliminandum est παῖς, reliquorum emendatio versum priorem
invasit: ἔχει γᾶς. Denique pro Ῥέας reponendum flagitante metro ὁ
Ῥείας, ut versus 77 haec fuerit scriptura genuina:

ΠΟΣΙΣΟΡΕΙΑΣΟΠΑΙΤΟΝΕΣΧΑΤΟΝΕΧΕΙΓΑΣΘΡΟΝΟΝ

Versum praecedentem integriorem quam nos legisse veteres, cave e Di-

dymeo conicias scholio supra emendato, cum dicat ὃν ὁμάσας (?) πατὴρ πάντων ἑτοῖμον ἔχει πάρεδρον. Imo, dempto additamento *EXEI*
ΓΑΣ, quod ex posteriori versu huc intrusum fortasse jam ab Aristophane Byzantio mutatum· erat in ἔχει (μέ)γας, reponamus necesse est:

$$ONΠΑΤΗΡ[\smile\_\smile\smile]ETOIMONΑΥΤΩΙΠΑΡΕΔΡΟΝ$$

Verborum defectus vario modo tolli poterit. Si pronomen αὐτῷ, quod,
quia Didymus agnoscere non videtur, Bergkius expulit, proscribendum
est, possis: ὃν πατὴρ ἀπῴκισε θεῶν ἑτοῖμον πάρεδρον, sin in schol.
Didymeo pro πατὴρ πάντων scribendum πατὴρ αὐτῷ non incommode
conicias: ὃν πατὴρ ἔνασσέ ποτ' ἑτοῖμον αὐτῷ πάρεδρον; quamquam
haudscio an in liberiore interpretatione ὁ μέγας πατὴρ πάντων omnino
non sit haerendum. Quid multa? Alexandrini codicis unici haec fuit
manifeste lectio:

$$ONΠΑΤΕΡΕΧΕΓΑΣΕΤΟΙΜΟΝΑΥΤΟΙΠΑΡΕΔΡΟΝ$$
$$ΠΟΣΙΣΟΡΕΑΣΟΠΑ\ .\ ΤΟΝΕΣΧΑΤΟΝΕΧΕΓΑΣΘΡΟΝΟΝ$$

Alexandrini interpretes cum offensionem haberet bis positum *EXEIΓΑΣ*
vitium in altero versu latere suspicati corrigebant primum *EXOIΣΑΣ*,
suasore fortasse Aristophane Byzantio, quem priorem quoque versum
unius syllabae defectu claudicantem redintegrasse probabile est reposito
(*ME*)*ΓΑΣ*, id quod feliciter e schol. eruit C. E. Chr. Schneiderus.
Verumtamen coniecturarum istarum alteri tantum ἐχοίσας in textu locum concesserunt; alteri, quoniam plura conici posse viderent, denega-
runt, unde hodieque in libris nostris manuscriptis in v. 76 ἔχει γᾶς
mansit intactum, sed in v. 77 locum obtinet Alexandrinorum commentum ἐχοίσας. Textum poetae sic utcunque emaculatum diverso modo
explicare conati sunt. Atque Aristarchus quidem cum in priore versu
Jovem commemorari intellexisset, si scholiastae credimus πόσιος ὁ
πάντων ὁ 'Ρέας scripsit, non sine vitio metrico, si me audis πόσιος
ἀντῶν, ὁ 'Ρέας, sic interpretatus: 'quem Jupiter promptum sibi habet
assessorem, potui indulgens, filius Rheae supremam tenentis sedem.'
Didymus contra recte eodem scholiasta teste in sede illa suprema col-
locat Saturnum sed coniectura sua minus probabili admissa, ὁ παῖς
τὸν pro ὁπᾷ τὸν, male explicat: quem pater omnipotens (Saturnus)
promptum sibi assessorem habet, Opis maritus, idemque filius supremam sedem tenentis (deae, Telluris). Ex Didymi commentariis nostrum
textum invasit 1) ὕπατον, vocis ἔσχατον parum apta expositio, 2) παῖς
post ἐχοίσας explicationis caussa suprascriptum, postquam vicina verba

fere ad Aristarchi mentem conformata erant. Tot igitur tantasque turbas movit error librarii vetustissimi non admodum gravis, sive verborum in quae grassatus est ambitum spectes satis modicum, sive literarum similitudinem. Nam parum differunt (*EX*)*EΠΓΑΣ* et *ENΑΣEΠOT*. Rescribo igitur:

ὃν πατὴρ (ἔνασσέ ποτ᾽) ἑτοῖμον αὐτῷ πάρεδρον,
πόσις ὁ ῾Ρείας ὀπᾷ τὸν ἔσχατον ἔχει Γᾶς θρόνον.

h. e. quem pater, olim promptum sibi assessorem, eo deduxit, ubi Opis maritus extremum Telluris obtinet solium. ·

Ol. II 63.

οὐ χθόνα ταράσσοντες ἐν χερὸς ἀκμᾷ

Alexandrinos reperisse *ENXEPOΣ* vel *EΓXEPOΣ* constat, nec mirum haec ab iis explicari non potuisse, quae sensu cassa sint. Reiiculum est etiam, quod Mommsen in adnot. crit. p. 28 commendat et in editione exprimendum curavit ἔγχερος, somnians ille pro ἐγχειρίδιον dici potuisse ἔγχειρ (cf. Mus. Rhen. XVIII 303). Multo hoc conamine exquisitius est, quod Bergkius ed. ³ coniecit ἔγχεος (h. e. vomeris) sed longinquius petitum et Sophocli quam Pindaro convenientius. Nostri est: *EΓXPEOΣΑΚΜΑΙ* h. e. ἐν χρεὸς ἀκμᾷ pro ἐν χρεοῦς ἀκμᾷ *dira cogente necessitate*, e parallelo positum verbis sequentibus κενϜὰν παρὰ δίαιταν. Certe diphthongi correptiones Doricas ab hoc carmine non esse alienas ostendit accusativus v. 70 νάσος pro νάσους. Ceterum cf. *Λατὸς* pro *Λατόος*, *Λατοῦς* apud Ahrentem Dial. Dor. p. 238 ex decreto Amphictyonum n. 1688, 8 prolatum.

Ol. II 61.

ἴσαις δὲ νύκτεσσιν αἰεὶ
ἴσαις δ᾽ ἐν ἁμέραις ἅλιον ἔχοντες ἀπονέστερον
ἐσλοὶ δέκονται βίοτον.

Sic libri ab interpolatione immunes (cf. Mommsen. adn. crit. p. 25) nisi quod bis nonnulli δ᾽ ἐν et complures νύκτεσσιν (νύκταισιν) porrigunt. Interpolatorum lectio est ἴσον δὲ — ἴσα δ᾽ ἐν, haud dubie a correctore metrico profecta. Alterum ἴσαι δὲ manifeste e versu proxime antecedente per errorem repetitum genuinum vocabulum expulit. Certe longe aliud in libris suis habuerunt veteres commentatores ἴσον ἡμῖν τοῖς ζῶσιν χρόνον ἐπιβάλλει ὁ ἥλιος καὶ τοῖς ἐν ῞Αιδου δικαίοις κτλ. §φησὶν οὖν ὅτι τοῖς ζῶσιν ἡμῖν τὸν ἴσον χρόνον ἐπιτελεῖ καὶ τοῖς ἐν ῞Αιδου ἀγαθοῖς ὁ ἥλιος καὶ τόπον ἔχουσι τοιοῦτον καθ᾽

ὃν ἐπιλάμπει αὐτοῖς ὁ ἥλιος, ἀπονέστερον δὲ ἡμῶν διάγουσι χρόνον.
Explanant sane ἄλιον ἔχοντες sed pro ἴσαις δὲ — αἰεὶ — ἐν ἀμέραις, si qua paraphrastae fides habenda, invenerunt ἴσον δὲ — ἄμμι
— ἐφαμέροις et pro altero ἴσαις δὲ certissime χρόνον, qualis men-
surae vocabulum aliquod metrica ratione requiritur. Verum tamen cum
non intellegatur, quomodo haec in nostrorum librorum lectionem abire
potuerint multo etiam minus perspicuam, satius videtur utraque scriptura
sic reconciliata:

> ἴσαις δὲ νύκτεσσιν ἄμμι
> χρόνον ἐν ἀμέραις* ἄλιον ἔχοντες

iterum in loci sententiam inquirere. Sermo est de sceleratorum justo-
rumque hominum in vita et post mortem condicione. Justos affirmat
et inter vivos et apud inferos degere vitam malis multo iucundiorem,
sceleratorum poenam horrendam aspectu esse. Verum non hoc solum
dicit, hominum qui inter vivos iustitiam coluerint, apud inferos etiam
non molestam esse sortem, sed contendit insuper, si quis apud manes
iustum se expromserit, hunc post certum aliquod temporis spatium revi-
viscentem sub Jovis imperio vita aerumnis libera gavisurum esse. Necesse enim est similem sibi iustorum condicionem animo formaverit
poeta sceleratorum sorti, quos docuit facinorum in vita commissorum
poenas post excessum luere apud umbras, scelerum vero in Orco per-
petratorum post reditum in vitam. Itaque νύκτεσσιν i. q. caliginosa
apud inferos nox, ἐν ἀμέραις i. q. supra dixit ἐν τᾷδε Διὸς ἀρχᾷ.
Nec latere potest, quorsum spectans has noctes ἴσας ἄμμι dixerit.
Premit quidem iustos defunctos nox, non tamen ut sceleratorum turba
Orci tenebris involvuntur densissimis, sed tenebris ad caliginem simi-
libus iis quibus nos in mundo superiore degentes noctu premimur.
Brachylogia est notissima ἴσαις νύτεσσιν ἄμμι pro νυξὶ ταῖς παρ'
ἡμῖν νυξὶν ἴσαις. Quid vero est, quod iustos habere dicit νύκτεσσιν
ἐν ἀμέρᾳ ϑ' (sic enim nunc apparet corrigendum esse)? Ἄλιον in-
quiunt, alium tamen quam vulgo sic dictum. At noli credere asserentibus. Tu potius audi Pindarum ipsum respondentem χρόνον eos habere, ac χρόνον quidem ἄλιον vel potius ΙΛΑΟΝ, ut poetam scripsisse
apertum est. 'Boni, inquit, minus laboriosam degunt vitam, propitium
habituri et illud tempus, quod apud inferos commorantur, nocte obvo-
luti propter vitam sub Jove iustè peractam nostris noctibus non cali-
ginosiore, et illud, quod revicturi diemque visuri iterum permetientur

in mundo superiore postquam sceleris puri vixerunt apud umbras.'
Verba χρόνον ἵλαον opponuntur verbis ἐχϑρᾷ ἀνάγκᾳ. Ἄμμι postquam feliciter χρόνον ἵλαον restituimus, necessarium videtur ut ἴσαις
explicari commode possit. Si quis retinere αἰεὶ voluerit, is aut ἴσᾳ
reponere debebit, ut sit *pariter*, *aeque propitium*, aut ἴσαις ποιναῖς,
ψήφοις intellegere ut sit *aequa mercede propitium*. His expositis elucet
archetypum exhibuisse talia fere:

ΙΣΑΙΣΔΕΝΥΚΤΕΣΣΙΝΑΜΜΙ
ΧΡΟΝΟΝΕΝΑΜΕΡΑΙΘΑΛΙΟΝΕΧΟΝΤΕΣ

Pyth. XII 11.

Περσεὺς ὁπότε τρίτον ἄνυσσε κασιγνητᾶν μέρος
εἰναλίᾳ Σερίφῳ λαοῖσι τε μοῖραν ἄγων.

Libri αὖσε, ἄυσε, ἄϋσε. Schol. Διχῶς ἢ ἄνυσεν ὅ ἐστιν ἀνυσϑῆναι
ἐποίησεν, ἢ ἄυσεν ἀντὶ τοῦ ἐκραύγασε καρατομουμένη. Hinc Böckhius, quem reliqui editores secuti sunt, ἄνυσσεν correxit, ad sensum
optime, prava tamen ni fallor lectione deceptus. Inepta enim verbi
ἄνυσεν est explicatio ἀνυσϑῆναι ἐποίησεν (cf. Pyth. X 99 p. 415
ζεῦξεν] ζευχϑῆναι ἐποίησεν) aptissima futura, si leni medela εὐνα-
σϑῆναι ἐποίησεν adhibita retuleris eam ad εὔνᾱσεν: διχῶς· ἤυνα-
σεν κτλ. Nimirum cavere volebat scholiasta, ne quis ΕΥΝᾹΣΕΝ ab
εὐνάω derivandum confunderet cum εὔνᾱσεν. Schol. Lycophr. 1313
εὐνάσας· φονεύσας. Quamquam fortasse ne hoc quidem scripserat
ipse Pindarus, sed ΑΜΠΑΥΣΕΝ i. e. ἀνέπαυσεν *interfecit*, quo vocabulo et ipso καρατομουμένῳ remansit in libris nostris ex archetypo
propagatus error αυσεν. –– In v. 12 Böckhius ut metro consuleret εἰναλίᾳ τε Σερίφῳ λαοῖσί τε, rectius Mommsenius εἰναλίᾳ Ϝε proposuerunt, non intellegentes id, quod optime Bergkii sagacitas perspexit,
vitium inesse etiam in verbis λαοῖσί τε. Nam λαοῖσί τε non agnoscunt scholia, quorum haec est interpretatio ἐν (hoc delendum) τῇ ϑα-
λασσίᾳ Σερίφῳ μοῖραν καὶ ϑάνατον κομίζων τὸ τρίτον μέρος τῶν
Γοργόνων. Haec qui scripsit dubitari nequit quin μοῖραν invenerit
quod ϑάνατον reddit, et praeterea ante oculos habuerit pronomen aliquod ad μέρος referendum, quod sane Ϝέ fuit a Mommsenio restitutum,
non extrinsecus tamen inferendum sed resuscitandum ex ΤΕ. Concidit igitur Bergkii conjectura licet speciosissima λάσατο (λήϊσατο)
pro ἐκτήσατο. Pro ΛΑΟΙΣΙ quid scripserit poeta certo sciri nequit,

sed elocutione eum periphrastica usum esse, mihi quidem persuasissimum est. Temptaverim

ΕΝΑΛΙΑΙ[ΣΙ]ΣΕΡΙΦΟΠΛΑΞΙϜΕΜΟΙΡΑΝΑΓΟΝ.
εἰναλίαισι Σερίφου πλαξί Ϝε μοῖραν ἄγων.

Isthm. I 26.

οὐ γὰρ ἦν πένταθλον, ἔτ᾽ ἀλλ᾽ ἐφ᾽ ἑκάστῳ

Sic Bergk. ed. ³ Ac πένταθλων scripti libri et impressi omnes quamvis dissidentes in reliquis. Nam ἦε̄ BB, ἦς D, DD, ἦς D. Syllabae defectum sanarunt Boeckhius (Dissen) et Mommsen scribendo alter ἦν πεντάθλιον alter dubitanter admissa epica forma ἦεν πεντάεθλ᾽ ἀλλ᾽. Atque ἦν πω πεντάεθλ᾽ ἀλλ᾽ praeceperat Th. Bergk. ed. ² in quo πω debetur codicibus recensionis Thoman. Tricl. ε᾽ζ᾽. At audiendus potius erat schol. ἀλλὰ διαλελυμένως (alter ἰδιάζων) καὶ ὁ στέφανος ἦν. Schol. Apoll. Rhod. IV 1099 τὸ δὲ πένταθλον οὔπω ἦν ἀλλ᾽ ἰδίᾳ ἓν ἕκαστον τῶν ἄθλων ἤθλουν; quibus ducimur ad lectionem

ΠΕΝΤΑΘΛΟΝΕΟΝΔΕΦΕΚΑΣΤΟΙ

Hesych. ἑά· ἴδια ἑόν· ἴδιον.

Isthm. IV 3, 46.

τόλμᾳ γὰρ εἰκὼς
θυμὸν ἐριβρεμετᾶν θηρῶν λεόντων
ἐν πόνῳ. μῆτιν δ᾽ ἀλώπηξ

De loco hoc sat multis vv. dd. coniecturis lacessito ego sic statuo, reliqua verba sanissima esse sed vitio affectum voc. θυμόν. Quamquam enim non nego verba etiam sic strui posse: εἰκὼς γὰρ (ἔστι κατὰ) θυμὸν τόλμᾳ λεόντων, h. e. λέουσιν, tamen ῥῆμα mihi videtur requiri. Proinde conieci ΘΥΝΕΝ h. e. ὦρμα et explico ἐν πόνῳ ὦρμα κατὰ τὴν τόλμαν τόλμᾳ λεόντων εἰκὼς, τὴν δὲ μῆτιν ἀλώπηξ ἦν. Neminem enim fugere poterit de industria τόλμα et μῆτιν in ipsis enunciati membrorum initiis a poeta posita esse ut statim cognosceretur audaciam et consilium virtutes dici Melisso proprias; quare, si quis θυμὸν mutare noluerit, huic certe τόλμαν γὰρ εἰκὼς θυμῷ scribendum erit, quod ipsum scholiastarum aliquis coniectura assecutus est: dicit enim: Τελεσιάδῃ τῇ προθυμίᾳ ὅμοιος ὢν ἐν μὲν τοῖς πόνοις τοιοῦτος ἦν τὴν τόλμαν οἷον οἱ λέοντες ἐν θηρσίν. Nam quo jure Bergkius in ed. ³ ex eodem scholio eruat Τελεσιάδα τολμᾷ γὰρ εἰκὼς non intellego. Verbum requiri etiam Dissenius (et Bulle) vidit, qui propterea θηρᾷ coniecit: an Kühnheit ähnlich *erjagt* er im Kampfe den Muth der brüllenden Löwen. At recte habere ϑηρῶν, exempla a Bergkio collecta, satis evincunt, neque aliud interpretes antiqui ante oculos habuerunt. De τόλμα cf. Pyth. V 117, X 24. De Hermanni interpretatione et Meinekii conjectura εἴκων, Böckhio probata, scite judicabat Dissenius.

Ol. XIV 8.

οὔτε γὰρ ϑεοὶ σεμνᾶν Χαρίτων ἄτερ
κοιρανέοντι χοροὺς οὔτε δαῖτας

Libri omnes cum metrico vitio, quod removere studebat Kayserus emendando ἀγνᾶν. Respondet sane tum strophicus 'versus ad amussim antistropho: σεῦ Ϝέκατι μελαντειχέα νῦν δόμον sed leniori uti possumus medela: οὐδὲ γὰρ ϑεοὶ ΕΜΠΛΑΝ Χαρίτων ἄτερ h. e. ὅλως γὰρ οὐδὲ ϑεοί. Nugatur Mommsen p. 196.

Ol. XIII 113.

μάσσον᾽ ἢ ὡς ἰδέμεν

omnium librorum lectio est. Pro Ϝιδέμεν aperte corrupto Hartungo placet ἀριϑμεῖν, Bergkio τιϑέμεν quod dictum esse vult pro ψῆφον τιϑέναι rationem subducere. Poetae sunt, ni fallit animus:

μάσσον᾽ ἢ ὡς ὐδέμεν

quibus apta est scholiorum quoque expositio μείζονα λόγου παντὸς καὶ πάσης γνώμης νικητήρια. Verto: et per totam Graeciam inquirens maiora invenies, quam quae per carmina deducere possis. Derivandum autem ὐδέμεν ab ὐδέω ($\cup\cup\_$) non ab ὕδω ($\_\_$). Ejusdem epinicii v. 107: ὅσα τ᾽ Ἀρκάσιν ἀνάσσων μαρτυρήσει Λυκαίου βωμὸς ἄναξ lectio est, non ferenda sane, sed aliter quam factum hucusque est emendanda. Scholiorum explanatio haec est: ὅσα τ᾽ ἐν Ἄργεῖ δὲ καὶ ἐν Θήβαις ἄλλα. καὶ ἐν Ἀρκαδίᾳ δὲ ὅπως δεσπότης γέγονε τοῦ στεφάνου, ὁ βωμός ἐστι μάρτυς ὁ τοῦ Λυκαίου Διὸς καὶ ἡ ἐκεῖ ἀγομένη πανήγυρις. ἐκεῖ γὰρ νικήσας ἐστέφϑη. Attulit Bergkius quoque ut eliceret Ἀρκάσι ϑαλλῶν ἄναξ, sed mox ipse respuit et proposuit longe alia τὰ δ᾽ ἐν Ἀρκάσιν ἔργα μαρτυρεῖ σφιν, ne quis illud de Xenophonte solo acciperet. Mommsenius quae in adnot. crit. p. 188 protulit ἆσσον coniciens vereor ut cuiquam persuadeat. 'Testificabitur, inquit Pindarus, ara, Lycaei montis regina (culmen), *coronas* apud Arcades victrici Oligaethidarum genti datas.' Legendum igitur ΑΡΚΑΣΙΝΑΝΘΕΟΝ. Ἄνϑεον simili errore in ἀνάσσων abiit, ut ap. Hesych. ΑΝΑΘΕΗΝ: βασιλίσσης scriptum pro ἀνάσσης.

Ol. III 17. 18.

δῆμον ῾Υπερβορέων πείσας λόγῳ
πιστὰ φρονέων Διὸς αἴτει πανδόκῳ
ἄλσει σκιαρόν τε φύτευμα ξυνὸν ἀνθρώποις στέφανόν τ᾽ ἀρετᾶν.

Haec verba gravissima traxerunt vitia. Nihil tamen quod ad persananda eâ usui esse possint aut libri mss. conferunt in *ΑΙΤΕΙ* cum Eusthath. 381, 27 Greg. Cor. p. 219 consentientes aut scholia quae et *πιστὰ φρονέων* inepte explicant et jam veteres interpretes in *ἄλσει* et *στέφανον* (*στεφάνων*) haesisse significant. Primus aliquid lucis attulit Koenius *῎Αλτει* delitescere suspicatus quod ipsum in cod. reg. Greg. Cor. l. c. exhiberi referunt. Contra a vero prorsus aberrabat Bergkius in epecdosi, existumans, vocis *῎Αλτει* explicatione *ἄλσει* in margine adscripta vocabulum aliquod haustum esse velut *δοῦναι* | *σκιαρόν*. Testari quidem videtur schol. p. 96, 28 *πείσας τὸν δῆμον τὸν ῾Υπερβορέων δοῦναι τὸν κότινον*, sed hoc merum est schol. additamentum explicandi gratia assumptum. Ac rediit ipse Bergkius [3] ad vulgatam scripturam *αἴτει* et *ἄλσει*, ut *αἴτει* (modo integrum sit) idem valeat atque *ἐζήτει*. Quod quamquam probari nequit hoc tamen recte animadvertit vir doctissimus a v. 16 novum enunciatum non incohari, sed contra veterum recentiorumque interpretum opinionem, stigmen post *λόγῳ* demum collocandam esse. Ab utraque hac observatione profectus reliqua ego sic procuranda esse censeo:

ΠΛΕΙΣΤ᾽ . ΟΦΡΑ ΝΕΟΝ ΔΙΟΣ ΑΛΤΕΙ ΠΑΝΔΟΚΩΙ
ΘΑΛΛΟΙ ΣΚΙΑΡΟΝΤΕ ΦΥΤΕΥΜΑ, ΞΥΝΟΝ ΑΝΘΡΩΠΟΙΣ,
κτλ.

Hoc dicit: asportavit quondam Amphitruoniades decus oleastri ab umbrosis Istri fontibus monumentum futurum Olympiae pulcherrimum certaminum, populo Hyperboreorum, Apollinis cultore, persuaso, eo consilio ut oleastellus ille hyperboreus Alti, Jovis nemori hospitali, novum umbrosumque germen procrearet, utile hominibus, et virtutum coronam. *Ξυνὸν* enim *ἀνθρώποις* dicit oleastrum Olympium, quod umbra sua refrigerat ludos spectantium multidinem. *Πλεῖστα λόγῳ πείσας δᾶμον* Hercules dicitur, quia Hyperborei precibus ipsi fatigandi erant assiduis, ut voti compos fieret. *Πιστὰ* tum demum parta est lectio, postquam

Πλεῖστ᾽ ὄφρα νέον in
πλεῖσταφρονέων   abiit.

Θάλλοι post paucorum versuum interstitium repetitum nihil offensionis habet nisi praeoptes ἄλδοι. Restant in eodem carmine alii loci tres, quae emendatricem manum expectant. Statim ab initio vulgatur v. 4:

> Μοῖσα δ' οὕτω ποι παρέστα μοι νεοσίγαλον εὑρόντι τρόπον
> Δωρίῳ φωνὰν ἐναρμόξαι πεδίλῳ

nisi quod in uno C est πον in perpaucis libris τοι, item in uno D παρέσται μοι. Neque aliud tractabant scholiastae, licet aliam alius inde sententiam elicientes. Videtur quidem unus aliquis intellexisse imperativo opus esse (οὕτω μοι ἐρχέσθω ἡ Μοῦσα), at vix invenerit, quod contra linguae consuetudinem proposuerunt nonnulli, παρίστα, cum metrum non admittat Μοῖσα, σὺ δ'. — Adscivit παρίστα Theodorus Bergkius quoque, sed mutatis simul verbis δ' οὕτω ποι in Τιτωποῖ (Musa Aurora) ut intellegatur una e Musis fluviatilibus quarum mentio fit in Epicharmo Tzetzae ad Hesiod. Opp. p. 23 ed. Gaisf. Lenior medela placuerat Mommsenio p. 39. 40: Μοῖσα δ' οὕτω μοι παρεστάκοι (sic adstet mihi Musa) quem non fugisset μοι παρέστα in schol. et lemmate scholl. exhiberi. Sed praestabunt Mommseniano commento etiam alia faciliora. Fuit cum suspicarer:

> Μοῖσα δ' οὕτω — ποῖς γὰρ ἔπτα μοι νεοσίγαλον εὑρόντι τρόπον; —
> Δωρίῳ et q. s.

coll. schol. ὅπως διοδεύσω διὰ τοῦ Δωρίου μέλους. Fingere enim poterat poeta vereri se ne praeludium suum diutius moratum esset auditorum spem avidius hymnum ipsum exspectantium, ac poterat hinc, post primores ejus versus, indicaturus iamiam Dorio rhythmo carmen peroratum iri, tanquam excusabundus inferre verba: quo enim evolavit mihi Musa novorum modorum inventione elata? Sed nunc praefero haec:

> Μοῖσα δ' ἀλλά μοι πάρες γ', ἁρμοῖ κτλ.

Tu vero o Musa concede mihi, qui commodo novum commentus modum sim, sic ut adaptem vocem Dorico cothurno. Hesych. vol. I p. 284, 7323 ἁρμοῖ· ἀρτίως προσφάτως, qua voce etiam alibi Pindarum usum esse constat ex Eustath. prooem. Pind. p. 12. Cf. Ahrent. Dial. Dor. p. 385. Una igitur literula P omissa fraudi fuit interpretibus.

Alius locus controversus est v. 25:

> δὴ τότ' ἐν γαῖαν πορεύειν θυμὸς ὥρμαιν'
> Ἰστρίαν νιν

ubi Alexandrinum exemplar habuisse apparet:

$$\Pi OPEYEN\Theta YMO\Sigma OPMAIN$$

Quod literis cursivis sic erat exarandum $\pi\acute{o}\varrho\varepsilon\nu\varepsilon\nu\ \vartheta\nu\mu\grave{o}\varsigma\ \acute{o}\varrho\mu\tilde{q}\nu$, h. e. $\pi\acute{o}\varrho\varepsilon\nu\varepsilon\nu\ \alpha\grave{v}\tau\grave{o}\nu\ \vartheta\nu\mu\grave{o}\varsigma\ \tilde{\omega}\sigma\tau\varepsilon\ \acute{o}\varrho\mu\tilde{\alpha}\nu\ \varepsilon\acute{\iota}\varsigma\ \gamma\tilde{\eta}\nu\ \text{'}I\sigma\tau\varrho\acute{\iota}\alpha\nu$. Da kam ihm die Reiselust sich aufzumachen ins Istrosland. Nam non audiendus hic Mommsenius in adnot. crit. p. 42 ad linguistarum artificia delapsus. Nos etiam optimi codicis lectiones $\tilde{\omega}\varrho\mu\alpha$ hic exhibentis magni facimus, sed non dubitamus repudiare ubi absonae sunt. Denique vitium alit v. 38:

$$\grave{\varepsilon}\mu\grave{\varepsilon}\ \delta'\ \tilde{\omega}\nu\ \pi\tilde{\alpha}\ \vartheta\nu\mu\grave{o}\varsigma\ \grave{o}\tau\varrho\acute{v}\nu\varepsilon\iota\ \varphi\acute{\alpha}\mu\varepsilon\nu\ \text{'}E\mu\mu\varepsilon\nu\acute{\iota}\delta\alpha\iota\varsigma$$
$$\Theta\acute{\eta}\varrho\omega\nu\iota\ \tau'\ \grave{\varepsilon}\lambda\vartheta\varepsilon\tilde{\iota}\nu\ \varkappa\tilde{v}\delta o\varsigma\ \varepsilon\mathring{v}\ddot{\iota}\pi\pi\omega\nu\ \delta\iota\delta\acute{o}\nu\tau\omega\nu\ .T\nu\nu\delta\alpha\varrho\iota\delta\tilde{\alpha}\nu.$$

ubi $\pi\tilde{\alpha}$ libri plerique cum scholl. et gloss. — Bergk.[3] $\grave{o}\mu\varphi\grave{\alpha}\ \vartheta\nu\mu\grave{o}\nu$ commendat, sed proprius mihi a vero afuisse videtur in epecdosi, ubi $\pi\tilde{\alpha}\varsigma$ suaserat. Instituta sententia postulat ut $\Pi\hat{\Lambda}N$ reponamus, quod ipsum haud dubie archetypus voluit $\Pi\Lambda$ porrigens, cum $\varkappa\tilde{v}\delta o\varsigma$ iungendum. *Me igitur,* inquit, *impellit animus ut dicam, omnem Emmenidis et Theroni gloriam a Tyndarei sobole venisse, certaminis Olympici administratoribus.* Mommsenium in adnot. crit. p. 45 sq. $\tilde{\omega}\nu\ \pi\varrho$ tueri, non miramur.

Ol. VI 62.

$$\grave{\alpha}\nu\tau\varepsilon\varphi\vartheta\acute{\varepsilon}\gamma\xi\alpha\tau o\ \delta'\ \grave{\alpha}\varrho\tau\iota\varepsilon\pi\acute{\eta}\varsigma$$
$$\pi\acute{\alpha}\tau\varrho\iota\alpha\ \mathring{o}\sigma\sigma\alpha,\ \mu\varepsilon\tau\acute{\alpha}\lambda\lambda\alpha\sigma\acute{\varepsilon}\nu\ \tau\acute{\varepsilon}\ \nu\iota\nu\cdot\ \mathring{o}\varrho\sigma o\ \tau\acute{\varepsilon}\varkappa o\varsigma$$

$\nu\iota\nu$ e melioribus libris pro $\mu\iota\nu$ restituit Mommsenius, sed in vitioso $\mu\varepsilon\tau\acute{\alpha}\lambda\lambda\alpha\sigma\varepsilon\nu$ conspirant libri et scholia. Explicare quidem conati sunt Thierschius, Böckhius et Dissenius aut ita ut vox per noctis tenebras tendens ad filium dilectum dicatur quaerere eum per intervallum licet non permagnum allocuta, aut ita, ut Apollinis vox dicatur commonitione sua in Elidem transtulisse ($\mu\varepsilon\tau\acute{\omega}\varkappa\iota\sigma\varepsilon\nu$). At non persuaserunt aliis quorum ariolationes videsis apud Bergk.[3] p. 47 et Mommsen. adnot. crit. p. 59. 60. Bergkius ipse sagaciter ut solet $\mu\varepsilon\tau\alpha\lambda\lambda\acute{\eta}\xi\alpha\nu\tau\acute{\iota}\ Fo\iota$ proposuit nisi scribendum sit $\mathring{o}\sigma\sigma\alpha\cdot\ M\varepsilon\tau\alpha\lambda\lambda\tilde{q}\varsigma\ \grave{\varepsilon}\varsigma\ \tau\acute{\iota}\ \nu\acute{v}\ \mu'$; Melius fuerit prius, cum Apollo Jamum diserte dignitatem aliquam publicam exposcentem interrogare non possit, quid tandem quaerat: verum est neutrum. Neque placet adhuc quod ipse aliquando conieci $\mathring{o}\sigma\sigma\alpha\cdot\ \mu\acute{\varepsilon}\gamma\alpha$ $\tau\lambda\grave{\alpha}\varsigma\ \mathring{\alpha}\nu\tau\alpha\ \nu\nu\nu\ \mathring{o}\varrho\sigma o\ \tau\acute{\varepsilon}\varkappa o\varsigma$ cum unius literae adiectione, in archetypo omissae, persanari locus possit. Corrigo:

$$\pi\acute{\alpha}\tau\varrho\iota\alpha\ \mathring{o}\sigma\sigma\alpha,\ ME\Gamma\Lambda MN\Lambda\Sigma ENTE\ \nu\iota\nu\cdot\ \text{'}O\varrho\sigma o\ \tau\acute{\varepsilon}\varkappa\nu o\nu.$$

h. e. ἄμνασεν, ἀνέμνησεν, magna voce commonefecit eum sic affatus.
Minoris operae est corrigere Ol. VI 54: ἀλλὰ

κέκρυπτο γὰρ σχοίνῳ βατίᾳ τ᾽ ἐν ἀπειράτῳ

ubi ἀπειράτῳ scholiorum est lectio et librorum meliorum nonnullorum,
ἀπείραντῳ reliquorum complurium. Neutrum leges metricae admittunt,
quamquam scio aliter judicare Bergkium. Reponendum *AKHPATΩI*.
Quemadmodum enim prata intonsa Graecis audiebant λειμῶνες ἀκή-
ρατοι, rubetum etiam impervium apte dici poterat βατία ἀκήρατος.
Eiusdem carminis locus variis doctorum coniecturis tentatus est v. 15:

ἑπτὰ δ᾽ ἔπειτα πυρᾶν νεκρῶν τελεσθέντων Ταλαϊονίδας
εἶπεν ἐν Θήβαισι τοιοῦτόν τι Ϝέπος

Emendavit quidem nuper Bergk. ³ τ᾽ ἐδεσθέντων, quod aliis periculis
criticis longe profecto praeferendum tamen ut verum putem adduci non
possum ideo quod cum veterum interpretum explicationibus consociari
nequit. Schol. p. 133 Bckh. τελεσθέντων] ἐπισωρευθέντων ἤτοι
καταριθμηθέντων ἵνα τὸ ἑξῆς τοῦ λόγου οὕτως ἔχῃ: κατα-
ριθμήσας γὰρ ὁ Ἄδραστος τοὺς νεκροὺς καὶ λείποντα τὸν Ἀμφιάραον ὁρῶν: p. 132: ὅτε συνηθροίσθησαν οἱ τῶν ἑπτὰ πύ-
λων (πυρῶν Böckh) νεκροὶ ἐν Θήβαις καὶ ἐγένοντο ζ᾽ πυρκαιαί.
Cave credas his postremis subesse lectionem πυλᾶν νεκρῶν ἁλισθέν-
των. Imo neuter scholiastarum aliud quicquam reperit, quam πυρᾶν
νεκρῶν τε *ΛΕΧΘΕΝΤΩΝ* cujus solemnis interpretatio est καταριθμηθέντων. Itaque nostrorum librorum lectio τελεσθέντων doctam nescio
cuius exhibet coniecturam, cuius sensum recte quidem perspexit Ludolf
Dissenius vertens igni consumptis septem rogorum corporibus, sed cuius
non tanta esse debet auctoritas ut ab ea proficiscatur loci emendatio.
In transversum egit veteres etiam librorum suorum lectio truncata
ΛΕΧΘΕΝΤΩΝ, nos non diu morabitur, qui noverimus saepissime in
archetypo Alexandrino literarum omissione peccatum fuisse. Pindarus
scripserat: *ΦΛΕΧΘΕΝΤΩΝ*. Mommsenio hic, ut aliis locis permultis,
nimia religio obfuit, cum τελεσθέντων de componendis mortuorum corporibus non de mortuis igni absumptis intellectum vult.

Ol. VII 64.

θεῶν δ᾽ ὅρκον μέγαν
μὴ παρφάμεν

Frustra quaesitum est quid sit παρφάμεν vel παρφέμεν quod tribus
in libris reperiri testatur Mommsenius. Responsum quidem est voca-

bulo vim inesse *simulate dicendi* non *ex animi sententia* (Pind. Pyth.
IX 43). Atqui longe aliud requirit instituta sententia nec dubitari
poterit, quin locus iam antiquitus fuerit depravatus. Eadem Bergkii
est opinio, recte Aristarchi commentum $\vartheta εοὺς$ aspernati, quamquam,
qui $παρφάμεν$ volet explicare, non poterit non ad eiusdem Aristarchi
coniecturam confugere: $ἀντεῖναι, \vartheta εοὺς δ' ὅρκον μέγαν$ (sc. $ἀνατεῖ-$
$ναι$), $μὴ παρφάμεν$ (sc. $Δία$), $ἀλλὰ κτλ.$ ut sit: iussit Lachesin manus
tollere, deos vero vocem tollere iurantes per paludem Diis iurandam,
Jovis suffragium sese non esse dissuasuros, sed una cum Jove adnuturos.
Nam altera interpretum ratio $μὴ ἀπατῆσαι, μὴ παραλογίσασθαι τουτ-$
$έστιν ἐπικυρῶσαι τὸν τῶν \vartheta εῶν ὅρκον$ prorsus ferri nequit. Verumtamen a diis nil omnino impetraturus fingitur Sol, sed unam Lachesin
iubet manus tollere, et adnuere sibi id quod Jovem etiam sibi ad nu-
turum esse sperat, ut insula in lucidum aërem emissa deinceps sibi
munus obveniat. Fidem habiturus est, si Parca in formula pronun-
cianda manus sustulerit, iuramento per Stygias undas opus esse negat,
modo Parca et Jupiter Rhodum ipsi capite adnuerint. Unice verum
igitur censeo: $μὴ ΠΡΟΣΘΕΜΕΝ$, quocum conf. e. c. Liban. IV p. 829,
45 $καὶ ὅρκον προσέθηκα$, Lucian. de conscr. hist. c. 14 vol. II p. 19
$ὅρκον ἐντιθέναι συγγράμματι$.

Supersunt in eodem carmine etiam alia quae male me habeant.
Veluti in v. 45 qui nunc ita scribitur:

$$καὶ παρέλκει πραγμάτων ὀρθὰν ὁδὸν$$
$$ἔξω φρενῶν$$

sententiam parum commodam removit quidem Bergkius [3] coniectura
sua $ὀρθᾶν ὁδῶν ἔξω φρένας;$ sed remanet etiamsic difficultas. Nam
ut mittam $φρένας$ non admodum probabiliter reponi, offendit $πραγμά-$
$των$ eo sensu admissum, quo $πρακτέων$ *rerum gerendarum* exspectaveris.
Suspicatus sum:

$$καὶ παρέλκει \, τ ε ρ μ ά τ ω ν, \, ὀρθᾶν ὁδῶν$$
$$ἔξω φέρον$$

ut dicat 'oblivionis nubem homines solere a scopo avertere, extra rectum
tramitem eos abripientem.' Multo difficilius est de v. 32 iudicium. Hic
in libris non interpolatis ita circumfertur scriptus:

$$τῷ μὲν ὁ Χρυσοκόμας εὐώδεος ἐξ ἀδύτου ναῶν πλόον$$
$$εἶπε Λερναίας ἀπ' ἀκτᾶς εὐθὺν ἐς ἀμφιθάλασσον νομόν.$$

Cum verbum requiri videretur Mommsen. adn. crit. p. 75 pro $εὐθὺν,$

quod sane εὐθῦναι esse non potest, commentus est ἆραι vel ὄρσαι, quo longe praestat id quod Bergk.³ p. 54 ingeniose suasit νωμᾶν πλόον — εὐθύς. Nollem tamen sana attrectassent latitante vitio non animadverso. Repono *TEINE* pro εἶπε. *Effecit* auricomus ex adyto odorifero, *ut* navium *classis* ipsi a Lernaeo litore recto cursu *vela tenderet* ad regionem undique mari cinctam. Cave enim credas schol. p. 169 infinitivum a verbo finito suspensum hic invenisse. Nam in verbis ὁ δὲ νοῦς· εὐθῦναι τὴν ναῦν κτλ. infinitivus ille Böckhii est emendatio pro eo, quod in libris (Vrat. D) legitur εὐθύνετε. Corrigendum erat εὔθυνε τὴν ναῦν, direxit deus navem, quae satis apta est explicatio verborum τεῖνε πλόον εὐθὺν. Minus placeret εἶλε (ἴλε), quod foret: deflexit ipsi classem a litore Lernaeo ad alium cursum. Licet enim haud improbabiliter conicias εἶλε pro ἀνεῖλε sumi potuisse ab iis, qui ἔχρησε interpretati sunt (schol. p. 168), obstat tamen dialectus insolentior, cum Pindarica poscere videatur aeolicam formam ἔλσε.

Ol. X (XI) 8.

ἀφθόνητοι αἶνος Ὀλυμπιονίκαις
οὗτος ἔγκειται

Languere sentiens οὗτος Bergk ⁸ coniecit θεσμὸς ἄγκειται h. e. θησαυρὸς ἄγκειται. Sed ἄγκειται deteriorum librorum est lectio a Mommsenio merito spreta. Certam propono emendationem *ΟΥΡΟΣ* ἔγκειται, unde optima nascitur sententia, cum Agesilao per mare redeundum esset.

Pyth. II 27.

μαινομέναις φρασὶν
Ἥρας ὅτ᾽ ἐράσσατο, τὰν Διὸς εὐναὶ λάχον
πολυγαθέος·

Editiones occupat quod in libris perpaucis exstat πολυγαθέες. Mihi vitium traxisse videtur Ἥρας ex ὥρας temere contaminatum. Deperiit sane Ixio Junonem, at Pindarus periphrasi usus pulchritudine deae gaudiorum plena eum deperiisse dicit. Apud Homerum etiam Φ 450 ὧραι sunt πολυγηθέες, αἱ πολλὴν χαρὰν ἐμποιοῦσαι, apud Hesiod. Opp. 612 Bacchus πολυγηθής audit.

Pyth. II 79.

ἅτε γὰρ εἰνάλιον πόνον ἐχοίσας βαθὺ
σκευᾶς ἑτέρας ἀβάπτιστος εἰμί, φελλὸς ὣς, ὑπὲρ ἕρκος ἅλμας.

Haec cur ferri non possint docuit Bergk.³: "Offendit ὣς post ἅτε re-

petitum nec minus ἕρκος denuo commemoratum cum jam antea retium
facta esset mentio, neque ὑπὲρ ἕρκος dici poterat, sed ἕρκεος, quod
ipsum in codicibus aliquammultis lectum versui refragatur." Corrigit
igitur ἀὲ pro ἅτε, βαθὺν pro βαθύ et εἶμι pro εἰμί. Egregie, nisi
quod ἀὲ forma apud Pindarum non magis munita (cf. interpp. Pyth.
IX 88), quam βαθὺν, libris in βαθὺ conspirantibus. Suaserim:

ΚΑΤΑΓΑΡΕΙΝΑΛΙΟΝΠΟΡΟΝΕΧΟΙΣΑΣΒΑΘΥ

Nimirum in aequoreo tractu, reliqua supellectile piscatoria profundum
tenente, ego immersabilis, suberis instar, nato super superficiem sal-
suginis.

Pyth. II 82.

ὅμως μὰν σαίνων ποτὶ πάντας, ἄγ α ν πάγχυ διαπλέκει

Nihili est ἀγὰν (flexuram, caudam) quod Mommsenio placuit, neque
Hartungus non fallitur cum ἀιῶ πάντα scholiorum auctoritate confir-
mari opinatur. Verbis enim Pindaricis ἄγαν πάγχυ in scholiastae
interpretatione respondent vv. ἐπὶ πολὺ καλῶς, reliqua διανύει τὸν
βίον πλοκήν τινα ποιῶν commentantur verbum διαπλέκει. Equidem
aptiorem emendandi rationem non invenio hac: ΟΡΓΑΝ πάγχυ διαπλέκει: quamlibet personam sibi accommodat. Cf. Theognid. 214
Κύρνε φίλους κάτα πάντας ἐπίστρεφε ποικίλον ἦθος, ὀργὴν συμ-
μίσγων ἥντιν' ἕκαστος ἔχει.

Pyth. III 106.

ὄλβος οὐκ ἐς μακρὸν ἀνδρῶν ἔρχεται
ὃς πολὺς εὖτ' ἂν ἐπιβρίσαις ἕπηται.

Cum plerique vitiosa existimassent vv. ὃς πολὺς et alii aliam com-
mendassent emendationem suam, velut Dissenius παμπολὺς, Hermannus ἄπλετος Schneidewinus ἄσπετος Kayserus θεύμορος, primus ob-
servavit Bergkius πολὺς defendi proverbio vetere — ὅταν πολὺς ὄλβος
ἕπηται. Itaque lenissima mutatione scripsit ὃς πολὺς εὖ τ' ἂν ἐπιβρίσαις ἕπηται. Atqui dicendum erat, quod optime perspexit Rauchensteinius Emperii vestigia legens, felicitatem hominum, ingruentem magno
cum pondere, mortalibus non venire in tempus duraturam absque ma-
lorum comitatu. Possis igitur: εὖ, πολὺς ὅστ' ἂν ἐπιβρίσαις ἕπηται.
Vero tamen similius mihi videtur reponendum esse: ἔρχεται

οὔριος, εὖτ' ἂν ἐπιβρίσαις ἕπηται.

ut ὃς πολὺς ex εὔπλους natum sit, v. οὔριος interpretamento.

Pyth. IX 25.

Cyrenen Pindarus narrat noctu somnum capere non esse solitam, sed armenta a bestiis per muta silentia noctis irruentibus defendisse. Itaque factum ut virgo fortissima somno, dulci concubitori, matutino demum tempore vacaret, sub auroram palpebras obseranti; at ne tum quidem multum ipsi temporis impendisse, sed perexiguum. Verba vero, licet sententia plana sit, labis non sunt immunia haec:

$$\tau\grave{o}\nu \; \delta\grave{\varepsilon} \; \sigma\acute{v}\gamma\kappa o\iota\tau o\nu \; \gamma\lambda v\kappa\grave{v}\nu$$
$$\pi\alpha\tilde{v}\varrho o\nu \; \grave{\varepsilon}\pi\grave{\iota} \; \gamma\lambda\varepsilon\varphi\acute{\alpha}\varrho o\iota\varsigma$$
$$\ddot{v}\pi\nu o\nu \; \grave{\alpha}\nu\alpha\lambda\acute{\iota}\sigma\kappa o\iota\sigma\alpha \; \dot{\varrho}\acute{\varepsilon}\pi o\nu\tau\alpha \; \pi\varrho\grave{o}\varsigma \; \grave{\alpha}\tilde{\omega}.$$

Nam reliqui epodorum versus ultimi ab epitrito ordiuntur. Ac Th. Bergkius cum in nonnullis libris ὕπνον ἐπὶ et παῦρον ἀναλίσκοισα legeretur commendabat: ὕπνον — παῦρ' ἀναλίσκοισα, in quod Mommsenius etiam olim se incidisse narrat nisi quod παῦρον ἀλίσκοντα maluisset. Neutrum probari posse apparet inde, quod glossa Hesych. vol. I p. 124, 3051 nihil omnino huc faciat ad rem et παῦρ' vulgata παῦρον multo sit deterius. In mendo cubare ἀναλίσκοισα certum est, quamvis scholiis lectum. Poeta scripserat ΑΛΔΙΣΚΟΙΣΑ, h. e. suavissimum concubitorem somnum in palpebris parum alit, cum sub auroram in oculos vergit. Similiter ἀλδήσκοντες ap. Pind. Pyth. IV 173 in αἰδεσθέντες abiit.

Nem. III 62.

$$\kappa\alpha\grave{\iota} \; \grave{\varepsilon}\gamma\chi\varepsilon\sigma\iota\varphi\acute{o}\varrho o\iota\varsigma \; \grave{\varepsilon}\pi\iota\mu\acute{\iota}\xi\alpha\iota\varsigma$$
$$A\grave{\iota}\vartheta\iota\acute{o}\pi\varepsilon\sigma\sigma\iota \; XEIPA\Sigma \; \grave{\varepsilon}\nu \; \varphi\varrho\varepsilon\sigma\grave{\iota} \; \pi\acute{\alpha}\xi o\iota\tau'$$

Permire hoc interpretati sunt veteres commentatores p. 447, ita tamen ut ΧΕΙΡΑΣ ante oculos eos habuisse appareat. Vertunt enim "manus impingeret praecordiis eorum", cum deberent "manus conserens cum Aethiopibus hoc infigeret animo suo, ne Memno rediret domum." At ne huic quidem sententiae exprimendae aptum esse χεῖρας primus recte monuit Bergkius hanc periclitatus conjecturam: Αἰθιόπεσσ' ἀϑῆρας coll. Hesych. ἀϑήρ· ἐπιδορατίς. Poterat multo leniore uti medicamine: ΚΗΡΑΣ. cui simillimum est Pind. Isthm. VII 25 ᾧ πότμον ἔμιξεν Ἄρης, et Pyth. II 32 ἐμφύλιον αἷμα ἐπέμιξε ϑνατοῖς.

Nem. III 43.

$$\xi\alpha\nu\vartheta\grave{o}\varsigma \; \delta' \; \text{'}A\chi\iota\lambda\varepsilon\grave{v}\varsigma \; \tau\grave{\alpha} \; \mu\grave{\varepsilon}\nu \; \mu\acute{\varepsilon}\nu\omega\nu \; \Phi\iota\lambda\acute{v}\varrho\alpha\varsigma \; \grave{\varepsilon}\nu \; \delta\acute{o}\mu o\iota\varsigma$$
$$\pi\alpha\tilde{\iota}\varsigma \; \grave{\varepsilon}\grave{\omega}\nu \; \ddot{\alpha}\vartheta\nu\varrho\varepsilon, \; \mu\varepsilon\gamma\acute{\alpha}\lambda\alpha \; \delta' \; \ddot{\varepsilon}\varrho\gamma\alpha, \; \chi\varepsilon\varrho\sigma\grave{\iota} \; \vartheta\alpha\mu\iota\nu\grave{\alpha}$$
$$\beta\varrho\alpha\chi\upsilon\sigma\acute{\iota}\delta\alpha\varrho o\nu \; \ddot{\alpha}\kappa o\nu\tau\alpha \; \pi\acute{\alpha}\lambda\lambda\omega\nu \; \ddot{\iota}\sigma o\nu \; \grave{\alpha}\nu\acute{\varepsilon}\mu o\iota\varsigma,$$

$$\mu\acute{\alpha}\chi\alpha\ \lambda\epsilon\acute{o}\nu\tau\epsilon\sigma\sigma\iota\nu\ \mathring{\alpha}\gamma\varrho\sigma\tau\acute{\epsilon}\varrho\sigma\iota\varsigma\ \check{\epsilon}\pi\varrho\alpha\sigma\sigma\epsilon\nu\ \varphi\sigma\nu\tilde{\omega}\nu,$$
$$\varkappa\acute{\alpha}\pi\varrho\sigma\upsilon\varsigma\ \tau'\ \check{\epsilon}\nu\alpha\iota\varrho\epsilon.$$

Ita locum nunc constituit Th. Bergk. [3] p. 196 (Philol. XVI p. 593)
cum in libris sit $\varphi\acute{o}\nu\sigma\nu$ et $\mu\epsilon\gamma\acute{\alpha}\lambda\alpha\ \check{\epsilon}\varrho\gamma\alpha$. $\check{\iota}\sigma\sigma\nu\ \mathring{\alpha}\nu\acute{\epsilon}\mu\sigma\iota\varsigma$ praeceperat
Er. Schmidius deleto quod in codd. post $\check{\iota}\sigma\sigma\nu$ infertur $\tau\epsilon$. Scholiasta
cum paraphrasta quid legerint non liquet, nisi quod ille videtur $\mu\acute{\alpha}\chi\alpha\varsigma$
reperisse, hic Bergkii emendationi $\check{\alpha}\vartheta\upsilon\varrho\epsilon,\ \mu\epsilon\gamma\acute{\alpha}\lambda\alpha\ \delta'\ \check{\epsilon}\varrho\gamma\alpha$ favet. Contra
Mommsen in editione sua p. 314 a librorum lectionibus non recedit,
imo $\check{\iota}\sigma\alpha\ \tau'$ etiam e codice Gottingensi, in Nem. I—III integritate praestanti reduxit. Recte. Nam in loco difficillimo nihil omnino mutandum est praeter $\tau'\ \mathring{\alpha}\nu\acute{\epsilon}\mu\sigma\iota\varsigma$, quae tamdiu placere potuisse legentibus
per se quidem non est mirum, cum de celeritate Achillis totiens mentio
facta sit, sed hoc loco plerisque tolerabile visum esse, est sane quod
mireris, cum ad celeritatem herois, ut recte observabat Friederichs in
Philol. Vol. III, poeta versu demum 52 $\pi\sigma\sigma\sigma\grave{\iota}\ \gamma\grave{\alpha}\varrho\ \varkappa\varrho\acute{\alpha}\tau\epsilon\sigma\varkappa\epsilon$ delabatur. Fuerunt quidem qui interpunctione mutata $\check{\iota}\sigma\sigma\nu\ \mathring{\alpha}\nu\acute{\epsilon}\mu\sigma\iota\varsigma$ ad
$\check{\alpha}\varkappa\sigma\nu\tau\alpha$ referre mallent, sed iidem epitheton illud hic non otiosissimum
esse demonstrare supersederunt (Friederichs, Leutsch). Obfuit imprimis
iustae horum versuum interpretationi, quod bipartitae laudis Achilleae
partem posteriorem a v. 52 demum verbis $\lambda\epsilon\gamma\acute{o}\mu\epsilon\nu\sigma\nu\ \delta\grave{\epsilon}$ incipere non
animadverterent interpretes, licet jam a Porto quaesitum esset, quid
tandem vocc. $\tau\grave{\alpha}\ \mu\grave{\epsilon}\nu$ responderet. Unus Rauchensteinius veram perspectam habuit rationem. Poeta hoc vult: Chironis institutione, naturali pueruli indoli congrua, hoc effectum esse, ut, cum Achilles in
antro Philyrae commoratus primum res serias affectando repraesentandoque pueriliter lusisset, animique bellicosi indicia fecisset, mox Trojam
deductus hastifremum hostium tumultum sustineret. Recte igitur in
codd. deest δ' inter $\mu\epsilon\gamma\acute{\alpha}\lambda\alpha$ et $\check{\epsilon}\varrho\gamma\alpha$, quae verba, ut Schmidius adnotabat ab $\check{\alpha}\vartheta\upsilon\varrho\epsilon$ apta sunt. Cernebantur autem ludicra illa puerilia,
seriis similia in eo, quod crebro manibus vibrabat iaculum brevi cuspide munitum et sexennis puer in leonibus et apris vires periclitabatur quas postea Troiani Aethiopesque experti sunt. Ac veros quidem
leones aprosque confecisse Achillem Pindarus narrat, non fictos $\sigma\varkappa\iota\alpha$
$\mu\alpha\chi\acute{\iota}\alpha$ enecuisse, quae Schmidia perquam mira est opinio vel versu 49
refutanda, sed hostis illius, quocum in pugna simulata manus consereret,
quemque ad virtutem bellicam demonstrandam telis frequentibus lacesceret, ne imago quidem aderat, sed pueri tantum menti, qui proelium

committere sibi videretur, obversabatur. Itaque, ut diximus, Achilles ingenuam naturae indolem cum eo prodit, quod μῶλον Ἄρηος puerili hastam in simulatum hostem vibrandi lusu imitatur, tum quod ferarum sanguine gaudens re vera leones aprosque cominus concidit, strenuum bellatorem se ex intrepido venatore fore pollicitus. Quae cum ita sint primum apparet post λεόντεσσιν inserendam esse particulam copulativam, λεόντεσσι δ᾽, deinde vero dativum μάχᾳ ab ἴσα pedentem ad priorem enunciati partem retrahendum esse, denique sub ἀνέμοις latere participium ad Achillem referendum. Quod quale fuerit difficilius dictu est, sed puto fuisse ἴσα θέμενος μάχᾳ. Nam cum μάχαν τίθεσθαι sit pugnam sibi parare, videtur ἴσα θέμενος μάχᾳ recte dici posse is, qui parat sibi simile quid pugnae h. e. lusu pugnae imaginem exprimit. Suaserim igitur:

> παῖς ἐὼν ἄθυρε μεγάλα Fέργα, χεσοὶ θαμινὰ
> βραχυσίδαρον ἄκοντα πάλλων, ἴσα θέμενος
> μάχᾳ, λεόντεσσι δ᾽ ἀγροτέροις ἔπρασσεν φόνον.

Non celabo tamen lectores iniri etiam aliam viam posse, eo fortasse commendabiliorem, quod etiam dativum vocabuli corrupti servet, et ad librorum lectionem aliquantisper propius accedat. Potest enim fieri ut ipsum participium ab ἴσα suspensum, et μάχᾳ (vel si mavis μάχαις) adverbialiter dictum sit hoc modo: ἄθυρε μεγάλα ἔργα — ἴσ᾽ ἀνομένοις μάχᾳ h. e. ludendo perfecit splendida facinora, iis quae in proeliis perficiuntur aequiparanda: ἔργα ἴσα τοῖς ἐν μάχαις ἀνυμένοις. Sed praefero coniecturam priore loco positam. Leutschio in ind. lectt. Gotting. 18⁶⁵/₆₆ p. VII de h. e. disputanti accedere nequeo.

Nem. V 32.

> τοῦ δε ὀργὰν κνίζον αἰπεινοὶ λόγοι.

Sermo de Peleo est, qui Jovis hospitalis iram reveritus Cretheida incesto ipsum amore prosequentem blandisque sermonibus lacessentem recusare quam Acasti torum coniugalem temptare maluit. Er. Schmidius locum sic vertit p. 105 *huius vero animum angebant molesti sermones*, neque aliud quid voluisse poeta potest. Vereor tamen ut traditis verbis haec insit sententia, ne metro quidem iusto adstrictis. Defendi quidem hiatum vel excusari quodammodo posse adhibito digamma, quod adiectivum etiam ἀόργητος ostendere videatur, arbitrantur Mommsenius et Bergkius, sed praeoptavit etiam hic coniecturam suam τοῦ δ᾽ ὑπ᾽ cum alii τοῦ μὲν alii τοῖο δ᾽ coniecissent. At ut largiamur

Mommsenio *Foϱγάν* dici recte posse, recte tamen h. l. habere ipsum illud *ὀϱγὰν* non magis concedemus quam *αἰπεινοὺς λόγους* apte dici. Paraphrasta difficultatem tegit vertendo: *τούτου δὲ τὴν πϱοαίϱεσιν καὶ τὸν τϱόπον ἔκνιζον καὶ ἐλύπουν οἱ ἄδικοι λόγοι;* scholia denique cum interpretantur: *οἱ πϱοσάντεις λόγοι καὶ χαλεποὶ οἱ ἀντίτυποι καὶ δυσπϱόσιτοι* ipsa explicationum multitudine consilii sui inopiam arguunt. Dubitanter igitur conicio:

τοῦ δὲ κόϱζαν κνίζον ἄλπνιστοι λόγοι

h. e. *οἱ πϱοσηνέστατοι καὶ ἥδιστοι λόγοι*: pungebant pectus eius sermones suaviter blandientes. Cf. Pind. Pyth. VIII 120 IX 64 (Bgk) Isth. V 14. Isthm. VI (V) 50 *ἁδεῖα δ᾽ ἔνδον νιν ἔκνιζεν χάϱις.* Aeolicum *κάϱζα* agnoscit Herodian. EtM. 407, 21, *κόϱζα* Hesych. s. v.

Nem. IX 23.

νόστον ἐϱυσάμενοι

Heynius coll. Odyss. ψ 244 *ῥύσατ᾽ inhibebat* tuetur librorum lectionem, suaeque explicationis patronum nactus est L. Dissenium qui vertit: reditum inhibentes. Lego potius *ἐϱευξάμενοι*. Heroes in pugna cuspide vulnerati sanguinem evomunt, cum sanguine vitam, cum vita facultatem domum reditionis. Nostri poëtae talia fugiunt sane, ut tetra, sed veteres carminibus suis dedecori esse minime arbitrantur. Cf. Theocrit. ις´ 40 *ἐπεὶ γλυκὺν ἐξεκένωσαν* (*ἐξέχεαν* M. gloss.) *θυμὸν ἐς εὐϱεῖαν σχεδίαν στυγνοῦ Ἀχέϱοντος.*

Nem. X 5.

πολλὰ δ᾽ Αἰγύπτῳ κατῴκισθεν ἄστη ταῖς Ἐπάφου παλάμαις.

Ita vulgabantur haec non sine metrico vitio in syllaba octava quod non sensisse videntur schol. p. 501 sic interpretati: *πολλὰ δ᾽ ἂν εἴη λέγειν ὅπως ἐν τῇ Αἰγύπτῳ κατῳκίσθησαν πόλεις ἱπὸ τῶν τοῦ Ἐπάφου χειϱῶν.* Itaque irritus cecidisse labor videtur Hermanno hinc effingenti lectionem *Αἰγύπτῳ ὅπα ἔκτιθεν* (*Αἰγύπτῳ κάτα ᾤκισεν*). Inter coniecturas a viris doctis prolatas sat multas eminet Bergkiana *τὰ κατῴκισεν ἄστη Fαῖς Ἔπαφος παλάμαις,* sed originem vitii non explicat. Si veterum interpretum morem bene novi paraphrasta ille, cuius supra scripsi verba, invenit *πολλὰ δ᾽ Αἰγύπτῳ, Ἐπάφου παλάμαις,* et duo praeterea vocabula, quorum alterum fuit *κατοικισθέντ᾽,* alterum adhuc latet. Sed articulum *ταῖς,* in quo Bergkii coniectura nititur, non magis ille in textu reperit, quam *τῇ* ante *Αἰγύπτῳ.* Restat igitur, ut metro laboranti succuramus scribendo:

πολλὰ δ' Αἰγύπτῳ ‿‿‿‿ κατοικισθέντ' Ἐπάφου παλάμαις.
Lacunam facili negotio explebimus voce πτολίεθρα.

Nem. X 48.

καὶ Λύκαιον πὰρ Διὸς θῆκε δρόμῳ σὺν ποδῶν χειρῶν τε νικᾶσαι
σθένει.

Schol. ὃν καὶ τὸ Λύκαιον ἔθηκε χαλκὸν παρὰ τῷ τοῖ Διὸς βωμῷ τοῖς δυναμένοις νικῆσαι σὺν ποδῶν δρόμῳ καὶ χειρῶν σθένει πάλῃ καὶ παγκρατίῳ καὶ πυγμῇ. Continet quidem haec expositio ea ipsa verba omnia, quae nunc in poetae libris mss. leguntur. Haud tuto tamen inde conicias veterem commentatorem nostrum textum respicere, e quo certe non emergit verbum aliquod v. δυναμένοις illustratum. Haud scio equidem an similitudo quae nunc inter paraphrasin et textum vulgatum intercedit inde potius explicanda sit, quod poetae verba ex ipsa paraphrasi interpolata sint. Ac sedem quidem vitii scite indicavit Rauchensteinius qui δρόμοισιν pro δρόμῳ σὺν flagitat, sed medicamento commodo usus non est. Nam cum vetus interpres χειρῶν σθένει verbis πάλῃ et q. s. reddiderit (cf. Pyth. X 23 χερσὶν ἢ ποδῶν ἀρετᾷ] πάλῃ καὶ δρόμῳ) apparet δρόμῳ etiam nihil aliud esse, nisi explicationem vocis ποδῶν ab eodem σθένει suspensi. Abeat igitur in malam rem δρόμῳ illud a poeta non magis profectum, quam praepositio σὺν ipsi annexa. Quid vero in locum proscriptorum verborum illorum substitui debeat, dictu difficilius est, quamquam participii alicuius requiri dativum commentatoris verba fidem faciant. Verum tamen cum in commentariis Alexandrinorum interpretum vocis θέλειν solemnis sit illustratio δύνασθαι, dum melius succurrat aliquid, auctor tibi sim ut reponas:

καὶ Λύκαιον πὰρ Διὸς θῆκεν θέλουσιν ποδῶν χειρῶν τε νικᾶσαι σθένει.

h. e. et quod aes Lycaeum Jove donante praestitit pedum manuumque vigore victoriam adnitentibus.

Nem. XI 9.
ἀλλὰ σὺν δόξᾳ τέλος
δυωδεκάμηνον περάσαι σὺν ἀτρώτῳ κραδίᾳ.

Ita vulgatur in libris quorum auctoritate spreta Mommsenius edendum curavit νῦν δόξαι — περάσαί νιν. Bergkii duae sunt coniecturae σοὶ δόξαι — περάσαι σὺν et σὺν δόξᾳ — περάσαί σφ' ἀτρώτῳ τε κραδίᾳ. Obstat utrique, quod neque paraphrasis neque schol. agnoscunt

pronomen, cum schol. *αὐτὸν τελέσαι* intellexerit, paraphr. contra *παράσχου οὖν αὐτοῖς* exponat. Ac ne suspicemur pronomen fuisse ipsum
illud *νιν* quod Mommsen adscivit, impedimur scholiasta diserte testante
σὺν ἀτρώτῳ, unde sequitur veteres vulgatam interpretari conatos esse.
Quae cum ferri nequeat apparet iam in archetypo erratum fuisse. Si
quid auguror, liber vetustus porrigebat haec *ΔΟΣΥΝΞΑΙ* quod e coniectura mutatum in *ΣΥΝΔΟΞΑΙ* difficultates peperit, in *ΔΟΣΞΥΝΑΙ*
correctum manum poetae repraesentabit. Habes iam ab ipso Pindaro
profectum illud *δός*, quod subaudiri iubent et nostri critici, et paraphrastae *παράσχου* ansam dedit. Cf. schol. Il. *Γ* 322 *δός] παράσχε.*
ξυνᾷ] Aristagoram cum collegis suis.

Isthm. I 42 (37 Momms.).

ἀμφότερον δαπάναις τε καὶ πόνοις

δαπάναισί τε B *δαπάνεσί* D cum pedissequis. Offendebat brevis syllaba etiam Mommsenium, sed quod ipse commendat *δὴ καὶ* displicet.
Non dubito, quin *δαπάναις ἐν καὶ* revocandum sit. Eiusdem epinicii
versus 14 nunc ita scribitur:

ἀλλ' ἐγὼ Ἡροδότῳ τεύχων τὸ μὲν ἅρματι τεθρίππῳ γέρας

ἄνια τ' ἀλλοτρίαις οὐ χερσὶ νωμάσαντ' ἐθέλω κτλ.

In *τὸ μὲν* peccatum esse vidit Bergkius[3]. Corrigi iubet *ϑ' ὁμὸν* et
mox *ἄνι' ἄτ'*, quod quamquam habet quo commendetur, crediderim
tamen locum ita scriptum fuisse: *TOPON* et *ANI EN*, ut sit: At
ego Herodoto fabricans propter currum quadriiugum *clarisonum* munus,
cum habenas non alienis manibus administaverit, volo etq. 5.

Isthm. II 8.

ἀργυρωθεῖσαι πρόσωπα.

Partem veri vidit schol.[2] p. 525 a Böckhio emendatus: *ἢ (καὶ) αἱ ἀρ-
γυρίου αὐτὰς πιπράσκουσαι καὶ μισθοῦ λεγόμεναι, ἵνα δοκῇ πα-
ρέλκειν τὸ πρόσωπα.* Atqui non abundat *ΠΡΟΣΩΠΑ* sed iungendum
est cum *ἐπέρναντο* ita ut fiat adverbium *πρόσω πα*: neque venum
ibant dulces mellisonique cantus a Terpsichore argentariam faciente
peregre aliquo vecti.

Mox in v. 14 malim: *τὰν Ποσειδάων ὀπάσσαις Ξενϝοκράτει*, et
v. 11: *κτεάνων θαμὰ καὶ σφαλεὶς φίλων.*

Nem. VII 32.

τιμὰ δὲ γίγνεται

ὧν θεὸς ἁβρὸν αὔξει λόγον, τεθνακότων

βοαθόων· τοὶ (τοι A) γὰ ϱ μέγαν ὀμφαλὸν εὐϱυκόλπου
ἔμολεν χϑονός.

Schol. παϱὰ pro γὰϱ et ἔμολον pro ἔμολεν tuentur, quod unus agno-
scebat Didymus.   Tu quantocius corrige:

λόγον τεϑνακότων.

Βοαϑέων τις πατϱὶ μέγαν ὀμφαλὸν εὐϱυκόλπου
μόλεν χϑονὸς. ἐν Πυϑίοισι δὲ κτέ.

Honor contingit iis quibus defunctis deus auget famam.   Opem aliquis
ferens patri ad magnum umbilicum terrae profectus est. in Pythiis vero
campis iacet, Priami postquam urbem evertit, Neoptolemus.   Gladio
enim nec opinato apud Delphos transfixus exsolvit quidem quod fatale
fuit, sed intra delubrum vetustissimum sepultus cohabitare Apollini
heroicasque pompas ibi inspicere iure creditur.   Peraptum Neoptolemi
vides exemplum ad probandam poetae sententiam in capite antistr. β'
prolatam.   Nam necopinantem etiam hunc fata traxerunt, sed etiamnunc
honore fruitur, cum famam ipsius Delphicus auxerit deus.   Ceterum in
versibus 33 et 40. 41 inest quaesita quaedam tanquam discors con-
cordia, cuius acumen restituta a nobis lectione τις pro τοι etiam magis
persentiscimus.   Fuerunt enim qui Neoptolemum Delphos venisse ar-
guerent, ut parentis poenas ab Apolline repeteret.   Pindarus autem
consulto hac de re loquitur obscurius ita, ut non neget quidem Neoptolemum Delphos profectum esse ut interrogaret modum ulciscendi patrem Achillem, sed ut simul caussam profectionis honestiorem ponat,
quod dona de Troicis manubiis obferre deo voluerit.   Quo artificio
assecutus est ut et famae iniquioris cognitionem ostenderet, et male-
dicentiae vituperium effugeret.

Pyth. X 60.

ἑτέροισιν ἑτέρων ἔϱως ἔκνιζε φϱένας

Ingeniose Bergk. ³ ἑτεϱωνίων ἔκνιξ' ἔϱως (EM. 379, 39).   Ipse con-
ieceram ἑτέϱοις ἑτέρων ΓΕΡῶΝ ἔκνιξ' ἔϱως φϱένας.   Vetus liber
ΕΡΓῶΝ exhibuerat, quod interpretes Alexandrini voc. πϱαγμάτων
illustrant.   Mox πειϱῶντι metro infestum cedere iubeo adverbialiter
posito ἄπειϱα quo ducit schol. explicatio vel potius lectio ΠΕΙΡΑΙ.
Denique ΕΥΔΑΙΜῶΝ in v. 22 propter syllabam ancipitem suspectum
in ΕΥΔΙῶΝ mutandum est, media correpta.

Pyth. IX 62.

ταὶ δ' ἐπιγουνίδιον θηησάμεναι βρέφος αὐταῖς

Mommsenius *τὸ αὐταῖς ἐπιγουνίδιον βρέφος* coniungit, quod cum duce scholiasta se facere significat auctorem suum non intellexisse putandus est. Rectius secutus esset schol. GU. ita interpretantes *ἢ θησάμεναι τοῖς ὄμμασιν*, ut vestigia verae lectionis proderet non alterius solum sed utriusque. Hi enim aperte *ΑΥΓΑΙΣ* illustraturi erant. Plerumque sane veteres poetae oculis tribuerunt *αὐγὰς, ὀμμάτων αὐγαὶ* iungentes, sed est etiam, ubi simpliciter oculi dicantur *αὐγαὶ*, Eur. Androm. 1181 *εἰς τίνα φίλων αὐγὰς βάλλων τέρψομαι* Rhes. 737 *κατ' εὐφρόνην ἀμβλῶπες αὐγαί.* Pergit poeta:

θήσονταί τέ νιν ἀθάνατον
Ζῆνα καὶ ἀγνὸν Ἀπόλλων' ἀνδράσι χάρμα φίλοις ἄγχιστον
ὀπάονα μήλων,
Ἀγρέα καὶ Νόμιον, τοῖς δ' Ἀρισταῖον καλεῖν.

Rectissime de h. l. iudicat Th. Bergkius nihil magis praeposterum aut dici aut fingi posse, si Chiron Apollini de futuro filio vaticinatus diceret, Horae filium tuum reddent Jovem et Apollinem. Neque ego quidquam moror Athenagoram c. 14 *Κεῖοι Ἀρισταῖον τὸν αὐτὸν καὶ Δία καὶ Ἀπόλλωνα νομίζοντες.* Minus tamen prospere viris doctis cessit emendandi conatus. Nam quam priori loco proponit Bergkius coniecturam *θέσσονταί τέ νιν ἀθάνατον Ζῆνα καὶ ἀγνὸν Ἀπόλλωνα* (coll. Nem. V 9) ipse respuit ob tertium accusativum accedentem molestamque duplicis structurae confusionem, alteri vero *θέσσονταί τ' ἔμεν ἀθάνατον Ζῆνα κτὲ*, quamvis expeditior ea evadat syntaxis, obstat non solum *ἔμεν* (pro *ἔμμεν*) forma a Pindaro aliena, sed etiam *Ἀπόλλωνα* in apostrophe ad Apollinem ipsum positum. A scholiis parum exspectandum salutis, quos *Ζῆνα* et *θήσονται* legisse certum sit, licet explicationes *ποιήσουσι* et *θρέψουσι* ad *καὶ θήσοντί νιν* ducere videantur. Mihi verba sic iungenda videntur: labiis infantis nectar et ambrosiam instillabunt et facient ipsum immortalem et (efficient) ut sanctum sit viris amicis gaudium, proximus pedissequus ovium, idemque Venator et Pastoralis ab aliis Aristaeus vocitetur. Copulatis igitur verbis *θήσονταί νιν ἀγνὸν ἀνδράσι φίλοις χάρμα* apparet: *Ἀπόλλων'* non tam accusativi vice fungi, quam vocativi, ut supra *Φοῖβε*, quod ne quis metro redargui contendat adnoto, cum brevem syllabam a musicis rationibus habere excusationem, tum ne exempla quidem vocativi

'Απόλλων in ipso Pindaro deesse (Pyth. VII 10). Quae cum ita sint, Ζῆνα de vitio manifestum est. Invectus Jupiter ab iis est, qui ἁγνὸν 'Απόλλωνα iungebant et Jovem Aristaeum coli non ignorabant. Pindarus contra dixerat Horas et Tellurem *una* h. e. sociato labore, infantem puerulum nutrivisse ambrosia et coelo adseruisse. Repono:

$$\vartheta\dot\eta\sigma o\nu\tau\alpha i\ \tau\acute\epsilon\ \nu\iota\nu\ \dot\alpha\vartheta\acute\alpha\nu\alpha\tau o\nu$$

ξυνὰ, καὶ ἁγνὸν, 'Απόλλων, ἀνδράσι χάρμα φίλοις κτλ.

Emendationem habes facillimam. Nam *ZHNA* et *ΞΥΝΑ* lineola distant.

Pyth. XI 24.

$$\H\eta\ \dot\epsilon\tau\acute\epsilon\rho\omega\ \lambda\acute\epsilon\chi\epsilon\ddot\iota\ \delta\alpha\mu\alpha\lambda\iota\zeta o\mu\acute\epsilon\nu\alpha\nu$$
$$\H\epsilon\nu\nu\upsilon\chi o\iota\ \pi\acute\alpha\rho\alpha\gamma o\nu\ \kappa o\H\iota\tau\alpha\iota;$$

In optimo libro Ursini solo exstat δαμαζομέναν; reliqui invito metro quod supra posuimus exhibent. Hinc Bergk. ² effecit λέχρι δαμαλιζομέναν, sed idem in ed. ³ mutata sententia commendat λέχεϊ δακναζομέναν. Nam poeta, inquit, dicere volebat, Clytaemnestram quoniam Agamemnonis pellicem oderit hoc facinus commisisse. Mihi πάραγον suadere videtur, ut priorum interpretum sententiam amplectamur, quam Dissenius etiam sequitur: an alieno toro domitam nocturni seduxerunt amplexus. Haud scio igitur an scripserit poeta:

ΛΕΧΕΙ ΘΑΜΙΖΟΜΕΝΑΝ

Hesych. θαμίζεται· ὁμιλεῖ. Schol. μισγομέναν. EM. 445, 33 καὶ τὸ θαμίζειν· ἐγγίζειν.

Ol. II 95.

$$\dot\alpha\lambda\lambda'\ \alpha\H\iota\nu o\nu\ \dot\epsilon\pi\acute\epsilon\beta\alpha\ \kappa\acute o\rho o\varsigma$$
οὐ δίκᾳ συναντόμενος. ἀλλὰ μάργων ὑπ' ἀνδρῶν
τὸ λαλαγῆσαι θέλων κρύφον τε θέμεν ἐσλῶν καλοῖς
ἔργοις. ἐπεὶ κτέ.

Sic edi iusserunt Mommsen. adn. crit. p. 38. 39 et Th. Bergkius partim ex Aristarchi coniectura, cum in codicibus esset mira lectionis discrepantia κρύφιόν τε θέμεν ἐσλὸν κακοῖς ἔργοις. Atque *ΚΡΥΦΟΝ*, quod κρύψιν ἀφανισμόν significare volunt interpretes, Aristarchum commendasse ut metrum procuraret, certum est; eidem vero *TE* deberi minime constat. Suspicor potius archetypi lectionem *ΚΡΥΦΙΟΝ ΘΕΜΕΝ* ab Aristarcho metro accommodatam esse, reposita trisyllaba infinitivi froma *ΚΡΥΦΟΝ ΘΕΜΕΝΑΙ*. Scholia certe copulam non agnoscunt: ὁ κόρος τῶν ἀργῶν (sic) τῶν θορυβῆσαι θελόντων ἐπέβη τῷ τοῦ Θήρωνος ἐπαίνῳ, κρύψιν θέλων θεῖναι τοῖς τῶν ἀγαθῶν ἔργοις, neque poterant agnoscere, cum duriuscule struerent verba alii sic: μάργων τι λαλαγῆσαι, h. e. μάργων ὥστε λαλαγῆσαι, μαργώντων καὶ θορυβῆσαί τι θελόντων, alii μάργων, τὸ λαλαγῆσαι θέλων, ὥστε κρύφον θεῖναι, alii aliter. Proficiscatur igitur oportet emendatio ab archetypi scriptura hac:

ΤΟΛΑΑΑΙΓΗΣΑΙΘΕΛΩΝΚΡΥΦΙΟΝΘΕΜΕΝΕΣΛΩΝΚΑΛΟΙΣ

De sententia non dubitare nos sinit particula ἐπεὶ in sequentis membri exordio posita. Rodit quidem, inquit, invidia Theronis gloriam, sed frustra rodit; *nam* arenae instar numero carentis mensuram refugiunt gaudia, quae bene faciendo ille aliis paravit. Similis igitur sententiarum ordo est, qualem in Pyth. II 78 instituit: ἄμαχον κακὸν — ὑποφάτιες — ἴκελοι. κερδοῖ δὲ τί μάλα τοῦτο κερδαλέον τελέθει. κατὰ γὰρ κτλ. neque absimilis hic fuisse videtur elocutio, si recte conicio versum 97 poetam exorsum esse a verbis ΤΙ ΜΑΛΑ. Suspicor enim, rhetorica eum interrogationis figura usum sententiae institutae verba sic accommodasse: Fateor, invasit laudem eius insolentia, non iuste occurrens. At quid ipsi vesanorum hominum iniustae obtrectationes poterunt detrimenti afferre, cum bene faciendo cives suos tot oblectamentis gaudiisque recreaverit, ut ab ipsius tantum voluntate et continuato studio pendeat, pulchris, qualia bonorum esse solent, factis obtrectationem obscurare? H. e.

ἀλλὰ μάργων ὑπ᾽ ἀνδρῶν

τί μάλα [‑‑], θέλων θέμεν κρύφιον ἐσλῶν καλοῖς

ἔργοις; ἐπεὶ κτλ.

Requiritur igitur verbum aliquod, ut ὑπὸ, quod Mommsenius l. c. Böckhium secutus *profectus ab hominibus insanis* explicat, habeat, unde aptum sit. Quod quale fuerit ignoro, sed vim voc. πείσεται habuisse manifestum est. Posses πῆσαι si fides habenda esset gloss. ad Aesch. Agam. 1624 ed Ddf. πήσας] παθών, coll. Buttm. Gr. Gr. ampl. II p. 264. Krüger II 1 p. 186.

Ol. XIII 107.

τὰ δ᾽ ὑπ᾽ ὀφρύϊ Παρνασίᾳ

ἒξ ἄρατο ἐν Ἄργεϊ δ᾽ ὅσσα καὶ ἐν Θήβαις, κτλ.

e B solo enotatum (cf. Theocrit. κδ΄ 122), ἒξ Ἄργεϊ δ᾽ C, ἐν Ἄργει δ᾽ reliqui fere omnes, nisi quod in interpolatis est ἄμφ᾽ Ἄργεϊ. Scholl.:

ὅσα τ᾽ ἐν Ἄργει δὲ καὶ ἐν Θήβαις ἄλλα. Illustrant igitur lectionem archetypi simplicissimam:

$$\tau\grave{\alpha}\ \delta᾽\ \acute{v}\pi᾽\ \grave{o}\varphi\varrho\acute{v}\ddot{i}\ \Pi\alpha\varrho\nu\alpha\sigma\acute{i}\alpha$$

ἄλλ᾽. Ἄργεϊ δ᾽ ὅσσα καὶ ἐν Θήβαις. ὅσα τ᾽ κτλ.

In eodem carmine vitiosa sunt verba σὺν βοηλάτᾳ v. 19 in uno tantum scholio explicata, a reliquis praetermissa; Gloss. γ: σὺν βοῇ λαμπρᾷ. Partem tamen veri vidit schol. 1: σὺν τῷ διθυράμβῳ ἀντὶ τοῦ τὸν Διθύραμβον προσλαβοῦσαι. Pindari enim fuerint: συμβολήσασαι Χ. Δ.

Isthm. IV [III 53] 35.

$$\check{i}\sigma\tau\varepsilon\ \mu\grave{\alpha}\nu\ A\check{i}\alpha\nu\tau o\varsigma\ \grave{\alpha}\lambda\varkappa\grave{\alpha}\nu\ \varphi o\acute{i}\nu\iota o\nu,\ \tau\grave{\alpha}\nu\ \grave{o}\psi\acute{i}\alpha$$
$$\grave{\varepsilon}\nu\ \nu\nu\varkappa\tau\grave{i}\ \tau\alpha\mu\grave{\omega}\nu\ \pi\varepsilon\varrho\grave{i}\ \tilde{\omega}\ \varphi\alpha\sigma\gamma\acute{\alpha}\nu\omega\ \mu o\mu\varphi\grave{\alpha}\nu\ \check{\varepsilon}\chi\varepsilon\iota\ \pi\alpha\acute{i}\delta\varepsilon\sigma\sigma\iota\nu\ \text{'}E\lambda\lambda\acute{\alpha}\nu\omega\nu$$
$$\check{o}\sigma o\iota\ T\varrho o\acute{i}\alpha\nu\delta᾽\ \check{\varepsilon}\beta\alpha\nu.$$

Parum probabile est τὰν ad ἀλκὰν referendum esse, quamquam et recentiores et veteres interpretes omnes suspensum esse volunt a ταμῶν. Referendum potius ad τέχνα. Nam Ulyxis vafritiam Aiax, cum ferro suo incideret, opprobrio vertit Graecis. Sed quominus verba sic iungamus impedimur non solum eo quod interiectis verbis ἴστε — φοίνιον cogimur fere, ut ad rationem modo improbatam nobis et ipsi confugiamus, sed eo etiam quod ταμὼν obiecto suo carere nequit. Dicet tamen Pindarus id quod volumus si τὰν ὀψίᾳ mutaverimus in τίν᾽ ἄψεα. Nam accurata temporis notatione quo Aiax ferro se trucidaverit omnino non opus est, immo vide ne putidiusculum sit additum ὀψίᾳ, quamquam tale quid tradidisse Aethiopidis auctorem scholia tradunt. Verto: Aliquando fortiorem virorum deteriorum subdolae machinationes subplantant. Nostis Aiacis robur cruentum, quid, cum noctu membrorum compagines ensi suo dissecaret, opprobrio verterit Graecorum filiis quotquot Troiam obsidebant. Praeterea ἔχεν malim.

Nem. XI 11.

$$\check{\alpha}\nu\delta\varrho\alpha\ \delta᾽\ \grave{\varepsilon}\gamma\grave{\omega}\ \mu\alpha\varkappa\alpha\varrho\acute{i}\zeta\omega\ \mu\grave{\varepsilon}\nu\ \pi\alpha\tau\acute{\varepsilon}\varrho᾽\ \text{'}A\varrho\varkappa\varepsilon\sigma\acute{i}\lambda\alpha\nu$$
$$\varkappa\alpha\grave{i}\ \tau\grave{o}\ \vartheta\alpha\eta\tau\grave{o}\nu\ \delta\acute{\varepsilon}\mu\alpha\varsigma\ \grave{\alpha}\tau\varrho\varepsilon\mu\acute{i}\alpha\nu\ \tau\varepsilon\ \xi\acute{v}\gamma\gamma o\nu o\nu$$

Haec vitii non esse immunia scite intellexit Th. Bergkius, qui aut μὲν πατρὸς Ἀρκεσίλα requirit aut καὶ πατέρ᾽ Ἀρκεσίλαν. Sed incommoda haec videtur sententia reputantibus nobis, tecte infra vituperari parentes Aristagorae, quod iusto timidiores iuvenem retinuerint, quominus clariora certamina adiret. In Aristagora demum revixit maiorum robur, postquam diutius cessavit. Nihilominus etiam in laudem patris aliquid dixisse poetam manifestum est, sed poeta veracissimus non praedicavit eum ab animi dotibus, sed a rerum domesticarum felicitate laudandi occasionem arripuit. Admirandum corpus et congenitam animositatem Aristagoras proprias sibi habebat virtutes, ὄλβῳ cum patre fruebatur communi fortunae gratia. Repono igitur:

$$\text{ἄνδρα δ' ἐγὼ μακαρίζω μὲν ΤΑΠΕΡ Ἀρκεσίλαν}$$

ut μακαρίζω μὲν et εἰ δέ τις membra sint opposita. Beatum sane, inquit, praedico virum (Aristagoram) cum propter bona cum Arcesila ipsi communia, tum propter corporis formam admirabilem et intrepidam animositatem. Sed quoniam is qui tria haec possidet bona, opes, inquam patris, pulchritudinem, fortitudinem, tantam nactus est felicitatem, ut monendus sit ne obliviscatur mortalibus se amictum membris esse, meminerit etiam victor noster postremam omnium terram se induturum, h. e. humana se sorte creatum esse.

Isthm. I 41.

$$\text{εἰ δ' ἀρετᾷ κατάκειται πᾰσαν ὀργάν}$$

Aldus et Romana editio quos sequitur Schmidius ἀρετά porrigunt. Atqui Alexandrinos grammaticos in exemplo suo non hoc invenisse, sed *ΑΡΕΤΑΙ* satis etiamnunc ex scholiorum nostrorum farragine apparet, quamquam Alexandriae etiam extitisse nonnullos, qui e coniectura reponerent ἀρετὰ, certum est ex Aristarchi refutatione. Quomodo vero interpretanda esset tradita lectio, ne inter eos quidem conveniebat, qui recedere ab ea relligioni sibi ducebant. Pars enim ἀρεταί accinebant apposita διπλῆ, ὅτι ἀρεταί κατάκειται εἴρηκεν ἐπιζεύξας πληθυντικῷ ἑνικὸν ῥῆμα τὸ κατάκειται, pars ab Aristarcho stantes ἀρετᾷ praeferebant sic interpretati: εἰ τῇ ἀρετῇ κατάκειται πάντα τρόπον ἔν τε τῷ πονεῖν αὐτὸν τῷ ἰδίῳ σώματι καὶ τῷ δαπανᾶν vel etiam sic εἰ οὖν ἐν ἀρετῇ κεῖται καὶ δαπανῶν καὶ πονῶν h. e. si hoc virtuti adiacet, ut quis labores exantlet et sumptus faciat, vel: si Herodotus incumbit virtuti sumptibus et laboribus. His e recentioribus iure paruit nullus, nisi quod Böckhius et Mommsenius Aristarchi lectionem amplexi sunt, Hartungus ἀρετᾷ καταθῇ τις requirebat. Reliqui aut reversi sunt ad ἀρετὰ, ut Heynius (ἀρετὰ κατὰ κεῖται) et Kayserus (ἀρετὰ κατάκειται πᾶσιν ὀργᾶν: praemium virtutis omnibus praepositum, quod consequi conentur), aut longius etiam ab antiquo exemplo recesserunt ut Bergkius scribendo: εἰ δ᾽ ἀρετᾶς κατίκηται. Mihi qui in primis verbis haesitant in scirpo nodum quaerere videntur. Nam verba ἀρετᾷ κατάκειται ab omni labi immunia sunt, corruptum vero e consequentia est πᾶσαν, in quo subiectum enunciati latere necesse est, et verbum quidem eiusmodi ut accusativus etiam (ὀργὰν) habeat, unde suspensus sit. Lego igitur:

$$εἰ\ δ᾽\ ἀρετᾷ\ κατάκειται\ π α ῦ σ α ν\ ὀργὰν$$

et mutata simul ut par est interpungendi ratione verto: Si vero iuxta virtutem posita sunt, quae studium eius restinguant, oportet iis, qui tam sumptibus quam laboribus nacti eam sunt, magnificum gloriationem non invidis animis tribuere. Pervellent quidem, inquit, omnes pro innata hominum pectori gloriae cupiditate, certaminum victoriam consequi, sunt tamen quae ad cupiditatis illius ardorem restinguendum plurimum valeant, virtutibusque excolendis impedimento fiant plerisque, labores nimirum et res angustae domus. Unde evenit, ut impetum capiant plurimi, in virtute excellant perpauci. Itaque quo pauciores sunt numero, qui ad summum virtutis fattigium cum multo sudore suo reique domesticae impensa perveniunt, eo gloriosius decet praedicare id genus homines absque omni invidia.

Isthm. V 58 (52).

$$οὔ\ τοι\ τετί φλωται\ μακρὸς$$
$$μόχθος\ ἀνδρῶν.\ οὐδ᾽\ ὁ π ό σ α ι\ δαπάναι$$
$$ἐλπίδων\ ἔκνιξ᾽\ ὄπιν$$

Aristarchus ἔκνιξ᾽ ὀπὶ, ut sit οὐκ ἔκνιξα τῇ φωνῇ, ἀλλὰ τοὐναντίον ὕμνησα αὐτοὺς, alii assumpto schemata ἔκνιξ ὄπιν, significare arbitrati sunt: οὐδὲ ὁπόσαι δαπάναι τὴν τῶν ἐλπίδων ὄπιν, τουτέστι τὸ μέλλον ὀπίσω ἔσεσθαι ἐλύπησαν. Hos secutus Dissenius, nisi quod δαπάναι ἐλπίδων iungebat, vertit: Nec quotquot fuerunt sumptus votorum, hoc attrivit eorum studium. Quae ferri non posse intellexit quidem Hartungus, sed et ipse a vero aberravit cum coniciebat: ἐλπίδων ἐκτὸς ὄπις. Phylacides pancratio vicerat. Hoc meminerit oportet, qui loco antiquitus corrupto medelam afferre cupiet; nam metaphora a palaestra ducta usus Pindarus dixisse videtur, sumptus non supplantatos esse, h. e. laborem et sumptus Phylacidae cum victoriae spe non ad irritum cecidisse eo, quod in pancratii certamine ab adversario supplantatus in tergum lapsus esset supinus. Sumptus spei filios appellasse videtur, quoniam certaturi ad spes consequendas impensas faciunt. Itaque cum in hac re proprium sit $\pi i\pi\tau\epsilon\iota\nu$ (Hom. Il. ψ 726. Aesch. Suppl. 82) commendaverim, quamvis dubitanter coniecturam meam hanc:

$$o\dot{v}\delta' \; \ddot{\epsilon}\pi\epsilon\sigma o\nu \; \delta\alpha\pi\acute{\alpha}\nu\alpha\iota,$$
$$\dot{\epsilon}\lambda\pi\acute{\iota}\delta\omega\nu \; \tau\acute{\epsilon}\kappa\nu', \; \epsilon\grave{\iota}\sigma\acute{o}\pi\iota\nu.$$

Beilage

zu

Seite LXXI dieser Einleitung.

Auf S. LXXI des kolometrischen Theiles meiner Prolegomena ist das Versprechen gegeben, die überlieferte Melodie zur ersten Pythischen Ode als Beilage anzuschliessen, und zugleich die Notenwerthe, wie sie sich nach unsren bisherigen Ermittelungen als die muthmasslich pindarischen ergeben, in der uns geläufigen Manier zu bezeichnen. Diesem Versprechen will ich also hiermit nachkommen. Vorher aber mögen die Worte Athanasius Kirchers selbst mitgetheilt werden, mit denen er seinen Fund einleitet, da wohl seine Musurgia universalis Tom. I p. 541 (fol.) nicht in vieler Händen sein dürfte. Sie lauten:

Inveni autem hoc musicae specimen ut alias memini in celeberrima illa totius Siciliae bibliotheca monasterii S. Salvatoris iuxta Portum Messanensem *in fragmento Pindari antiquissimo* notis musicis veterum Graecorum insignito, quae quidem notae sive characteres musici cum iis, quos Alypius in tono Lydio exhibet, sunt iidem. Verba odes Pindaricae notis musicis veteribus usitatis expressa sequuntur. Tempus non notae, sed quantitas syllabarum dabant.

Ʊ Ʊ Γ Θ I Ʊ Γ Θ I Ʊ Γ Θ I M I

$\chi\varrho v\sigma\acute{\epsilon}\alpha \; \varphi\acute{o}\varrho\mu\iota\gamma\xi \; {}'A\pi\acute{o}\lambda\lambda\omega\nu o\varsigma \; \kappa\alpha\grave{\iota} \; \grave{\iota}o\pi\lambda o\kappa\acute{\alpha}\mu\omega\nu$ |

Θ I M I Θ Γ Θ Γ Ʊ Γ Θ I Γ Θ I Θ Γ M I M

$\sigma\acute{v}\nu\delta\iota\kappa o\nu \; M o\iota\sigma\tilde{\alpha}\nu \; \kappa\tau\acute{\epsilon}\alpha\nu o\nu. \; \tau\tilde{\alpha}\varsigma \; \grave{\alpha}\kappa o\acute{v}\epsilon\iota \; \mu\grave{\epsilon}\nu \; \beta\acute{\alpha}\sigma\iota\varsigma \; \grave{\alpha}\gamma\lambda\alpha\acute{\iota}\alpha\varsigma \; \grave{\alpha}\varrho\chi\acute{\alpha}.$

u. s. f. bis $\sigma\beta\epsilon\nu\nu\acute{v}\epsilon\iota\varsigma$, aber mit übergeschriebenen Instrumentalnoten. Die richtige Notirung ist:

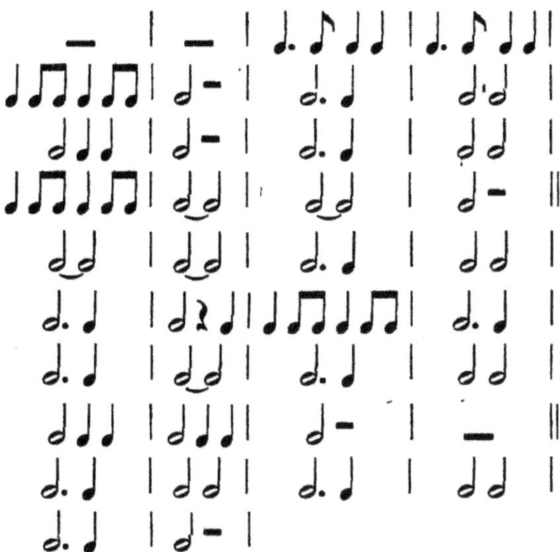

Die Formel ist 6 . 4 . 6 : 6 . 10 : 6 . [10:], zwei Takte Pause mit χϱοῦσις im Eingang, wie bei Aeschyl. Prom. 397 und 887. Denn wollte man χϱυσέα — ἀϱχά so notiren, dass bis ἰοπλοκάμων 8 Takte herauskämen, würde, wie folgendes Schema zeigt, ἀϱχά zur Bedeutungslosigkeit herabgedrückt werden:

Wollte man dagegen χϱυσέα — ἰοπλοκάμων so notiren:

so wäre dies der einzige Fall im ganzen Pindar, dass auf einem Doppelepitrit die daktylische brachykatalektische Tetrapodie mit Achtelkürzen behandelt folgte. Gegen σύνδικον Μοισᾶν κτέανον aber sträubt sich jedes musikalische Gefühl und sprechen alle Canones. Mithin darf die Eingangspause als völlig gesichert angesehen werden. — —

Der Raum, welcher mir noch gestattet ist, werde zu der Bemerkung benützt, dass schon in den künstlicheren Compositionen des Alkman die oben beobachteten Gesetze ziemlich deutlich hervortreten. Die

Strophe des jüngst aufgefundenen Liedes, z. B. ἔστι τις σιῶν τίσις bis ὑποπετριδίων ὀνείρων (Bergk [3] Lyr. III p. 832—834) ergiebt, wenn wir uns Ahrens' glückliche Entdeckung zu Eigen machen, ohne jeden Zwang folgendes Bild:

ΟΛΥΜΠΙΟΝΙΚΑΙ.

Olympische Siegesgesänge.

ΟΛΥΜΠΙΟΝΙΚΑΙ Α'.

ΙΕΡΩΝΙ ΣΥΡΑΚΟΣΙΩι

ΚΕΛΗΤΙ.

Στρ. α'.   [1]Ἄριστον μὲν ὕδωρ, ὁ δὲ
χρυσὸς αἰθόμενον πῦρ
[2]ἅτε διαπρέπει
νυκτὶ μεγάνορος ἔξοχα πλούτου·
[3]εἰ δ' ἄεθλα γαρύεν [4]ἔλδεαι, φίλον ἦτορ,
[5]μηκέτ' ἀελίου σκόπει [6]ἄλλο θαλπνότερον ἐν ἀμέρᾳ φαεννὸν ἄστρον ἐρήμας δι' αἰθέρος,
[7]μηδ' Ὀλυμπίας ἀγῶνα φέρτερον αὐδάσομεν·
[8]ὅθεν ὁ πολύφατος ὕμνος ἀμφιβάλλεται ⸆σοφῶν
μητίεσσι, κελαδεῖν
[10]Κρόνου παῖδ', ἐς ἀφνεὰν ἱκομένους [11]μάκαιραν Ἱέρω-
νος ἑστίαν,

Ἀντ. α'.   [12]Θεμιστεῖον ὃς ἀμφέπει
σκᾶπτον ἐν πολυμάλῳ
[13]Σικελίᾳ, δρέπων
μὲν κορυφὰς ἀρετᾶν ἄπο πασᾶν,
[14]ἀγλαΐζεται δὲ καὶ [15]μουσικᾶς ἐν ἀώτῳ,
[16]οἷα παίζομεν φίλαν [17]ἄνδρες ἀμφὶ θαμὰ τράπεζαν.
ἀλλὰ Δωρίαν ἀπὸ φόρμιγγα πασσάλου
[18]λάμβαν', εἴ τί τοι Πίσας τε καὶ Φερενίκου χάρις
[19]νόον ὑπὸ γλυκυτάταις ἔθηκε φροντίσιν, [20]ὅτε παρ'
Ἀλφεῷ σύτο δέμας
[21]ἀκέντητον ἐν δρόμοισι παρέχων, [22]κράτει δὲ προσ-
έμιξε δεσπόταν

I. Integrum porrigit A.   In B desunt 1—3 v. 72—108 ed. vett.   6 φαενὸν A

Erste Olympische Ode.

Auf Hiero von Syrakus
den Sieger mit dem Rennpferde.

(ἀρχά)

Dir, o Wasser, den Ehrenpreis!
Doch, wie güldenes Kleinod,
nächtlicher Flamme gleich,
unter den Schätzen des Hauses hervorstrahlt;
also hoffe, trautes Herz, denkst du Feste zu feiern —
so gewiss am Tag kein Stern in des Aethers weiten Räumen
sich an Licht und wärmender Gluth misst mit Helios —
kein erhabner Fest zu preisen, als das Spiel Olympia's.
Aus diesem Born entsprudelt heut der Sänger Brust das welt-
kundge Lied, das des Saturn Sohn verherrlicht: nahm uns doch
Hiero's prachterglänzende Halle gastlich auf.

Ob Siciliens Lämmertrift
schwebt sein waltendes Scepter;
jeglichen Erdenglücks
schwindelnden Gipfel — er hat ihn erstiegen:
doch die schönsten Kränze flicht seinem Ruhme die Muse,
wenn des trauten Males Lust reichlich unsre Lieder würzen. —
Steige denn vom Pflocke herab dorisch Lautenspiel,
lass mich meines Herzens Jubel deinen Saiten anvertraun,
wie Pherenikos Pisa's höchste Gunst erfuhr, als er am
Alphĕos über die Bahn, den Leib kaum vom Sporn berührt,
stürmte dahin und als Sieger begrüsste seinen Herrn,

Ἐπ. α'.   ²³Συρακόσιον, ἱπποχάρμαν βασιλῆα. λάμπει δέ οἱ κλέος ²⁴ἐν εὐάνορι Λυ-
δοῦ Πέλοπος ἀποικίᾳ· ²⁵τοῦ μεγασθε-
νὴς ἐράσσατο γαιάοχος
       ²⁶Ποσειδᾶν, ἐπεί νιν καθαροῦ λέβητος ἔξελε Κλω-
θὼ
²⁷ἐλέφαντι φαίδιμον ὦμον κεκαδμένον.
²⁸ἦ θαυματὰ πολλά, καί πού τι καὶ βροτῶν φάτις ὑπὲρ
                                    τὸν ἀλαθῆ λόγον
²⁹δεδαιδαλμένοι ψεύδεσι ποικίλοις ἐξαπατῶντι μῦθοι.

Στρ. β'.   ³⁰Χάρις δ', ἅπερ ἅπαντα τεύ-
χει τὰ μείλιχα θνατοῖς,
³¹ἐπιφέροισα τι-
μὰν καὶ ἄπιστον ἐμήσατο πιστὸν
       ³²ἔμμεναι τοπολλάκις· ³³ἀμέραι δ' ἐπίλοιποι
³⁴μάρτυρες σοφώτατοι. ³⁵ἔστι δ' ἀνδρὶ φάμεν ἐοικὸς
ἀμφὶ δαιμόνων καλά· μείων γὰρ αἰτία.
³⁶υἱὲ Ταντάλου, σὲ δ' ἀντία προτέρων φθέγξομαι,
       ³⁷ὁπότ' ἐκάλεσε πατὴρ τὸν εὐνομώτατον ³⁸ἐς ἔρανον
                                    φίλαν τε Σίπυλον,
³⁹ἀμοιβαῖα θεοῖσι δεῖπνα παρέχων, ⁴⁰τότ' Ἀγλαοτρίαι-
                                    ναν ἁρπάσαι

Ἀντ. β'.   ⁴¹δαμέντα φρένας ἱμέρῳ
χρυσέαισιν ἀν' ἵπποις
⁴²ὕπατον εὐρυτί-
μον ποτὶ δῶμα Διὸς μεταβᾶσαι,
       ⁴³ἔνθα δευτέρῳ χρόνῳ ⁴⁴ἦλθε καὶ Γανυμήδης
⁴⁵Ζηνὶ τωὕτ' ἐπὶ χρέος. ⁴⁶ὡς δ' ἄφαντος ἔπελες, οὐδὲ
ματρὶ πολλὰ μαιόμενοι φῶτες ἄγαγον·
⁴⁷ἔννεπε κρυφᾷ τις αὐτίκα φθονερῶν γειτόνων,
       ⁴⁸ὕδατος ὅτι τε πυρὶ ζέοισαν ἐπ' ἀκμὰν ⁴⁹μαχαίρᾳ
                                    τάμον κατὰ μέλη,
⁵⁰τραπέζαισί τ' ἀμφὶ δεύτατα κρεῶν ⁵¹σέθεν διεδάσαντο
                                    καὶ φάγον.

23 συρακουσίων ἱππιοχάρμᾶν] em. Υ Π ᵇ   24 ἐποικίᾳ v. l. Schol.   26 ἔξειλε]
em. Υ Π ᵃ   28 Diatr.   37 ἐκάλεσσε] em. C D   40 Diatr.   48 Diatr.

der so trefflicher Rosse Schlag in Syrakus gehegt. —
Drob erglänzt sein Ruhm in des lydischen Pelops
reichbevölkertem Tochterland,
(κατατροπά . ὀμφαλός)
den des Erdballs
Ringsumspanner dereinst heiss geliebt,
seit ihn Klotho's Hand wiedergeboren hob aus funkelndem Kessel,
mit der Schulter blendendem Schmuck lichten Elfenbeins. Traun,
Wunder geschehen viel: doch, wie oft auch trifft's, dass in des Volkes
Mund schwer entstellt,
uns im bunten Kleid schimmernder Lügenpracht prunkende Märchen
täuschen.

Aber brachte ihr Zauber auch
sie zu Ehren, wie Alles,
was er der Welt im Licht
reizender Täuschungen malt, bis der Glaube
selbst unglaubliches noch glaubt; nimmer bleiben die Tage
richtiger Erkenntniss aus. Spricht der Mensch von seinen Göttern,
zeichne er sie würdevoll, frei von Schuld zu sein.
Anders als die Vorzeit meld' ich drum die Mär von Tantal's Sohn:
An jenem Tag, da deines Vaters frommer Sinn zum Festsaal erkor Sipylos' Höh'n, alter Göttergastlichkeit
dankbar gedenk, damals raubte der Dreizackschwinger dich,

und entführte, von Liebeslust
Aug' und Seele befangen,
dich in des Göttersaal's
himmlische Räume auf goldenem Wagen,
längst bevor dahin von Zeus, gleichen Amtes zu warten,
Ganymed beschieden ward. Alles sucht, du bleibst verschwunden;
in den Arm der Mutter bringt keiner dich zurück.
Und sofort raunt es der Nachbar schadenfroh dem Nachbar zu:
Man habe dich geschlachtet, gliederweis zerstückt, drauf ge-
sotten in Schwall brodelnden Dampfs und zuletzt auf jeden Tisch
einen Theil deines Fleisches getragen und geschmaust.

Ἐπ. βʹ.　　　⁵²ἐμοὶ δʼ ἄπορα γαστρίμαργον μακάρων τινʼ εἰπεῖν. ⁵³ἀκέρδεια λέλογ-
χεν θαμινὰ κακαγόρος. ⁵⁴εἰ δὲ δή τινʼ
ἄνδρα θνατὸν Ὀλύμπου σκοποὶ

⁵⁵ἐτίμασαν, ἦν Τάνταλος οὗτος· ἀλλὰ γὰρ καταπέψαι
⁵⁶μέγαν ὄλβον οὐκ ἐδυνάσθη, κόρῳ δʼ ἕλεν
⁵⁷ἄταν ὑπέροπλον, τάν οἱ πατὴρ ὑπερκρέμασε καρτερὸν
αὐτῷ λίθον,
⁵⁸τὸν ἀεὶ μενοινῶν κεφαλᾶς βαλεῖν εὐφροσύνας ἀλᾶ-
ται.

Στρ. γʹ.　　　⁵⁹ἔχει δʼ ἀπάλαμον βίον
τοῦτον ἐμπεδόμοχθον,
⁶⁰μετὰ τριῶν τέταρ-
τον πόνον, ἀθανάτων ὅτι κλέψαις
⁶¹ἁλίκεσσι συμπόταις ⁶²νέκταρ ἀμβροσίαν τε
⁶³δῶκεν, οἷσιν ἄφθιτον ⁶⁴θέσαν αὐτόν. εἰ δὲ θεὸν ἀνήρ τις
ἔλπεταί [τι] λαθέμεν ἔρδων, ἁμαρτάνει.
⁶⁵τοὔνεκα προῆκαν υἱὸν ἀθάνατοί οἱ πάλιν
⁶⁶μετὰ τὸ ταχύποτμον αὖτις ἀνέρων ἔθνος. ⁶⁷πρὸς εὐ-
άνθεμον δʼ ὅτε φυάν
⁶⁸λάχναι νιν μέλαν γένειον ἔρεφον, ⁶⁹ἑτοῖμον ἀνεφρόν-
τισεν γάμον

Ἀντ. γʹ.　　　⁷⁰Πισάτα παρὰ πατρὸς εὔ-
δοξον Ἱπποδάμειαν
⁷¹σχεθέμεν. ἐγγὺς δʼ ἐλ-
θὼν πολιᾶς ἁλὸς οἶος ἐν ὄρφνα
⁷²ἄπνεν βαρύκτυπον ⁷³Εὐτρίαιναν· ὁ δʼ αὐτῷ
⁷⁴πὰρ ποδὶ σχεδὸν φάνη. ⁷⁵τῷ μὲν εἶπε· Φίλια δῶρα
Κυπρίας ἄγʼ εἴ τι, Ποσείδαον, ἐς χάριν
⁷⁶τέλλεται, πέδασον ἔγχος Οἰνομάου χάλκεον,
⁷⁷ἐμὲ δʼ ἐπὶ ταχυτάτων πόρευσον ἁρμάτων ⁷⁸ἐς Ἆλιν,
κράτει δὲ πέλασον·
⁷⁹ἐπεὶ τρεῖς τε καὶ δέκα ἄνδρας ὀλέσαις ⁸⁰μναστῆρας
ἀναβάλλεται γάμον

52 ἄπορον] em. recc.　　57 Diatr.　　59 ἀπάλαμνον] em. Π recc.　　63. 64.

Doch ich schweige; vertrüge sich seliger Götter Natur
je mit solcher Gier? schnöd-böswilliger Lug
erndtet oft gar schlechten Lohn. — Ward ein Kind des
Staubes je im Olymp hochgeehrt,
darf sich dieses Glücks Tantalos rühmen: doch bescheiden in Demuth
zu geniessen, fehlt ihm die Kraft. Ueberhebung trug
unsägliches Weh ihm ein; wuchtigen Felsblock hing Zeus ob seinem
Haupt schwebend auf;
drum von ew'gem Drang sich zu befrein verzehrt, lebt er ein freud-
los Dasein.

Und dies herbe Geschick voll Pein,
voll unsäglicher Qualen
theilt er zu viert mit Drei'n,
weil er vom Tische der Götter entwandten
Nektar und Ambrosia seinen Altersgenossen
mitgetheilt und sie gefeit. Aber wer vermeint, der Menschen
heimlich Thun entgehe dem Gott, ach, der täuscht sich schwer.
Stracks entsandten ihm die Ew'gen seinen Sohn wieder zurück,
um früh zu sterben, wie's das Loos der Menschen heischt. Als dem
Jüngling nun schwärzlicher Flaum voll in üpp'ger Jugendkraft
sprosste ums Kinn, da, nach ehlichem Glücke stand sein Sinn.

Ihn entflammt der bewunderten
Königstochter von Pisa,
Hippodameia's Ruf.
Nieder zum Strande des einsamen Meeres
schreitet er im Graun der Nacht, und der tosenden Brandung
Geist erscheint auf seinen Ruf ihm zu Füssen. „O Poseidon,
„wenn der Kypris freundliche Gunst deinen Dank verdient,
„o so lähme, fleht er brünstig, jetzt des Königs Eisenspeer.
„Nach Elis führ' uns deiner Rosse schnellster Zug! Dort ver-
„leihe dein Arm mir den Sieg! Dreizehn wackre Freier schon
„büssten die Lust — und noch harrt die Maid des Bräutigams.

Diatr. 64 τι om.] accessit ex Π^bY. 74 ἐφάνη A 75 εἶπεν A^{ac} 80 ἐρῶν-
τας Philostratus.

Ἐπ. γ'.   ⁸¹ϑυγατρός. ὁ μέγας δὲ κίνδυνος ἄναλκιν οὐ
φῶτα λαμβάνει. ⁸²ϑανεῖν δ' οἷσιν ἀνάγ-
κα, τά κέ τις ἀνώνυμον ⁸³γῆρας ἐν σκό-
τῳ καϑήμενος ἕψοι μάταν,

     ⁸⁴ἁπάντων καλῶν ἄμμορος; ἀλλ' ἐμοὶ μὲν οὗτος ἄεϑλος
⁸⁵ὑποκείσεται· τὺ δὲ πρᾶξιν φίλαν δίδοι.
⁸⁶ὣς ἔννεπεν· οὐδ' ἀκράντοις ἐφάψατ' ἔπεσι. τὸν μὲν ἀγάλλων ϑεὸς
⁸⁷ἔδωκεν δίφρον τε χρύσεον πτεροῖσίν τ' ἀκάμαντας ἵππους.

Στρ. δ'.   ⁸⁸ἕλεν δ' Οἰνομάου βίαν
παρϑένον τε σύνευνον·
⁸⁹τέκε ἃ λαγέτας
ἓξ ἀρεταῖσι μεμαότας υἱούς.
⁹⁰νῦν δ' ἐν αἱμακουρίαις ⁹¹ἀγλααῖσι μέμικται,
⁹²Ἀλφεοῖ πόρῳ κλιϑείς, ⁹³τύμβον ἀμφίπολον ἔχων πο-
λυξενωτάτῳ παρὰ βωμῷ. τὸ δὲ κλέος
⁹⁴τηλόϑεν δέδορκε τᾶν Ὀλυμπιάδων ἐν δρόμοις
    ⁹⁵Πέλοπος, ἵνα ταχυτὰς ποδῶν ἐρίζεται ⁹⁶ἀκμαί τ' ἰσχύος ϑρασύπονοι·
⁹⁷ὁ νικῶν δὲ λοιπὸν ἀμφὶ βίοτον ⁹⁸ἔχει μελιτόεσσαν εὐδίαν

Ἀντ. δ'.   ⁹⁹ἀέϑλων γ' ἕνεκεν. τὸ δ' ἀ-
εἰ παράμερον ἐσλὸν
¹⁰⁰ὕπατον ἔρχεται
παντὶ βροτῷ. ἐμὲ δὲ στεφανῶσαι
¹⁰¹κεῖνον ἱππείῳ νόμῳ ¹⁰²Αἰοληΐδι μολπᾷ
¹⁰³χρή· πέποιϑα δὲ ξένον ¹⁰⁴μή τιν' ἀμφότερα καλῶν τε
ἴδριν ἅμα καὶ δύναμιν κυριώτερον
¹⁰⁵τῶν γε νῦν κλυταῖσι δαιδαλωσέμεν ὕμνων πτυχαῖς.
    ¹⁰⁶ϑεὸς ἐπίτροπος ἐὼν τεαῖσι μήδεται ¹⁰⁷ἔχων τοῦτο κῆδος, Ἱέρων,
¹⁰⁸μερίμναισιν· εἰ δὲ μὴ ταχὺ λίποι, ¹⁰⁹ἔτι γλυκυτέραν κεν ἔλπομαι

„Wohl erheischet ein fährlich Werk tapferen Mannes Muth:
„aber ist der Tod doch mein sicheres Loos,
„sprich, was sollt' ich in dumpfer Ruh namenlos des
„Alters Tage leben dahin, sonder Zweck,
„aller Ehre baar? Nein, ich bestehe das Wagniss! Schwinger des
                          Dreizacks,
„das erwünschte Glück nur verleih du dem Wagenden!“ Sprachs:
was er erfleht, gewährt ihm zur Stunde der Gott, stattet ihn reich mit
                          Reiz aus und schenkt
ihm ein Prachtgefährt, eiteles Gold und ausdauernde Flügelrosse.

So gewann er den Sieg im Kampf,
und zum Weibe die Jungfrau,
die ihm der Söhne sechs,
treffliche Führer des Volkes, erzeugte.
An der Furth des Alphĕos hingelagert empfängt er
jetzt der Todtenopfer Blut; wohlbedient und nah dem vielbe-
suchten Altar ist sein Grab; doch Olympia's
Pelopsbahn bleibt seines weithin leuchtenden Ruhms hellster Stern;
Wo in der Rennbahn sich der Füsse Schnelligkeit versucht
sammt des Leibs nerviger Kraft, und als Preis der Kampfesmüh'n
rühmlicher Sieg auf die Dauer des Lebens süsse Lust

dem gekrönten verheisst. Fürwahr,
unvergängliche Freuden
bleiben des Erdensohn's
höchster Genuss: (μετακατατροπά) doch den Sieger zu kränzen
mit dem ritterlichen Schmuck frisch äolischen Liedes,
ist des Sängers Schuldigkeit. Und fürwahr, wo ist ein zweiter
gleichbegabter mächtiger Mann dieser Zeit zu schau'n,
werth, wie du, der farbenprächt'gen Tongewinde des Siegsfestgesangs?
            (σφραγίς)
Dich nahm, o Hiero, ein Gott in seine Hut. Der erfüllt dir gern jeglichen Wunsch; und entsteht dir seine Gunst
nicht zu bald, hoff' ich süssere Siegesfreuden noch —

98 μελιττόεσσαν   100 βροτῶν] em. D b Π Υ   100 στεφανῶται gl. A B
104 ἄμμε Mommsen   104 καιριώτερον A   105 δαιδαλωσάμεν A

Ἐπ. δ'.   ¹¹⁰σὺν ἅρματι θοῷ κλεΐξειν, ἐπίκουρον εὑ-
ρὼν ὁδὸν λόγων, ¹¹¹παρ' εὐδείελον ἐλ-
θὼν Κρόνιον. ἐμοὶ μὲν ὢν ¹¹²Μοῖσα καρτε-
ρώτατον βέλος ἀλκᾷ τρέφει·

¹¹³ἄλλοισι δ' ἄλλοι μεγάλοι. τὸ δ' ἔσχατον κορυ-
φοῦται

¹¹⁴βασιλεῦσι. μηκέτι πάπταινε πόρσιον.

¹¹⁵εἴη σέ τε τοῦτον ὑψοῦ χρόνον πατεῖν, ἐμέ τε τοσσάδε
νικαφόροις

¹¹⁶ὁμιλεῖν, πρόφαντον σοφίᾳ καθ' Ἕλλανας ἐόντα παντᾷ.

ΟΛΥΜΠΙΟΝΙΚΑΙ Β'.

ΘΗΡΩΝΙ ΑΚΡΑΓΑΝΤΙΝΩι

ΑΡΜΑΤΙ.

Στρ. α'.   ¹Ἀναξιφόρμιγγες ὕμνοι,
²τίνα θεόν, τίν' ἥρωα, τίνα δ' ἄνδρα κελαδήσομεν;
³ἤτοι Πίσα μὲν Διός· Ὀλυμπιάδα δ' ἔ-
στασεν Ἡρακλέης ⁴ἀκρόθινα πολέμου·

⁵Θήρωνα δὲ τετρα͞αορίας ἕνεκα νικαφόρου
⁶γεγωνητέον, ὄπι δίκαιον ξένον,
ἔρεισμ' Ἀκράγαντος, ⁷εὐωνύμων
τε πατέρων ἄωτον ὀρθόπολιν·

Ἀντ. α'.   ⁸καμόντες οἳ πολλὰ θυμῷ
⁹ἱερὸν ἔσχον οἴκημα ποταμοῦ, Σικελίας τ' ἔσαν
¹⁰ὀφθαλμός, αἰών τ' ἔφεπε μόρσιμος, πλοῦ-
τόν τε καὶ χάριν ἄγων ¹¹γνησίαις ἐπ' ἀρεταῖς.

¹²ἀλλ' ὦ Κρόνιε παῖ Ῥέας, ἕδος Ὀλύμπου νέμων
¹³ἀέθλων τε κορυφὰν πόρον τ' Ἀλφεοῦ,
ἰανθεὶς ἀοιδαῖς ¹⁴εὔφρων ἄρου-
ραν ἔτι πατρίαν σφίσιν κόμισον

2 τίνα δ'ἥρωα Α   5 Θήρωνα τετραωρίας Α   7 ὀρθόπολιν Α   10 ἔφεπε Α

einen glänzenden Wagensieg — unter der Musen freund-
will'gem Weggeleit festlich mitzubegehn
in des Kronios Sonnengluth. Mir verleiht der
Muse mächtiger Speer Wunderkraft,
Andrer Macht entspringt anderen Quellen. Auf dem Gipfel des Lebens
stehn die Fürsten. Drüber hinaus strebe nicht. Genug,
wenn sonnige Höh'n entlang deine Strasse zieht, mich des trauten
Verkehrs würdig hält
solch ein **Mann**, und rings meiner Gesänge Ruhm leuchtet in Hellas
Gauen.

Zweite Olympische Ode.

Auf Theron von Girgenti

den Sieger mit dem Wagen.

(ἀρχά)

Siegeshymnen tönt die Leier! Welchem Gotte, sagt mir an,
welchem Heros gilt die Feier, welchem Mann?
Preis dem **Z e u s**, Pisa's Hort, hoch **H e r á k l e s**, der ihm dort
aus der Beute heisser Schlacht weiht der Spiele heitre Pracht!
Doch gepriesen auch der **M a n n** sammt der Rosse Siegsgespann;
unsern **T h e r o n**, der dem Gast fromm gewährt des Hauses Rast,
ihn, Girgenti's Schild und Schwert, seiner Grösse Schöpferheerd,
edler Ahnen edle Zier — König Theron preisen wir!

Schleppend seiner Leiden Kette ward sein Stamm im neuen Heim
hier am Strom auf heil'ger Stätte zu Siciliens Lebenskeim.
Dauernd stellt das Glück sich ein, Reichthum folgt und Wohlgedeihn,
und von Volkes Gunst genährt steigt des Hauses eigner Werth.
O Kronion, Rhea's Sohn, auf Olympos' Wolkenthron,
dem das Fest der Feste hold, wo Alpheios' Woge rollt,
Schütze, wenn mein Lobgesang lieblich dir zu Herzen drang,
auch in Zukunft dies Geschlecht gnädig im ererbten Recht.

Ἐπ. α΄.   ¹⁵λοιπῷ γένει. τῶν δὲ πεπραγμένων
           ¹⁶ἐν δίκᾳ τε καὶ παρὰ δίκαν ἀποίητον οὐδ᾽ ἂν
           ¹⁷χρόνος ὁ πάντων πατὴρ δύναιτο θέμεν ἔργων τέλος·
           ¹⁸λάθα δὲ πότμῳ σὺν εὐδαίμονι γένοιτ᾽ ἄν.
              ¹⁹ἐσλῶν γὰρ ὑπὸ χαρμάτων πῆμα θνά-
           σκει ²⁰παλίγκοτον δαμασθέν,

Στρ. β΄.   ²¹ὅταν θεοῦ Μοῖρα πέμπῃ
           ²²ἀνεκὰς ὄλβον ὑψηλόν. ἕπεται δὲ λόγος εὐθρόνοις
           ²³Κάδμοιο κούραις, ἔπαθον αἳ μεγάλα, πέν-
           θος δ᾽ ἐπίτνει βαρὺ ²⁴κρεσσίνων πρὸς ἀγαθῶν.
              ²⁵ζώει μὲν ἐν Ὀλυμπίοις ἀποθανοῖσα βρόμῳ
           ²⁶κεραυνοῖ τανυέθειρα Σεμέλα, φιλεῖ
           δέ μιν Παλλὰς αἰεί. φιλέοντι δὲ μοῖσαι. καὶ ²⁷Ζεὺς πατὴρ
           μάλα, φιλεῖ δὲ παῖς ὁ κισσοφόρος.

Ἀντ. β΄.   ²⁸λέγοντι δ᾽ ἐν καὶ θαλάσσᾳ
           ²⁹μετὰ κόραισι Νηρῆος ἁλίαις βίοτον ἄφθιτον
           ³⁰Ἰνοῖ τετάχθαι τὸν ὅλον ἀμφὶ χρόνον. ἤ-
           τοι βροτῶν γε κέκριται ³¹πεῖρας οὔ τι θανάτου,
              ³²οὐδ᾽ ἀσύχιμον ἀμέραν ὁπότε παῖδ᾽ ἀελίου,
           ³³ἀτειρεῖ σὺν ἀγαθῷ τελευτάσομεν·
           ῥοαὶ δ᾽ ἄλλοτ᾽ ἄλλαι ³⁴εὐθυμιᾶν
           τε μετὰ καὶ πόνων ἐς ἄνδρας ἔβαν.

Ἐπ. β΄.   ³⁵οὕτω δὲ Μοῖρ᾽, ἅ τε πατρώιον
           ³⁶τῶνδ᾽ ἔχει τὸν εὔφρονα πότμον, θεόρτῳ σὺν ὄλβῳ
           ³⁷ἐπί τι καὶ πῆμ᾽ ἄγει παλιντράπελον ἄλλῳ χρόνῳ·
           ³⁸ἐξ οὗπερ ἔκτεινε Λᾷον μόριμος υἱὸς
              ³⁹συναντόμενος, ἐν δὲ Πυθῶνι χρη-
           σθὲν ⁴⁰παλαίφατον τέλεσσεν.

Στρ.γ΄.   ⁴¹ἰδοῖσα δ᾽ ὀξεῖ᾽ Ἐρινὺς
           ⁴²ἔπεφνέ οἱ σὺν ἀλλαλοφονίᾳ γένος ἀρήιον·

21 πέμψῃ Α   22 γὰρ Α   23 πάθον Α   25 ἀποθανοῦσα Α   26 [μοῦ
σαι Α]   29 νηρέως] Cˢ recc.   30 γε em. Β   31 πέρας] em. Χ   32 ἀλίου Β
33 ῥοαί τ᾽ Α   34 εὐθυμιῶν Β   37 ἄλλος χρόνος Αⁱ   38 μόρσιμος] em. Gᴾᶜ

Sein verbleibe dieses Land! — Selbst der Zeit allmächt'ge Hand
macht zwar nimmer ungeschehn, was des Tages Aug' gesehn,
sei die That mit Recht gethan oder hafte Schuld ihr an:
doch vergessen können wir, klopft das Glück an unsre Thür;
todeswund bricht ja der Leiden zähe Lebenskraft zusammen,
angehaucht von edler Freuden reinen Flammen,

Giesst ein Gott aus Himmelshöhen seines Segens Fülle aus. —
Meiner Worte Sinn verstehen lehre dich des Kadmos Haus!
Schwerer Kummer, Schmerz um Schmerz, traf der Fürstentöchter Herz,
doch das Weh begrub in Nacht gröss'ren Heiles lichte Pracht.
Die des Blitzes Strahl getroffen, sieht des Himmels Räume offen,
Semele, die Todte, lebt, selig zum Olymp entschwebt,
ruht geliebt an Pallas Busen, theilt des Göttervaters Thron,
ewig lieben sie die Musen und im Epheukranz der Sohn.

Weiter meldet uns die Sage, in des Meeres ödem Port
spinne Ino ihre Tage unvergänglich fort und fort,
in Thalassa's Wogenwelt Nereus Töchtern zugesellt. —
Aber ach, kein Mensch ergründet, wenn der Tod sein Lager findet:
wird der Tag nur, da die Sonne Morgens friedlich uns gelacht,
uns in ungetrübter Wonne auch vergehn, wie wir's gedacht?
Eine Strömung nach der andern dringt im Wechsel auf uns ein;
muss der Frohsinn von uns wandern, kommt die Noth mit ihrer Pein.

So gebiert auch das Geschick dieses Hauses, dessen Blick
seinen Ahnen treu bewacht, segnend ihn mit Glück bedacht,
aus der Zeiten finsterm Schooss wieder ihm ein abhold Loos.
Da erschlägt der Unglücksspross seinen Vater Laios
auf verhängnissvollen Pfaden, und des Schicksals altes Wort,
das nach Pytho sie geladen, ward erfüllt im Vatermord.

Und das wache Aug' der Rache waffnet seiner Söhne Hand:
Von dem Bruder wird der Bruder in den Tod hinabgesandt.

⁴³λείφϑη δὲ Θέρσανδρος ἐριπέντι Πολυνεί-
κει, νέοις ἐν ἀέϑλοις ⁴⁴ἐν μάχαις τε πολέμου
⁴⁵τιμώμενος, Ἀδραστιδᾶν ϑάλος ἀρωγὸν δόμοις·
⁴⁶ὅϑεν σπέρματος ἔχοντι ῥίζαν
πρέπει τὸν Αἰνησιδάμου ⁴⁷ἐγκωμίων
τε μελέων λυρᾶν τε τυγχανέμεν.

Ἀντ. γ'.   ⁴⁸Ὀλυμπίᾳ μὲν γὰρ αὐτὸς
⁴⁹γέρας ἔδεκτο, Πυϑῶνι δ' ὁμόκλαρον ἐς ἀδελφεὸν
⁵⁰Ἰσϑμοῖ τε κοιναὶ Χάριτες ἄνϑεα τεϑρίπ-
πων δυωδεκαδρόμων ⁵¹ἄγαγον. τὸ δὲ τυχεῖν
   ⁵²πειρώμενον ἀγωνίας δυσφροσύναν παραλύει.
⁵³ὁ μὰν πλοῦτος ἀρεταῖς δεδαιδαλμένος
φέρει τῶν τε καὶ τῶν ⁵⁴καιρόν, βαϑεῖ-
αν ὑπέχων μέριμναν ἀγροτέραν,

Ἐπ. γ'.   ⁵⁵ἀστὴρ ἀρίζηλος, ἐτυμώτατον
⁵⁶ἀνδρὶ φέγγος· εἰ δέ μιν ἔχων τις οἶδε τὸ μέλλον,
⁵⁷ὅτι ϑανόντων μὲν ἐνϑάδ' αὐτίκ' ἀπάλαμνοι φρένες
⁵⁸ποινὰς ἔτισαν, τὰ δ' ἐν τᾷδε Διὸς ἀρχᾷ
   ⁵⁹ἀλιτρὰ κατὰ γᾶς δικάζει τις ἐχϑρᾷ ⁶⁰λόγον φράσαις ἀνάγκᾳ.

Στρ. δ'.   ⁶¹ἴσαις δὲ νύκτεσσιν ἀεί,
⁶²ἴσαις δ' ἐν ἁμέραις ἅλιον ἔχοντες ἀπονέστερον
⁶³ἐσλοὶ δέκονται βίοτον, οὐ χϑόνα ταράσσοντες ἐν χερὸς ἀκμᾷ ⁶⁴οὐδὲ πόντιον ὕδωρ
   ⁶⁵κενεὰν παρὰ δίαιταν· ἀλλὰ παρὰ μὲν τιμίοις
⁶⁶ϑεῶν, οἵτινες ἔχαιρον εὐορκίαις,
ἄδακρυν νέμονται ⁶⁷αἰῶνα· τοὶ δ'
ἀπροσόρατον ὀκχέοντι πόνον.

Ἀντ. δ'.   ⁶⁸ὅσοι δ' ἐτόλμασαν ἐστρὶς
⁶⁹ἑκατέρωϑι μείναντες ἀπὸ πάμπαν ἀδίκων ἔχειν

Polyneikes' Recht verficht drauf Thersanders Sohnespflicht,
und im neuentbrannten Strauss schirmt sein Arm im Kampf der Speere
so Adrastos' edles Haus, wie der eignen Waffen Ehre. —
Nun, ein Reis dieses Stamms ist der Sohn Aenesidam's,
würdig, dass er heut Dichters Festgeleit
zu der Saiten goldnem Klange unser Siegeslied empfange.

Ihm allein gebühret ganz Pisa's Sieg und Ehrenkranz.
Gleichen Antheil an den Blüthen des gemeinschaftlich ermühten
Siegs, den sie im Kampf der Wagen zu Korinth davongetragen
und in Pytho's Felsenschooss, fällt auf seines Bruders Loos. —
(κατατροπά)
Wer erreicht, was er erstrebt, fühlt den Muth neu belebt:
doch fürwahr mit Freudigkeit nach dem höchsten Ziel zu jagen,
wo Gelegenheit sich beut, hier zu wirken, dort zu wagen,
findet nur der Reichthum Muth, der im Schooss der Tugend ruht.

Wohl dem Manne, dessen Werth dieser Stern des Lichts verklärt —
(ὀμφαλός)
wenn er über's Grab hinaus gläubig fromm bestellt sein Haus.
Denn wie mit verhasstem Zwange das Gericht der Schattenwelt
büsset, was der Mensch begangen und hienieden einst gefehlt,
also wird nach Zeus' Geboten hier hinwieder streng gerochen,
was der starre Trotz der Todten in der Unterwelt verbrochen.

Doch ein Dasein voller Frieden ist dem Edelen hienieden
und im Hades zugedacht: und derselben Sonne Pracht,
die dem Tag auf Erden lacht, leuchtet ihrer Todesnacht.
Keine Sorge, keine Noth um des Leibes kärglich Brot
knechtet ihn, das Feld zu pflügen und die Woge zu besiegen.
Um die Gottgeehrten schweben thränenlos in Ewigkeit
fromme Schatten, die im Leben band des Eides Heiligkeit,
doch der Frevler harrt das Graun, Qualen grässlich anzuschaun.

Aber wer von Schuld und Fehle rein bewahrte seine Seele,
wer zum dritten Mal bestand, hier und dort im Schattenland,

⁷⁰ψυχάν, ἔτειλαν Διὸς ὁδὸν παρὰ Κρόνου
τύρσιν· ἔνθα μακάρων ⁷¹νᾶσον ὠκεανίδες
  ⁷²αὖραι περιπνέοισιν, ἄνθεμα δὲ χρυσοῦ φλέγει,
⁷³τὰ μὲν χερσόθεν ἀπ’ ἀγλαῶν δενδρέων,
ὕδωρ δ’ ἄλλα φέρβει, ⁷⁴ὅρμοισι τῶν
χέρας ἀναπλέκοντι καὶ στεφάνους

’Επ. δ'.   ⁷⁵βουλαῖς ἐν. ὀρθαῖσι Ῥαδαμάνθος,
⁷⁶ὃν πατὴρ ἔχει γᾶς ἑτοῖμον αὐτῷ πάρεδρον,
⁷⁷πόσις ὁ πάντων Ῥέας ὕπατον ἐχοίσας παῖς θρόνον.
⁷⁸Πηλεύς τε καὶ Κάδμος ἐν τοῖσιν ἀλέγονται·
  ⁷⁹Ἀχιλέα τ’ ἔνεικ’, ἐπεὶ Ζηνὸς ἦ-
τορ ⁸⁰λιταῖς ἔπεισε, μάτηρ

Στρ. ε'.   ⁸¹ὃς Ἕκτορ’ ἔσφαλε, Τροίας
⁸²ἄμαχον ἀστραβῆ κίονα, Κύκνον τε θανάτῳ πόρεν,
⁸³Ἀοῦς τε παῖδ’ Αἰθίοπα. πολλά μοι ὑπ’ ἀγ-
κῶνος ὠκέα βέλη ⁸⁴ἔνδον ἐντὶ φαρέτρας
  ⁸⁵φωνάεντα συνετοῖσιν· ἐς δὲ τὸ πᾶν ἑρμηνέων
⁸⁶χατίζει. σοφὸς ὁ πολλὰ εἰδὼς φυᾷ·
μαθόντες δὲ λάβροι ⁸⁷παγγλωσσίᾳ,
κόρακες ὥς, ἄκραντα γαρύετον

’Αντ. ε'.   ⁸⁸Διὸς πρὸς ὄρνιχα θεῖον.
⁸⁹ἔπεχε νῦν σκοπῷ τόξον, ἄγε θυμέ, τίνα βάλλομεν
⁹⁰ἐκ μαλθακᾶς αὖτε φρενὸς εὐκλέας ὀϊ-
στοὺς ἱέντες; ἐπί τοι ⁹¹Ἀκράγαντι τανύσαις·
  ⁹²αὐδάσομαι ἐνόρκιον λόγον ἀλαθεῖ νόῳ,
⁹³τεκεῖν μή τιν’ ἑκατόν γε ἐτέων πόλιν
φίλοις ἄνδρα μᾶλλον ⁹⁴εὐεργέταν
πραπίσιν ἀφθονέστερόν τε χέρα

’Επ. ε'.   ⁹⁵Θήρωνος. ἀλλ’ αἶνον ἐπέβα κόρος
⁹⁶οὐ δίκᾳ συναντόμενος, ἀλλὰ μάργων ὑπ’ ἀνδρῶν,

70 ἔστειλαν] em. X recc.   71 νᾶσος G recc.   72 παραπνείουσιν A, περιπνέοι-
σαν B em. C . 76 γῆς A Diatr.   79 ἔνεικᵉⁿ A   81 Ἕκτορα σφάλε A   85 φω-

wandelt frei auf Jovis Pfade nach Saturnus hohem Bau,
wo um selige Gestade kosen Luft und Wellenthau;
wo der Farbenschmelz der Dolde funkelnd glüht im Blumengolde,
aus des Baumes stolzer Höh' sich am Festland von den Zweigen
goldne Blüthenkelche neigen, Blumengold entspriesst der See.

Festgewinde, bunte Kränze windet draus die fromme Hand
vor dem treubewährten Richtertribunal des Rhadamanth;
welchen Zeus, der Göttervater, Rhea's Gatten zugesellt,
auf dem Thron' am Saum der Welt, — seinen einstigen Berather.
Peleus auch und Kadmos zählen dort im Reigen frommer Seelen,
und Achilles, dessen Hand Kyknos in den Tod gesandt,

der den Hektor, Troja's mächt'ge wandellose Säule brach,
dem Aurorens Sohn, der nächt'ge Aethioperfürst erlag,
gönnet Zeus, von Thetis Flehn tiefgerührt, dort einzugehn. —
(μετακατατροπά)
Unter meines Armes Bugen starrt der Köcher von Geschossen,
Sprache reden sie dem Klugen, Blöden ist ihr Sinn verschlossen.
Aechter Weisheit Wissensschätze sind die Mitgift der Natur,
angeborne Geistesgaben, angelernte plappert nur
mit geläufigem Geschwätze zungenfertig, wie die Raben,
wenn ihr müss'ger Schwarm im Kreis flattert um den Aar des Zeus.

Jetzt mein Bogen ist's an dir! doch auf wen sollen wir
unsres Herzens Liebesspenden, unsre Ruhmespfeile senden? —
(σφραγίς)
Folgst du mir, mein Lautenspiel, nimmst du Akragas zum Ziel.
Ein Jahrhundert zählt die Stadt und seit hundert Jahren hat,
(sei's mit heil'gem Eid geschworen: wie ich's fühle, sprech' ich's aus,)
diese Stadt und dieses Haus keinen zweiten Mann geboren,
der mit immer offner Hand und tiefinnerstem Empfinden,
so wie Theron es verstand, seiner Freunde Glück zu gründen.

Ungebührlich will der Tadel seine Grösse zwar begeifern,
doch der Seele reiner Adel lässt den Buben sich ereifern,

νάντα A   86 λαῦροι A   88 ὄρνιθα A¹   91 τανύσσαις] em. E   92 αὐ-
δάσομεν Bª   93 γ'ἐτέων B   94 τὲ πραπίσιν A

⁹⁷τὸ λαλαγῆσαι θέλων κρύφιόν τε θέμεν ἐσλὸν κακοῖς
⁹⁸ἔργοις. ἐπεὶ ψάμμος ἀριθμὸν περιπέφευγε·
⁹⁹κἀκεῖνος ὅσα χάρματ᾽ ἄλλοις ἔθηκεν, ¹⁰⁰τίς ἂν φράσαι δύναιτο;

ΟΛΥΜΠΙΟΝΙΚΑΙ Γ΄.

ΘΗΡΩΝΙ ΑΚΡΑΓΑΝΤΙΝΩι.

Στρ. α΄.　　¹Τυνδαρίδαις τε φιλοξένοις ἀδεῖν καλ-
λιπλοκάμῳ θ᾽ Ἑλένᾳ ²κλεινὰν Ἀκράγαντα γεραίρων
εὔχομαι, ³Θήρωνος Ὀλυμπιονίκαν
ὕμνον ὀρθώσαις, ἀκαμαντοπόδων
　⁴ἵππων ἄωτον. Μοῖσα δ᾽ οὕτω
ποι παρέστα μοι νεοσίγαλον εὑρόν-
τι τρόπον ⁵Δωρίῳ φω-
νὰν ἐναρμόξαι πεδίλῳ

Ἀντ. α΄.　　⁶ἀγλαόκωμον. ἐπεὶ χαίταισι μὲν ζευ-
χθέντες ἔπι στέφανοι ⁷πράσσοντί με τοῦτο θεόδμα-
τον χρέος, ⁸φόρμιγγά τε ποικιλόγαρυν
καὶ βοὰν αὐλῶν ἐπέων τε θέσιν
　⁹Αἰνησιδάμου παιδὶ συμμῖ-
ξαι πρεπόντως, ἅ τε Πίσα με γεγωνεῖν·
τᾶς ἀπὸ ¹⁰θεύμοροι νί-
σοντ᾽ ἐπ᾽ ἀνθρώπους ἀοιδαί,

Ἐπ. α΄.　　¹¹ᾧ τινι, κραίνων ἐφετμὰς
Ἡρακλέος προτέρας,
¹²ἀτρεκὴς Ἑλλανοδίκας γλεφάρων Αἰ-
τωλὸς ἀνὴρ ὑψόθεν

97 κρύφον Aristarchus, Diatr.　　98 περιπέφευ ... B περιφεύγει A, em. C
99 ὅσσα B, ἔθηκεν A

1 φιλοξείνοις A ἑλένῃ A　　2 κλεινὴν B　　4 Diatr.　　7 θεόδμητον B
9 πὰρ παιδὶ Bª θήρωνος B πρεπόντως vett.　　10 θεόμοροι A θεόμοιροι B] em.
recc.　　12 βλεφάρων A

fest gewillt durch edles Schaffen, wie die Besten es vollbringen,
seine Waffen auch dem Neide zu entringen;
wie viel Gutes dieser Mann für die Mitwelt schon gethan,
frage nicht! wer zählt den Sand Korn für Korn am Meeresstrand?

Dritte Olympische Ode.

Auf Theron von Girgenti.

(ἀρχά)

Auf Helena, die schöngelockte Maid,
und deinen Beifall, gastlich Brüderpaar
der Tyndariden, hofft der Dichter heut,
wenn er zum ew'gen Ruhme Agrigents
im Siegeshymnus auf Olympia
des Theron feurig Viergespann verherrlicht.
Und um die Lust des Festes zu beleben,
vergönn', o Muse, deiner Töne Dichtung
zum Tanz der Dorer kühn dahin zu schweben
im jüngsten Prachtstil meiner neusten Richtung.

In trautem Einklang mit dem Spiel der Saiten
vermesse sich der Flöten heller Ton,
das Wort des Dichters zierlich zu begleiten.
Denn solche Leistung dem geliebten Sohn
Aenesidams als eine theure Schuld
im hohen Dienst der Götter zu entrichten,
verpflichtet uns der Kranz in seinem Haar;
und Pisa selbst begeistert uns zu dichten,
die hehre Stadt, aus deren Ruhmeshallen
Gesang ertönt.den Gottbeglückten allen,

um deren Haupt, als redlicher Vollstrecker
von Herakles' ehrwürdigem Gebot,
der treue Kampfwart aus Aetolien
des Oelzweigs silbergrauen Blattschmuck wand,

¹³ἀμφὶ κόμαισι βάλῃ γλαυκόχροα κόσμον ἐλαίας·
τάν ποτε ¹⁴Ἴστρου ἀπὸ σκιαρᾶν πα-
γᾶν ἔνεικεν Ἀμφιτρυωνιάδας,
¹⁵μνᾶμα τῶν Ὀλυμπίᾳ κάλλιστον ἀέθλων,

Στρ. β'.   ¹⁶δᾶμον Ὑπερβορέων πείσαις Ἀπόλλω-
νος θεράποντα λόγῳ· ¹⁷πιστὰ φρονέων Διὸς αἴτει
πανδόκῳ ¹⁸ἄλσει σκιαρόν τε φύτευμα
ξυνὸν ἀνθρώποις στέφανόν τ' ἀρετᾶν.

¹⁹ἤδη γὰρ αὐτῷ, πατρὶ μὲν βωμῶν ἁγισθέντων, διχόμηνις ὅλον χρυ-
σάρματος ²⁰ἑσπέρας ὀ-
φθαλμὸν ἀντέφλεξε Μήνα,

Ἀντ. β'.   ²¹καὶ μεγάλων ἀέθλων ἁγνὰν κρίσιν καὶ
πενταετηρίδ' ἁμᾶ ²²θῆκε ζαθέοις ἐπὶ κρημνοῖς
Ἀλφεοῦ· ²³ἀλλ' οὐ καλὰ δένδρε' ἔθαλλεν
χῶρος ἐν βάσσαις Κρονίου Πέλοπος.

²⁴τούτων ἔδοξεν γυμνὸς αὐτῷ
κᾶπος ὀξείαις ὑπακουέμεν αὐγαῖς
ἁλίου. ²⁵δὴ τότ' ἐς γαῖ-
αν πορεύειν θυμὸς ὥρμαιν'

Ἐπ. β'.   ²⁶Ἰστρίαν νιν· ἔνθα Λατοῦς
ἱπποσόα θυγάτηρ
²⁷δέξατ' ἐλθόντ' Ἀρκαδίας ἀπὸ δειρᾶν
καὶ πολυγνάμπτων μυχῶν,
²⁸εὖτέ μιν ἀγγελίαις Εὐρυσθέος ἔντυ' ἀνάγκα
πατρόθεν ²⁹χρυσόκερων ἔλαφον θή-
λειαν ἄξονθ', ἅν ποτε Ταϋγέτα
³⁰ἀντιθεῖσ' Ὀρθωσίας ἔγραψεν ἱεράν.

Στρ. γ'.   ³¹τὰν μεθέπων ἴδε κἀκείναν χθόνα πνοι-
ᾶς ὄπιθεν Βορέα ³²ψυχροῖ. τόθι δένδρεα θαύμαι-

($\overset{\prime}{o}\mu\varphi\alpha\lambda\acute{o}\varsigma$)
den von des Ister schattenreichen Quellen
dereinst der Sohn Amphitruons geholt,
um ihn als theuerstes Erinn'rungszeichen
dem Sieger zu Olympia zu reichen.

Manch freundlich Wort musst' er für dieses Reis
dem Nordlandsvolk, Apollons Mannen, bieten,
bevor es frischgedeihend über Zeus'
gastfreie Altis seine Schatten senkte
und das Verdienst mit seinem Kranz beschenkte. —
Des Mondes Mitte war es, die Altäre
für Vater Zeus, sie waren längst geweiht,
und mählich war in stiller Abendzeit
auf goldnem Kahn der Mond heraufgeschwommen
und vollen Auges ob der Welt erglommen.

Schon war auch für das herrlichste der Spiele
das feierliche Preisgericht bestimmt,
und an Alpheios' heil'gem Ufersaume
des Festes Wiederkehr im fünften Jahr.
Doch noch entspross kein schönbelaubter Baum
der weiten Trift im kron'schen Pelopsthale;
ein schattenloser, kahlentblösster Raum,
ein Tummelplatz dem heissen Sonnenstrahle
bedünkt es ihm — und in des Helden Brust
erwachte neu die alte Reiselust

ins Land des Ister, wo Latona's Kind
vor Zeiten huldreich ihn willkommen hiess,
die Rossefreundin, als er Thalgewind
und Bergeshöh'n Arkadiens verliess,
in Jovis Auftrag, wie Eurysth befohlen,
die Hindin mit dem Goldgeweih zu holen,
die einst Taygete der Orthia
an Opferstatt als Weihgeschenk ersah.

Auf ihrer Jagd erblickt' er die Gefilde,
wo machtlos stirbt des Nordes eisig Wehn,

νε σταθείς. ³³τῶν νιν γλυκὺς ἵμερος ἔσχεν
δωδεκάγναμπτον περὶ τέρμα δρόμου
   ³⁴ἵππων φυτεῦσαι. καί νυν ἐς ταύταν ἑορτὰν ἵλαος ἀντιθέοισιν
νίσεται ³⁵σὺν βαθυζώ-
νου διδύμνοις παισὶ Λήδας.

'*Αντ. γ'.*   ³⁶τοῖς γὰρ ἐπέτραπεν Οὐλυμπόνδ' ἰὼν θαητὸν ἀγῶνα νέμειν ³⁷ἀνδρῶν τ' ἀρετᾶς πέρι καὶ ῥιμ-
φαρμάτου ³⁸διφρηλασίας. ἐμὲ δ' ὧν πα
θυμὸς ὀτρύνει φάμεν Ἐμμενίδαις
   ³⁹Θήρωνί τ' ἐλθεῖν κῦδος, εὐίπ-
πων διδόντων Τυνδαριδᾶν, ὅτι πλείσται-
σι βροτῶν ⁴⁰ξενίαις αὐ-
τοὺς ἐποίχονται τραπέζαις,

'*Επ. γ'.*   ⁴¹εὐσεβεῖ γνώμᾳ φυλάσσον-
τες μακάρων τελετάς.
   ⁴²εἰ δ' ἀριστεύει μὲν ὕδωρ, κτεάνων δὲ
χρυσὸς αἰδοιέστατον,
   ⁴³νῦν γε πρὸς ἐσχατιὰν Θήρων ἀρεταῖσιν ἱκάνων
ἅπτεται ⁴⁴οἴκοθεν Ἡρακλέος στα-
λᾶν. τὸ πόρσω δ' ἔστι σοφοῖς ἄβατον
⁴⁵κἀσόφοις. οὔ μιν διώξω· κεινὸς εἴην.

<hr>

33 μιν A ἔσχε] em. recc.   34 εἰς A   35 διδύμοις (ι B) A] em. Böckh
37 τε A   38 πᾶ A πᾶι B Diatr.   39 κῦδος γ' A   42 αἰδοιέστατος A
43 δὲ A   44 Ἡρακλέους A στηλᾶν] em. C   45 μην A μὴν B (μιν vett.
μὰν Thom.)

und blieb gefesselt von dem holden Bilde
der grünen Baumpracht stillversunken stehn.
Und ihn ergreift ein mächtiges Gefühl,
solch Reis zu pflanzen, wo im Hippodrom
die Wagen zwölfmal donnern um das Ziel. —
Gern weilt er jetzt noch bei dem Fest am Strom,
und mit ihm nah'n die göttlichen Genossen,
ein Zwillingspaar, der schlanken Leda Sprossen.

Denn ihm vertraut' er, zum Olymp verklärt,
das Hüteramt der staunenswerthen Schenkung,
wo sich der Mann in seiner Kraft bewährt,
und im Geschick behender Wagenlenkung.

(σφραγίς)

Und aller Ruhm, der Therons Haus beglückt,
die Siegesherrlichkeit der Emmeniden
(laut sei's verkündet, was mein Herz entzückt)
ist ein Geschenk der Huld der Tyndariden,
der Rossetummler, denen weit und breit
dies Haus die reichst besetzte Tafel beut.

Denn heil'ge Bräuche hält es fromm in Ehren.
Drum, so gewiss als nichts dem Wasser gleicht,
als alle Pracht vor Goldesglanz erbleicht,
Drang Theron jetzt mit angestammter Kraft
bis an die Herkulssäulen seines Strebens.
Was jenseits liegt, sind unbetretne Stege.
Kein Thor betritt kein Weiser diese Wege.
Nicht einen Schritt thät ich darauf vergebens.

ΟΛΥΜΠΙΟΝΙΚΑΙ Δ'.

ΨΑΥΜΙΔΙ ΚΑΜΑΡΙΝΑΙΩ

ΑΠΗΝΗι.

Στρ.   ¹Ἐλατὴρ ὑπέρτατε βροντᾶς ἀκαμαντόποδος
Ζεῦ· τεαὶ γὰρ ὧραι ²ὑπὸ φοικιλοφόρμιγγος ἀοιδᾶς ἑλισσόμεναί μ' ἔπεμψαν
³ὑψηλοτάτων μάρτυρ' ἀέθλων.
⁴ξείνων δ' εὖ πρασσόντων, ἔσαναν αὐτίκ' ἀγγελίαν
⁵ποτὶ γλυκεῖαν ἐσλοί. ⁶ἀλλά, Κρόνου παῖ, ὃς Αἴτναν ἔχεις, ⁷ἶπον ἀνεμόεσ-
σαν ἑκατογκεφάλα Τυφῶνος ὀμβρίμου,
⁸Ὀλυμπιονίκαν δέκευ
⁹Χαρίτων θ' ἕκατι τόνδε κῶμον,

Ἀντ.   ¹⁰χρονιώτατον φάος εὐρυσθενέων ἀρετᾶν.
Ψαύμιος γὰρ ἵκει ¹¹ὀχέων, ὃς ἐλαίᾳ στεφανω-
θεὶς Πισάτιδι κῦδος ὄρσαι
¹²σπεύδει Καμαρίνᾳ. θεὸς εὔφρων
¹³εἴη λοιπαῖς εὐχαῖς· ἐπεί μιν αἰνέω μάλα μὲν

Vierte Olympische Ode.

Auf Psaumis von Kamarina
den Sieger mit dem Maulthiergespann.

Hoher Zeus, der du des Donners
nimmermüde Rosse tummelst,
wieder hat im Lauf der Zeiten
mit Gesang und Harfenklängen
mich dein Fest herbeigelockt,
grosse Thaten zu bezeugen.
Denn das Herz des Hochgesinnten
jauchzt dem sieggekrönten Freunde
auf die erste Siegeskunde
gern den ersten Glückwunsch zu. —
Und so lass denn, Hort des Aetna,
dessen sturmumfegte Berglast
auf des riesigen Typhoeus
hunderthäupt'gem Rumpfe wuchtet,
bei der Huld der Charitinnen,
dieses Siegesfestgepräng,
o Kronion, dir gefallen. —

Sieh, vom Wagenthron des Psaumis,
der, das Haupt umkränzt vom Laube
der pisatischen Olive,
seine Kraft an Kamarina's
glückliches Gedeihen setzt,
blitzt ein Leuchten mächt'ger Thatkraft
in die fernste Zeit hinüber.
Mög' ihm Götterhuld gewähren,
was er von der Zukunft bittet.
Denn der Mann verdient mein Lob.

¹⁴τροφαῖς ἑτοῖμον ἵππων, ¹⁵χαίροντά τε ξενίαις
πανδόκοις ¹⁶καὶ πρὸς ἡσυχίαν
φιλόπολιν καθαρᾷ γνώμᾳ τετραμμένον.
¹⁷οὐ ψεύδεϊ τέγξω λόγον·
¹⁸διάπειρά τοι βροτῶν ἔλεγχος·

Ἐπ.   ¹⁹ἅπερ καὶ Κλυμένοιο παῖδα ²⁰Λαμνιάδων γυναικῶν ²¹ἔ-
λυσεν ἐξ ἀτιμίας. ²²χαλκέοισι δ' ἐν ἔντεσι νικῶν
²³δρόμον ἔειπεν Ὑψιπυλείᾳ μετὰ στέφανον ἰών·
²⁴Οὗτος ἐγὼ ταχυτᾶτι· ²⁵χεῖρες δὲ καὶ ἦτορ ἴσον.
²⁶φύονται δὲ καὶ νέοις ἐν ἀνδράσι πολιαὶ
²⁷θαμὰ καὶ παρὰ τὸν ἁλικίας ²⁸ἐοικότα χρόνον.

[ΟΛΥΜΠΙΟΝΙΚΑΙ Ε΄.]

ΨΑΥΜΙΔΙ ΚΑΜΑΡΙΝΑΙΩι
ΑΠΗΝΗι.

Στρ. α΄.   ¹Ὑψηλᾶν ἀρετᾶν καὶ στεφάνων ἄωτον γλυκὺν ²τῶν Ο-
λυμπίᾳ, Ὠκεανοῦ θύγατερ,
καρδίᾳ γελανεῖ
³ἀκαμαντόποδός τ' ἀπίνας δέκευ
Ψαύμιός τε δῶρα·

Ἀντ. α΄.   ⁴ὃς τὰν σὰν πόλιν αὔξων, Καμάρινα, λαοτρόφον ⁵βωμοὺς

16 φιλόπτολιν Α   19 καὶ om. Α   22 ἐν om. Α   24 οὗτος μὲν ἐγὼ Α
27 θαμάκι Α   ἁλικίαις Α
4 καμαρίναν] em. Moschop.

Edle Rosse hegt sein Marstall,
zum Empfang des Gastes öffnen
wirthlich sich des Hauses Pforten,
und auf friedlich Bürgerglück
ist sein lautres Herz gerichtet.
Dies sein Bild! in treuen Farben
ist's gemalt und wird die Probe
der Erfahrung dreist bestehn.

So bestand vor Lemnos' Frauen
einst der Sohn des Klymenos;
und des Hohnes Fesseln brachen,
als der Held in Wehr und Waffen
durch die Rennbahn flog zum Siege,
'und den Kranz erfassend also
zu Hypsipyle begann:
'So besteht mein Fuss die Probe,
und auch Hand und Herz vermögen's.
Eh' die Zeit ein Recht ihm giebt,
senkt sich oft der Schnee des Alters
auch auf jugendliche Scheitel.'

[Fünfte Olympische Ode.]

Auf Psaumis von Kamarina
den Sieger mit dem Maulthiergespann.

Nimm, o Tochter des Meers,
heiterbewegt sie hin: die von uns
hochaufstrebender Kraft und olympischem Kranze
dargebrachte Huld'gung!
Seiner Mäuler behendem Lauf dankest du
dies Geschenk des Psaumis,

der zum ew'gen Ruhm
von Kamarina's volkreicher Stadt

ἓξ διδύμους ἐγέραρεν ἑορ-
ταῖς θεῶν μεγίσταις
    ⁶ὑπὸ βουθυσίαις ἀέθλων τε πεμ-
παμέροις ἁμίλλαις,

Ἐπ. α'.   ⁷ἵπποις ἡμιόνοις τε μο-
ναμπυκίᾳ τε. τὶν δὲ κῦδος
ἁβρὸν ⁸νικά-
σας ἀνέθηκε, καὶ ὃν πατέρ᾽ Ἀ-
κρων᾽ ἐκάρυξε καὶ
τὰν νέοικον ἕδραν.

Στρ. β'.   ⁹ἵκων δ᾽ Οἰνομάου καὶ Πέλοπος παρ᾽ εὐ-
ηράτων ¹⁰σταθμῶν,
ὦ πολιάοχε Παλλάς, ἀεί-
δει μὲν ἄλσος ἁγνὸν
    ¹¹τὸ τεόν, ποταμόν τε Ὤανιν, ἐγ-
χωρίαν τε λίμναν,

Ἀντ. β'.   ¹²καὶ σεμνοὺς ὀχετούς, Ἵππαρις οἷσιν ἄρδει στρατόν, ¹³κολλᾷ
τε σταδίων θαλάμων ταχέως
ὑψίγυον ἄλσος,
    ¹⁴ὑπ᾽ ἀμαχανίας ἄγων ἐς φάος
τόνδε δᾶμον ἀστῶν

Ἐπ. β'.   ¹⁵αἰεὶ δ᾽ ἀμφ᾽ ἀρεταῖσι πό-
νος δαπάνα τε μάρναται πρὸς
ἔργον ¹⁶κινδύ-
νῳ κεκαλυμμένον· εὖ δ᾽ ἔχοντες σοφοὶ καὶ πολί-
ταις ἔδοξαν ἔμμεν.

Στρ. γ'.   ¹⁷Σωτὴρ ὑψινεφὲς Ζεῦ, Κρόνιόν τε ναίων λόφον ¹⁸τιμῶν

fromm mit Opfer auf Opfer bedachte die sechs
Doppelweihestätten
an der Himmlischen höchstem fünftäg'gen Fest,
wo dem Viergespanne,

wo dem Mäulergefährt und dem Rosse der Preis winkt.
Siegend weihte Psaumis
dir die Blüthe des Ruhms: und den Namen des Vaters,
Akron, pries Heroldsruf
sammt der jungen Pflanzstadt.

Und nun, wieder daheim
aus des Oenomaos schönem Gau,
grüsst er, städtebeschirmende Pallas, im Lied
deinen keuschen Lusthain;
und den Weiher im Stadtbezirk grüsst sein Lied,
und den Bach Oânis,

und des Hipparis Bett,
dessen geweihte Fluth Volk und Land
speist, und rasch hochstöckiger Häuser Gedräng
dicht zu Gruppen einet,
und aus ärmlicher Noth der Stadt Bürgerschaft
ruft ans Licht des Daseins.

Nie ermüdet im Kampf mit Gefahren der Ehrgeiz:
Mühe nicht, noch Kosten
scheut er, dass ihm gelinge das fährliche Werk.
Glückes Gunst stempelt leicht
dann das Volk zu Weisheit.

Zeus im Wettergewölk,
der du von Kronos Höh' Alphĕos'

ρυξε A   9—24 perierunt in B   9 ἥκων A, em. C   11 ŏ (corr. ex ὤ)
ανον A, ŏανιν C, em. ed. Rom.   14 ἀμηχανίας A   16 εὖ A em. Hermann
ἔμμεναι A

τ' Ἀλφεὸν εὐρὺ ῥέοντ' Ἰδαῖ-
όν τε σεμνὸν ἄντρον,
  [19]ἱκέτας σέθεν ἔρχομαι Λυδίοις
ἀπύων ἐν αὐλοῖς.

'Αντ. γ'.   [20]αἰτήσων πόλιν εὐανορίαισι τάν-
δε κλυταῖς [21]δαιδάλ-
λειν, σέ τ', Ὀλυμπιόνικε, Ποσει-
δανίασιν ἵπποις
  [22]ἐπιτερπόμενον φέρειν γῆρας εὔ-
θυμον ἐς τελευτάν,

Ἐπ. γ'.   [23]υἱῶν, Ψαῦμι, παρισταμέ-
νων. ὑγίεντα δ' εἴ τις ὄλβον
ἄρδει, [24]ἐξαρ-
κέων κτεάτεσσι καὶ εὐλογίαν
προστιθείς, μὴ ματεύ-
σῃ θεὸς γενέσθαι.

ΟΛΥΜΠΙΟΝΙΚΑΙ ς'.

ΑΓΗΣΙΑι ΣΥΡΑΚΟΣΙΩι

ΑΠΗΝΗι.

Στρ. α'.   [1]Χρυσέας ὑποστάσαντες εὐτειχεῖ προθύρῳ θαλάμου
[2]κίονας, ὡς ὅτε θαητὸν μέγαρον,
[3]πάξομεν· ἀρχομένου δ' ἔργου πρόσωπον
  [4]χρὴ θέμεν τηλαυγές. εἰ δ' εἴ-
η μὲν Ὀλυμπιονίκας,
[5]βωμῷ τε μαντεί-
ῳ ταμίας Διὸς ἐν Πίσᾳ,

breitergossenen Strom und des Ida hoch-
heilge Grotte segnest,
unter lydischem Flötenklang nah' ich dir
betend, Allerhalter:

Lass im herrlichen Schmuck
tüchtiger Männerkraft blühn dies Volk!
und von Söhnen umringt, ein behaglicher Greis,
mögest du, o Psaumis,
des olympischen Sieges Glück wohlgemuth
voll und ganz geniessen,

und dich freuen der Zucht posidanischer Rosse!
Wem gerechter Segen
zuströmt, Güter die Fülle und ehrender Ruf,
hat vollauf. Doch ein Gott
tracht' er nie zu werden.

––––––––––

Sechste Olympische Ode.

Auf Agesias von Syrakus
den Sieger mit dem Maulthiergespann.

(ἀϱχά)

Gleich einem Wunderwerk der Baukunst ruhe
auf goldgeschmückten Säulen, festgewölbt,
das Vestibül der Halle, die wir baun:
die erste Sorge beim Beginn des Werks
muss auf ein prächtig Frontispiz sich richten.
Und — darf ein Sieger zu Olympia,
ein Seher am pisäischen Altare
des Zeus, ein Mann, den Syrakus verehrt

6 συϱαχουσᾶν A χε B χαὶ A

⁶συνοικιστήρ τε τᾶν κλει-
νᾶν Συρακοσσᾶν, τίνα κεν φύγοι ὕμνον
⁷κεῖνος ἀνήρ, ἐπικύρσας ἀφθόνων ἀ-
στῶν ἐν ἱμερταῖς ἀοιδαῖς;

Ἀντ. α'.   ⁸ἴστω γὰρ ἐν τού-
τῳ πεδίλῳ δαιμόνιον πόδ' ἔχων
⁹Σωστράτου υἱός. ἀκίνδυνοι δ' ἀρεταὶ
¹⁰οὔτε παρ' ἀνδράσιν οὔτ' ἐν ναυσὶ κοίλαις
    ¹¹τίμιαι· πολλοὶ δὲ μέμναν-
ται, καλὸν εἴ τι ποναθῇ.
¹²Ἀγησία, τὶν
δ' αἶνος ἑτοῖμος, ὃν ἐν δίκᾳ
    ¹³ἀπὸ γλώσσας Ἄδραστος
μάντιν Οἰκλείδαν ποτ' ἐς Ἀμφιάρηον
¹⁴φθέγξατ' ἐπεὶ κατὰ γαῖ' αὐτόν τέ νιν καὶ
φαιδίμας ἵππους ἔμαρψεν.

Ἐπ. α'.   ¹⁵ἑπτὰ δ' ἔπειτα πυρᾶν νεκρῶν τελεσθέντων Ταλαϊονίδας ¹⁶εἶπεν ἐν Θή-
βαισι τοιοῦτόν τι ἔπος· Ποθέ-
ω στρατιᾶς ὀφθαλμὸν ἐμᾶς,
    ¹⁷ἀμφότερον μάντιν τ' ἀγαθὸν καὶ
δουρὶ μάρνασθαι. τὸ καὶ
¹⁸ἀνδρὶ κώμου δεσπότᾳ πά-
ρεστι Συρακοσίῳ.
    ¹⁹οὔτε δύσηρις ἐὼν οὔτ' ὢν φιλόνεικος ἄγαν,
²⁰καὶ μέγαν ὅρκον ὀμόσσας τοῦτό γέ οἱ σαφέως
²¹μαρτυρήσω· μελίφθογ-
γοι δ' ἐπιτρέψοντι Μοῖσαι.

Στρ. β'.   ²²Ὦ Φίντις, ἀλλὰ
ζεῦξον ἤδη μοι σθένος ἡμιόνων,
²³ᾷ τάχος, ὄφρα κελεύθῳ τ' ἐν καθαρᾷ
²⁴βάσομεν ὄκχον, ἵκωμαί τε πρὸς ἀνδρῶν

10 οὔτ' ἐν ἀνδράσιν solus Α   13 ἀμφιάραον Α   14 ἐφθέγξατ' Α   15 τα-
λαονίδας Α Diatrib.   16 Θήβαις Β Θήβησι Α] em. C   17 τ' om. Α δορὶ Α
18 συρακουσίῳ Α   19 δύσερις] em. Ω   22 ἀὶ εἰς τάχος Β

als Mitbegründer seiner Herrlichkeit,
nicht jeder Huldigung gewärtig sein,
wenn seiner Heimath liebliche Kamönen
ihm frei von Neid und Vorurtheil ertönen?

Fürwahr du darfst es, Sohn des Sostratus!
denn solch ein Glücksschuh kleidet deinen Fuss. —
Nichts gilt im Staat, nichts an des Schiffes Bord,
wer sonder Wagniss sich emporgeschwungen,
nur der allein lebt im Gedächtniss fort,
der seine Grösse mühvoll sich errungen.
Doch dir, Agesias, gebührt das Lob,
das einst den Seher nach Verdienst erhob,
das schöne Lob, das aus Adrastos' Mund
vor allem Volk dem Oiklessohn' erklang,
Amphiaraen, als der Erde Schlund
ihn und sein prächtig Zwiegespann verschlang.

Denn als auf sieben Scheiterhaufen schon
die Todten lagen, sprach Talaions Sohn
dies Wort der Sehnsucht vor der Theber Thoren:
„Weh' uns, das Aug' des Heeres ist verloren,
der Seherfürst und unsrer Schwerter bestes!"
wie du's, o König unsres Siegesfestes,
Mann Syrakusä's, für die Deinen bist.
(κατατροπά)
Ich bin kein Freund von Hader und von Zwist,
und barsche Streitsucht ist mein Fehler nicht;
doch dieses Zeugniss fordert Ehr' und Pflicht.
Die süsse Muse wird mir gern gewähren,
darauf der Eide heiligsten zu schwören.

Wohlauf denn, Phintis, schirre vor den Wagen
mir ungesäumt die kräft'gen Mäuler an,
auf glatter Bahn soll uns ihr Zwiegespann
nun auch ins Stammland wackrer Männer tragen.

²⁵καὶ γένος· κεῖναι γὰρ ἐξ ἀλ-
λᾶν ὁδὸν ἀγεμονεῦσαι
²⁶ταύταν ἐπίσταν-
ται, στεφάνους ἐν Ὀλυμπίᾳ
²⁷ἐπεὶ δέξαντο. χρὴ τοί-
νυν πύλας ὕμνων ἀναπιτνάμεν αὐταῖς·
²⁸πρὸς Πιτάναν δὲ παρ᾽ Εὐρώτα πόρον δεῖ
σάμερον ἐλθεῖν ἐν ὥρᾳ·

Ἀντ. β΄.   ²⁹ἅ τοι Ποσειδά-
ωνι μιχθεῖσα Κρονίῳ λέγεται
³⁰παῖδ᾽ ἰοπλόκαμον Εὐάδναν τεκέμεν.
³¹κρύψε δὲ παρθενίαν ὠδῖνα κόλποις·
³²κυρίῳ δ᾽ ἐν μηνὶ πέμποι-
σ᾽ ἀμφιπόλους ἐκέλευσεν
³³ἥρωϊ πορσαί-
νειν δόμεν Εἰλατίδᾳ βρέφος,
³⁴ὃς ἀνδρῶν Ἀρκάδων ἄ-
νασσε Φαισάνᾳ λάχε τ᾽ Ἀλφεὸν οἰκεῖν·
³⁵ἔνθα τραφεῖσ᾽ ὑπ᾽ Ἀπόλλωνι γλυκείας
πρῶτον ἔψαυσ᾽ Ἀφροδίτας.

Ἐπ. β΄.   ³⁶οὐδ᾽ ἔλαθ᾽ Αἴπυτον ἐν παντὶ χρόνῳ κλέ-
πτοισα θεοῖο γόνον· ³⁷ἀλλ᾽ ὁ μὲν Πυ-
θῶνάδ᾽, ἐν θυμῷ πιέσας χόλον
οὐ φατὸν ὀξείᾳ μελέτᾳ,
³⁸ᾤχετ᾽ ἰὼν μαντευσόμενος ταύ-
τας περ᾽ ἀτλάτου πάθας.
³⁹ἅ δὲ φοινικόκροκον ζώ-
ναν καταθηκαμένα
⁴⁰κάλπιδά τ᾽ ἀργυρέαν, λόχμας ὑπὸ κυανέας
⁴¹τίκτε θεόφρονα κοῦρον. τᾷ μὲν ὁ Χρυσοκόμας
⁴²πραΰμητίν τ᾽ Ἐλείθυι-
αν παρέστασέν τε Μοίρας·

27 ἀναπεπτάμεν᾽ A   28 σάμερον B] em. Böckh   29 χρονίωνι A   80 ἰο-
                                                      χέμεν
βόστρυχον G ᵇ Ω ᵉ, παῖδα Ϝιόπλοχον Bergk   τεκέσθαι A   34 ἔλαχέ τ᾽ B   37 πι-

Du darfst die Führung dreist ihm anvertrau'n:
es kennt den Weg, wie keins, in jene Gau'n,
wo sie die Kränze, die wir heut besingen,
im Wettlauf zu Olympia empfingen.
Drum mag es wohl des Hauses Sänger frommen,
des Hymnus Pforten ihnen aufzuthun;
will er noch heut an des Eurotas Furth
nach Pitana bei guter Stunde kommen.

(ὀμφαλός)

Denn dort, erzählt man, ward dem Gott der See
von Pitana, die er zur Braut erkoren,
Euadne mit dem Veilchenhaar geboren.
Still barg die Maid im Mutterschooss das Weh';
doch als die Zeit gereift den Muttersegen,
entbietet sie ihr treues Hausgesinde
und schickt die Diener fürbass mit dem Kinde,
dem Elatiden es ans Herz zu legen.
Dort im Phäsana, im Arkaderland,
wo am Alpheios seine Stammburg stand,
erwuchs die Maid, dort aus Apollons Blicken
trinkt sie zuerst der Liebe süss Entzücken.

Doch wie die Frucht der göttlichen Empfängniss
Aepyt verbergen bis zur letzten Stunde?
Zwar dämmt er noch des Unmuths dumpfes Grollen
ins Herz zurück mit mannhaft festem Wollen;
doch seiner Schande quälende Bedrängniss
treibt ihn nach Pytho zu des Gottes Munde.
Sie aber löst das purpurfarbne Mieder,
setzt drauf am Quell die Silberurne nieder
und unter waldesdüstrem Laubgezelt
bringt sie ein gottbegeistert Kind zur Welt:
der Gott im Goldhaar schickt die Schicksalsfeeen
und Ilithyen sanft ihr beizustehen.

ἐσσας A   μελέτη B   38 ταύτης A   πάθους B πάθης A] em. C rell.   40 λόχ-
μαις ὑπὸ κυανέαις A   42 εἰλείθυιαν παρέστασέ τε] em. P Q

Στρ. γ´.   43 ἦλθεν δ᾽ ὑπὸ σπλάγ-
χνων ὑπ᾽ ὠδῖνός τ᾽ ἐρατᾶς Ἴαμος
44ἐς φάος αὐτίκα. τὸν μὲν κνιζομένα
45λεῖπε χαμαί· δύο δὲ γλαυκῶπες αὐτὸν
   46δαιμόνων βουλαῖσιν ἐθρέ-
ψαντο δράκοντες ἀμεμφεῖ
47ἰῷ μελισσᾶν
καδόμενοι. βασιλεὺς δ᾽ ἐπεὶ
   48πετραέσσας ἐλαύνων
ἵκετ᾽ ἐκ Πυθῶνος, ἅπαντας ἐν οἴκῳ
49εἴρετο παῖδα, τὸν Εὐάδνα τέκοι· Φοί-
βου γὰρ αὐτὸν φᾶ γεγάκειν

Ἀντ. γ´.   50πατρός, περὶ θνα-
τῶν δ᾽ ἔσεσθαι μάντιν ἐπιχθονίοις
51ἔξοχον, οὐδέ ποτ᾽ ἐκλείψειν γενεάν.
52ὣς ἄρα μάννε. τοὶ δ᾽ οὔτ᾽ ὦν ἀκοῦσαι
   53οὔτ᾽ ἰδεῖν εὔχοντο πεμπταῖ-
ον γεγεναμένον. ἀλλ᾽ ἐγ-
54κέκρυπτο γὰρ σχοί-
νῳ βατίᾳ τ᾽ ἐν ἀπειράντῳ,
55ἴων ξανθαῖσι καὶ παμ-
πορφύροις ἀκτῖσι βεβρεγμένος ἁβρὸν
56σῶμα· τὸ καὶ κατεφάμιξεν καλεῖσθαί
μιν χρόνῳ σύμπαντι μάτηρ

Ἐπ. γ´.   57τοῦτ᾽ ὄνυμ᾽ ἀθάνατον. τερπνᾶς δ᾽ ἐπεὶ χρυ-
σοστεφάνοιο λάβε 58καρπὸν Ἥβας,
Ἀλφεῷ μέσσῳ καταβὰς ἐκά-
λεσσε Ποσειδᾶν᾽ εὐρυβίαν,
   59ὃν πρόγονον, καὶ τοξοφόρον Δά-
λου θεοδμάτας σκοπόν,
60αἰτέων λαοτρόφον τι-
μάν τιν᾽ ἑᾷ κεφαλᾷ,

43 ἦλθε] em. F recc.   τ᾽ em. A.   50 πατρός γε solus A   ἔσσεσθαι solus A
πωτέκενλείψειν solus A   53 γεγενναμένον A   ἀλλ᾽ ἐκρύπτετο A   54 βατείᾳ] em.

Und leicht zum Licht aus sel'gen Weh'n entringt
sich Iamos dem mütterlichen Schoosse,
doch von der Mutter, die in Qualen ringt,
liegt er verlassen in des Waldes Moose.
Da plötzlich naht sich nach der Götter Schluss
ein funkeläugig Drachenpaar dem Knaben;
das labt ihn sorglich mit der Bienenwaben
unschuld'gem Gift. Und heim kehrt Aepytus
vom Fels zu Pytho. Nach Euadne's Kinde
frägt er sofort das ganze Hausgesinde.
Denn Phöbus sei es, dem das Kind entsprossen,
und also steh's im Schicksalsbuch beschlossen:

„Kein grössrer Seher werde je erstehn,
den Erdensöhnen ihr Geschick zu künden,
und nimmer werde sein Geschlecht vergehn."
So spricht der Fürst. Doch wo das Knäblein finden?
Fünf Tage sind's, seit es zur Welt gekommen,
doch sah's kein Aug', kein Ohr hat es vernommen.
In dichtem Riedgras lag es tief versteckt
von üppig rankendem Gestrüpp verdeckt,
und Thaudemanten und Violen malen
den zarten Leib mit Gold und Purpurstrahlen.
Daher die Mutter ihm für alle Zeit
den schönen Namen Iamos verleiht.

So lebt er hin, bis Hebe ihm die Frucht
der heitren goldbekränzten Jugend bietet.
Da steigt er nieder zur Alpheiosbucht;
und ihn, der Delos Götterbau behütet,
den Silberbogner, und Poseidons Macht,
den grossen Ahnherrn ruft er an — es blitzt
ob seinem Haupt der Sternendom der Nacht —:
„Gebt mir ein Amt, das allem Volke nützt!"

X recc. · 54 Diatr. 55 τε καὶ A 56 κατεφάμιξε B νιν A 58 μέσῳ A
ποσειδᾶνα B ποσειδῶν' A] em. C 59 Ͽεοδμάτου A

⁶¹νυκτὸς ὑπαίθριος. ἀντεφθέγξατο δ' ἀρτιεπὴς
⁶²πατρία ὄσσα, μετάλλασέ τέ νιν· Ὄρσο, τέκνον,
⁶³δεῦρο πάγκοινον ἐς χώ-
ραν ἴμεν φάμας ὄπισθεν.

Στρ. δ'.   ⁶⁴ἵκοντο δ' ὑψη-
λοῖο πέτραν ἀλίβατον Κρονίου·
⁶⁵ἔνθα οἱ ὤπασε θησαυρὸν δίδυμον
⁶⁶μαντοσύνας, τόκα μὲν φωνὰν ἀκούειν
    ⁶⁷ψευδέων ἄγνωστον, εὖτ' ἂν
δὲ θρασυμάχανος ἐλθὼν
⁶⁸Ἡρακλέης, σεμ-
νὸν θάλος Ἀλκαϊδᾶν, πατρί
    ⁶⁹θ' ἑορτάν τε κτίσῃ πλει-
στόμβροτον τεθμόν τε μέγιστον ἀέθλων,
⁷⁰Ζηνὸς ἐπ' ἀκροτάτῳ βωμῷ τότ' αὖ χρη-
στήριον θέσθαι κέλευσεν.

Ἀντ. δ'.   ⁷¹ἐξ οὗ πολύκλει-
τον καθ' Ἑλλανας γένος Ἰαμιδᾶν.
⁷²ὄλβος ἅμ' ἔσπετο· τιμῶντες δ' ἀρετὰς
⁷³ἐς φανερὰν ὁδὸν ἔρχονται. τεκμαίρει
    ⁷⁴χρῆμ' ἕκαστον· μῶμος ἐκ δ' ἄλ-
λων κρέμαται φθονεόντων
⁷⁵τοῖς, οἷς ποτε πρῶ-
τον περὶ δωδέκατον δρόμον
    ⁷⁶ἐλαυνόντεσσιν αἰδοί-
α ποτιστάζει Χάρις εὐκλέα μορφάν.
⁷⁷εἰ δ' ἐτύμως ὑπὸ Κυλλάνας ὄροις, Ἀ-
γησία, μάτρωες ἄνδρες

Ἐπ. δ'.   ⁷⁸ναιετάοντες ἐδώρησαν θεῶν κά-
ρυκα λιταῖς θυσίαις ⁷⁹πολλὰ δὴ πολ-
λαῖσιν Ἑρμᾶν εὐσεβέως, ὃς ἀ-
γῶνας ἔχει μοῖράν τ' ἀέθλων

62 Diatr. μετάλλασσέ A   63 χῶρὸν B   67 ἄγνωτον A   θρασυμήχανος B
68 πατρί δ' A   69 κτίσει B   πλειστόβροτον B   τε ἀέθλων B   70 αὐτῷ B   κέ-

Und deutlich gab der Vaterstimme Ton
ihm mahnend Antwort: „Auf, mir nach, o Sohn,
und folge rührig meines Rufes Spuren
getreulich nach in vielbesuchte Fluren."

So kamen sie zur schroffen Felsenwand
der Höh' des Kronos. Hier aus Vaterhand
ward ihm der Mantik Doppelschatz bescheert.
Zunächst ein Ohr, das jedem Trug verschlossen
nur auf die Stimme seines Gottes hört.
Doch wenn dereinst von Alkaos entsprossen
der kampfbereite Herakles erscheint,
wenn alle Völker dort sein Fest vereint,
wenn dort entbrennt der heil'gen Spiele Streit,
die er dem Vater frommen Sinns geweiht,
dann wandle sich des Altars höchste Spitze,
so will's Apoll, zu Zeus' Orakelsitze!

Von Stund an blieb dem Haus der Iamiden
in Hellas Land der höchste Ruhm beschieden.
Gesegnet ist's, und glanzvoll seine Bahn,
die Bahn von Männern, die auf Ehre sahn. —
Nach seinen Thaten miss des Mannes Adel;
denn Haus an Haus mit Missgunst wohnt der Tadel;
und wer zuerst auf brausendem Gespann
den schönen Leib von Grazie umflossen
im zwölften Rennen Ehr' und Sieg gewann,
den tadeln leicht die neidischen Genossen. —
Doch wenn in Wahrheit deiner Mutter Sippen,
die hier daheim sind an Kyllene's Klippen,

in frommer Ehrfurcht, mein Agesias,
mit Bittgebet und reichen Opfermahlen
allzeit der Huld des Hermes sich empfahlen,
der über Kampf und Siegesglück gesetzt,

λευσέ νιν A   72 ὄλβος δ᾽ ἅμ᾽ B   75 πρώτοις A   76 μορφήν A   78 δώ-
ρησαν Bac

⁸⁰Ἀρκαδίαν τ' εὐάνορα τιμᾷ·
κεῖνος, ὦ παῖ Σωστράτου,
⁸¹σὺν βαρυγδούπῳ πατρὶ κραί-
νει σέθεν εὐτυχίαν.

    ⁸²δόξαν ἔχω τιν' ἐπὶ γλώσσᾳ ἀκόνας λιγυρᾶς,
⁸³ἅ μ' ἐθέλοντα προσέρπει καλλιρόοισι πνοαῖς·
⁸⁴ματρομάτωρ ἐμὰ Στυμ-
φαλίς, εὐανθὴς Μετώπα,

Στρ. ε'.   ⁸⁵πλάξιππον α Θή-
βαν ἔτικτε, τᾶς ἐρατεινὸν ὕδωρ
⁸⁶πίομαι, ἀνδράσιν αἰχματαῖσι πλέκων
⁸⁷ποικίλον ὕμνον. ὄτρυνον νῦν ἑταίρους,
    ⁸⁸Αἰνέα, πρῶτον μὲν Ἥραν
Παρθενίαν κελαδῆσαι,
⁸⁹γνῶναί τ' ἔπειτ', ἀρ-
χαῖον ὄνειδος ἀλαθέσι
    ⁹⁰λόγοις εἰ φεύγομεν, Βοι-
ωτίαν ὗν. ἐσσὶ γὰρ ἄγγελος ὀρθός,
⁹¹ἠϋκόμων σκυτάλα Μοισᾶν, γλυκὺς κρα-
τὴρ ἀγαφθέγκτων ἀοιδᾶν·

Ἀντ. ε'.   ⁹²εἰπὸν δὲ μεμνᾶ-
σθαι Συρακοσσᾶν τε καὶ Ὀρτυγίας·
⁹³τὰν Ἱέρων καθαρῷ σκάπτῳ διέπων,
⁹⁴ἄρτια μηδόμενος, φοινικόπεζαν
    ⁹⁵ἀμφέπει Δάματρα, λευκίπ-
που τε θυγατρὸς ἑορτάν,
⁹⁶καὶ Ζηνὸς Αἰτναί-
ου κράτος. ἁδύλογοι δέ νιν
    ⁹⁷λύραι μολπαί τε γινώ-
σκοντι. μὴ θραύσοι χρόνος ὄλβον ἐφέρπων.
⁹⁸σὺν δὲ φιλοφροσύναις εὐηράτοις Ἀ-
γησία δέξαιτο κῶμον

das biedre Bergvolk der Arkader schätzt,
dann dankest du, o Sohn des Sostratos,
nächst Vater Zeus, der seine Donner sendet,
dem Götterherold, was dein Arm vollendet. —

(μετακατατροπά)

Was hör' ich? schärft ein Wetzstein mir die Zunge?
verlockend tönt's; zu neuem Flügelschwunge
regt sich mein Lied, und braust zu deinem Lobe
Stymphal'sche Ahnfrau, blühende Metope.

O Mutter du der ritterlichen Thebe,
an deren lieblichen Gewässern sich
mein Herz erquickt, wo tapfren Speeren ich
des Hymnus bunte Siegerkränze webe,
begeistre jetzt Aeneens Sängerchöre!
Das erste Lied der jungfräulichen Here!
Doch dann zur Urkund' allen, die uns höhnen,
wess Geisteskind in Wahrheit der Böote,
entnimm, mein wohlgeschulter Sangesbote,
du Liederschatz schönlockiger Kamönen,
dem Mischpokal volltöniger Gesänge
des zweiten Liedes süssgewürzte Klänge!

(σφραγίς)

Jetzt aber lasst Ortygia's uns denken,
der Königsburg des stolzen Syrakus,'
das Hiero's geschickte Zügel lenken.
Dort feiert er, der gradgesinnte Mann,
die hehre Ceres mit dem Purpurfuss,
dort ihrer Tochter weisses Rossgespann;
dort Jovis' Arm, der über Aetna wacht.
Auf seinen Ruhm sind süsse Liederwürze
und festlich klingend Harfenspiel bedacht.
Fern sei der Tag, der diesen Segen kürze!
Empfange denn der Fürst dein Festgeleite,
Agesias, mit huldvoll warmer Freude.

Ἐπ. ε΄.   99 οἴκοθεν οἴκαδ᾽ ἀπὸ Στυμφαλίων τειχέων ποτινισόμενον, 100 ματέρ᾽ εὐμή-
λοιο λείποντ᾽ Ἀρκαδίας. ἀγα-
θαὶ δὲ πέλοντ᾽ ἐν χειμερίᾳ
    101 νυκτὶ θοᾶς ἐκ ναὸς ἀπεσκίμ-
φθαι δύ᾽ ἄγκυραι. θεὸς
102 τῶνδε κείνων τε κλυτὰν αἶσαν παρέχοι φιλέων.
    103 δέσποτα ποντόμεδον, εὐθὺν δὲ πλόον καμάτων
104 ἐκτὸς ἐόντα δίδοι, χρυσαλακάτοιο πόσις
105 Ἀμφιτρίτας, ἐμῶν δ᾽ ὕ-
μνων ἄεξ᾽ εὐτερπὲς ἄνθος.

ΟΛΥΜΠΙΟΝΙΚΑΙ Ζ΄.

ΔΙΑΓΟΡΑι ΡΟΔΙΩι

ΠΥΚΤΗι.

Στρ. α΄.   1 Φιάλαν ὡς εἴ τις ἀφνει-
ᾶς ἀπὸ χειρὸς ἑλὼν
2 ἔνδον ἀμπέλου καχλάζοισαν δρόσῳ
3 δωρήσεται
    4 νεανίᾳ γαμβρῷ προπίνων
οἴκοθεν οἴκαδε, πάγχρυ-
σον κορυφὰν κτεάνων, 5 συμποσίου τε χάριν κά-
δός τε τιμάσας ἑόν, ἐν δὲ φίλων
    6 παρεόντων θῆκέ μιν ζα-
λωτὸν ὁμόφρονος εὐνᾶς·

Ἀντ. α΄.   7 καὶ ἐγὼ νέκταρ χυτόν, Μοισᾶν δόσιν, ἀθλοφόροις
8 ἀνδράσιν πέμπων, γλυκὺν καρπὸν φρενός,
9 ἱλάσκομαι,

100 μητέρ᾽ Α   λιπόντ᾽] em. Moschop.   πέλονται γ΄ ἐν Α   101 ἀπεσκῆφθαι
solus Α   103 εὔθυνε Α   104 δ᾽ἐκτὸς Α   105 δ᾽ om. Α solus δέξ Α

Denn Abschied nimmst du von Stymphalos Gau,
um aus Arkadiens lämmerreicher Au,
dem alten Heim, ins neue Heim zu wandern.
Ein Loos des Ruhms mag einem, wie dem andern,
der Götter gnädigliche Huld bereiten.
Doch wohl dem Segler, der, vom Sturm gefegt,
in dunkler Nacht sich vor zwei Anker legt.

($\dot{\varepsilon}\pi i\lambda o\gamma o\varsigma$)

Du aber, Herr der wogenschwangren Weiten,
wo Amphitrite dreht der Spindel Gold,
lass ihn die Heimath sicher wiedergrüssen
nach rascher Fahrt, und meinem Liede hold
lass seine Blüthen duftend sich erschliessen.

Siebente Olympische Ode.

Auf Diagoras von Rhodus

Sieger im Faustkampf.

($\dot{\alpha}\varrho\chi\dot{\alpha}$)

Es fasst des Schwähers reiche Hand die Schale,
darin das Nass der Traube perlend blinkt.
'Zieh hin', spricht er, 'von Haus zu Haus!' — und trinkt —
und reicht das Kleinod, güldner Schätze Krone,
der Tafel Schmuck, dem jungen Schwiegersohne.
So ehrt er Kelch und Tochtermann, und mehret
durch solchen Willkomm in der Seinen Augen
des Jünglings Glück, das ihm die Braut bescheeret.

Ich huldige mit süssen Geistesfrüchten,
die ich an preisgekrönte Männer sende,
mit Musenseim und reicher Nektarspende

1 $\dot{\alpha}\varphi\nu\varepsilon\tilde{\alpha}\varsigma$ A   2 $\varkappa\alpha\gamma\chi\lambda\dot{\alpha}\zeta o\iota\sigma\alpha\nu$ A   6 $\nu\iota\nu$ A (in B charta lacera)   7 $\dot{\alpha}\varepsilon\vartheta\lambda|$ A

[1] Ὀλυμπίᾳ Πυθοῖ τε νικών-
τεσσιν. ὁ δ᾽ ὄλβιος, ὃν φᾶμαι
κατέχοντ᾽ ἀγαθαί. [11] ἄλλοτε δ᾽ ἄλλον ἐποπτεύ-
ει Χάρις ζωθάλμιος ἁδυμελεῖ
[12] θαμὰ μὲν φόρμιγγι παμφώ-
νοισί τ᾽ ἐν ἔντεσιν αὐλῶν.

Ἐπ. α΄.   [13] καὶ νῦν ὑπ᾽ ἀμφοτέρων σὺν Διαγόρᾳ κατέβαν τὰν
ποντίαν [14] ὑμνέων, παῖ-
δ᾽ Ἀφροδίτας Ἀελίοιό τε
νύμφαν, Ῥόδον,
    [15] εὐθυμάχαν ὄφρα πελώριον
ἄνδρα παρ᾽ Ἀλφειῷ στεφανωσάμενον
[16] αἰνέσω πυγμᾶς ἄποινα
[17] καὶ παρὰ Κασταλίᾳ,
    πατέρα τε Δαμάγητον ἁδόντα Δίκᾳ,
[18] Ἀσίας εὐρυχόρου τρίπολιν νᾶσον πέλας [19] ἐμβόλῳ ναί-
οντας Ἀργείᾳ σὺν αἰχμᾷ.

Στρ. β΄.   [20] Ἐθελήσω τοῖσιν ἐξ ἀρχᾶς ἀπὸ Τλαπολέμου
[21] ξυνὸν ἀγγέλλων διορθῶσαι λόγον,
[22] Ἡρακλέος
[23] εὐρυσθενεῖ γέννᾳ. τὸ μὲν γὰρ
πατρόθεν ἐκ Διὸς εὔχον-
ται· τὸ δ᾽ Ἀμυντορίδαι [24] ματρόθεν Ἀστυδαμείας·
ἀμφὶ δ᾽ ἀνθρώπων φρασὶν ἀμπλακίαι
    [25] ἀναρίθμητοι κρέμανται·
τοῦτο δ᾽ ἀμάχανον εὑρεῖν,

Ἀντ. β΄.   [26] ὅ τι νῦν ἐν καὶ τελευτᾷ
φέρτατον ἀνδρὶ τυχεῖν.
    [27] καὶ γὰρ Ἀλκμήνας κασίγνητον νόθον
[28] σκάπτῳ θενὼν

11 ἄλλοτ᾽ ἄλλον A   15 εὐθύμαχον A ἀλφεῶ A   18 εὐρυχώρου A   19
αἰχμῇ A   25 ἀμήχανον A   26 φέρτερον A

Olympia's und Pytho's Siegeshelden:
und selig der, von dem die Lieder melden.
Doch lässt der Sieg bald da bald dort sich nieder,
mit Lautenklang und vollen Flötentönen
der Menschen Leben wonnig zu verschönen.

(μεταρχά)
Heut komm' ich in Diagoras' Geleit,
umtönt von beiden, um die Wogenmaid,
das Kind des Schaums, die Sonnenbraut, zu grüssen.
Heut schalle laut durch Rhodos' Inselland
das Lob der Kränze, die die Faust des Riesen
sich am Alpheios und Parnasse wand,
in offnem Kampf: und mit dem Sohn vereint
lobt Damaget, des Rechtes edlen Freund,
der mit dem Nachwuchs der Argiverhorden
die Fluren des Dreistaatenlands bebaut,
das nach den nachbarlichen Felsenborden
der weiten Asia hinüberschaut.

(ὀμφαλός)
So will ich denn zur Ehre beider Helden
aus Herkuls Stamm, beginnend mit den Tagen
des Tlapolem, des mächt'gen Hauses Sagen
Amyntors Enkeln rein und ächt vermelden.
Denn ihre mütterliche Ahnfrau ist
Astydameia, Zeus des Ahnherrn Ahn. —
Der Menschen Herz umgaukelt Wahn auf Wahn,
und keines Sterblichen Verstand ermisst,

wie weit in Zukunft ihm zum Glück gereicht,
was ihm das Heut in ros'gem Lichte zeigt. —

²⁹σκληρᾶς ἐλαίας ἔκτανεν Τί-
ρυνθι Λικύμνιον ἐλθόντ' ἐκ θαλάμων Μιδέας
³⁰τᾶσδέ ποτε χθονὸς οἰκι-
στὴρ χολωθείς. αἱ δὲ φρενῶν ταραχαὶ
³¹παρέπλαγξαν καὶ σοφόν. μαν-
τεύσατο δ' ἐς θεὸν ἐλθών.

Ἐπ. β'.   ³²τῷ μὲν ὁ Χρυσοκόμας εὐώδεος ἐξ ἀδύτου να-
ῶν πλόον ³³εἶπε Λερναί-
ας ἀπ' ἀκτᾶς εὐθὺν ἐς ἀμφιθά-
λασσον νομόν,
    ³⁴ἔνθα ποτὲ βρέχε θεῶν βασι-
λεὺς ὁ μέγας χρυσέαις νιφάδεσσι πόλιν,
³⁵ἁνίχ' Ἁφαίστου τέχναισι
³⁶χαλκελάτῳ πελέκει
    πατέρος Ἀθηναία κορυφὰν κατ' ἄκραν
³⁷ἀνορούσασ' ἀλάλαξεν ὑπερμά-
κει βοᾷ· ³⁸Οὐρανὸς δ' ἔ-
φριξέ νιν καὶ Γαῖα μάτηρ.

Στρ. γ'.   ³⁹τότε καὶ φαυσίμβροτος δαί-
μων Ὑπεριονίδας
⁴⁰μέλλον ἔντειλεν φυλάξασθαι χρέος
⁴¹παισὶν φίλοις,
    ⁴²ὡς ἂν θεᾷ πρῶτοι κτίσαιεν
βωμὸν ἐναργέα, καὶ σεμ-
νὰν θυσίαν θέμενοι ⁴³πατρί τε θυμὸν ἰάναι-
εν κόρᾳ τ' ἐγχειβρόμῳ. ἐν δ' ἀρετὰν
    ⁴⁴ἔβαλεν καὶ χάρματ' ἀνθρώ-
ποισι Προμαθέος αἰδώς.

Ἀντ.γ'.   ⁴⁵ἐπὶ μὰν βαίνει τι καὶ λά-
θας ἀτέκμαρτα νέφος,
⁴⁶καὶ παρέλκει πραγμάτων ὀρθὰν ὁδὸν
⁴⁷ἔξω φρενῶν.
    ⁴⁸καὶ τοὶ γὰρ αἰθούσας ἔχοντες
σπέρμ' ἀνέβαν φλογὸς οὔ· τεῦ-

Likymnios, den Bastard von Tirynth,
Alkmenens Bruder, der Midea Spross,
erschlug bewaffnet mit des Oelbaums Schoss
(denn auch den Weisen macht der Eifer blind)
dereinst im Jähzorn dieses Landes Gründer.
Drauf bei dem goldgelockten Zukunftkünder

begehrt er Aufschluss; und aus duft'ger Grotte
wird ihm der Wahrspruch von des Tempels Hüter:
„Von Lerna's Küste steure deine Flotte
„in steter Fahrt zur meerumströmten Au,
„wo einst der Götter ewiger Gebieter
„die Stadt genetzt mit goldnem Wolkenthau;"
als von Hephästos' Künstlerhand geschwungen,
das Beil von Erz durch Jovis Scheitel drang,
und ihres Vaters hohem Haupt entsprungen,
ihr jubelnd Schlachtlied Athenäa sang.
Der Himmel dröhnt', der Muttererde grauste,
als mächtiglich ihr Schlachtgesang erbrauste.

Das war der Tag, da auch der lichte Gott
der Himmelshöhn den Seinigen gebot,
gedenk zu bleiben ihrer künft'gen Pflichten.
Denn eilig galt's, der Speermaid zu errichten
den ersten Altar mit gediegner Pracht;
auf dass an ehrfurchtsvoller Opfergabe
sich Vater Zeus und seine Tochter labe. —
Geehrt und froh macht weiser Vorbedacht,

doch unvermerkt beschleicht des Geistes Klarheit
auch die Vergesslichkeit mit ihrem Schleier
und führt uns ab vom graden Pfad der Wahrheit. —
Auch sie vergassen auf das heil'ge Feuer

σέαισι] em. E   36 πατρὸς A   40 ἐνέτειλε A ἔντειλε B] em. E   41 παισὶ]
em. F   43 ἰάναι. B   44 ἔβαλε] em. C   προμαθέως] em. C   45 ἀτέκμαρτον]
em. Schmid   47 Diatr.

ξαν δ' ἀπύροις ἱεροῖς ⁴⁹ἄλσος ἐν ἀκροπόλει. κεί-
νοισι μὲν ξανϑὰν ἀγαγὼν νεφέλαν
    ⁵⁰πολὺν ὗσε χρυσόν· αὐτὰ
δέ σφισιν ὤπασε τέχναν

Ἐπ. γ'.   ⁵¹πᾶσαν ἐπιχϑονίων Γλαυκῶπις ἀριστοπόνοις χερσὶ κρατεῖν. ⁵²ἔργα δὲ ζω-
οῖσιν ἑρπόντεσσί ϑ' ὁμοῖα κέ-
λευϑοι φέρον.
    ⁵³ἦν δὲ κλέος βαϑύ. δαέντι δὲ
καὶ σοφία μείζων ἄδολος τελέϑει.
⁵⁴φαντὶ δ' ἀνϑρώπων παλαιαὶ
⁵⁵ῥήσιες οὔπω, ὅτε
    χϑόνα δατέοντο Ζεύς τε καὶ ἀϑάνατοι.
⁵⁶φανερὰν ἐν πελάγει 'Ρόδον ἔμμεν
ποντίῳ, ⁵⁷ἁλμυροῖς δ' ἐν
βένϑεσιν νᾶσον κεκρύφϑαι.

Στρ. δ'.   ⁵⁸ἀπεόντος δ' οὔτις ἔνδει-
ξεν λάχος 'Αελίου·
    ⁵⁹καί ῥά μιν χώρας ἀκλάρωτον λίπον,
⁶⁰ἁγνὸν ϑεόν.
    ⁶¹μνασϑέντι δὲ Ζεὺς ἄμπαλον μέλ-
λεν ϑέμεν. ἀλλά μιν οὐκ εἴ-
ασεν· ἐπεὶ πολιᾶς ⁶²εἶπέ τιν' αὐτὸς ὁρᾶν ἔνδον ϑαλάσσας αὐξομέναν πεδόϑεν
    ⁶³πολύβοσκον γαῖαν ἀνϑρώ-
ποισι καὶ εὔφρονα μήλοις.

Ἀντ. δ'.   ⁶⁴ἐκέλευσεν δ' αὐτίκα χρυ-
σάμπυκα μὲν Λάχεσιν
    ⁶⁵χεῖρας ἀντεῖναι, ϑεῶν δ' ὅρκον μέγαν
⁶⁶μὴ παρφάμεν,
    ⁶⁷ἀλλὰ Κρόνου σὺν παιδὶ νεῦσαι,
φαεννὸν ἐς αἰϑέρα μιν πεμ-
φϑεῖσαν ἑᾷ κεφαλᾷ ⁶⁸ἐξοπίσω γέρας ἔσσε-
σϑαι. τελεύτασαν δὲ λόγων κορυφαὶ

beim Stieg zur Burg, und segneten den Hain
mit Opfern zwar, doch ohne Flammen, ein.
Doch war's zum Heil. Aus falber Wolkenhülle
ergiesst sich Zeus in goldner Segensfülle,

und was die Kunst des Menschen mag vollbringen,
lässt Pallas ihrer Meisterhand gelingen.
Auf allen Strassen wandelten Gebilde
lebend'gen Wesen gleich in Gang und Haltung;
und weit verbreitet war der Ruf der Gilde.
Denn auch den angebornen Kunstsinn bringt
die Schule erst zu reicherer Entfaltung. —
Doch höret weiter, was von Rhodos' Eiland
der Menschen altergraue Sage spricht:
Noch lag es nicht auf offnem Meer in Sicht,
am Grund der Salzfluth lag es noch, als weiland
Zeus mit den Göttern in die Welt sich theilte.

Und keinen Antheil an der Welt genoss
der keusche Gott, der in der Ferne weilte;
denn keiner zog das Loos für Helios.
Der klagt bei Zeus. Zeus sinnt auf neue Theilung;
doch jener wehrt ihm; denn er selber sehe,
wie dort ein Land im grünen Meer entstehe,
das, wenn es einst dem Meeresgrund entsteige,
sein Volk ernähre und die Heerden säuge.

Des heil'gen Eides, der die Götter binde,
bedürf' es nicht, wenn Frau Belehnung nur,
die goldberingte, ihre Hand zum Schwur
alsbald erhebe, und mit Kronos' Kinde
das Eiland ihm zum ew'gen Lehen gebe,
wenn es empor ans Sonnenlicht sich hebe. —

58 ἔνδειξε] em. D   59 χλωρᾶς A   λεῖπον solus A   61 νιν solus A   62 Θα-
λάσσης] em. C   πεδόθε solus B   64 ἐκέλευσε A κέλευσε B] em. Moschop.   66
Diatr.   68 μέρος A Bª ἔσεσθαι] em. Mosch.

⁶⁹ἐν ἀλαθείᾳ πετοῖσαι.
βλάστε μὲν ἐξ ἁλὸς ὑγρᾶς

Ἐπ. δ'.   ⁷⁰νᾶσος, ἔχει τέ μιν ὀξειᾶν ὁ γενέθλιος ἀκτί-
νων πατήρ, ⁷¹πῦρ πνεόντων
ἀρχὸς ἵππων· ἔνθα Ῥόδῳ ποτὲ
μιχθεὶς τέκεν

⁷²ἑπτὰ σοφώτατα νοήματ᾽ ἐ-
πὶ προτέρων ἀνδρῶν παραδεξαμένους
⁷³παῖδας, ὧν εἷς μὲν Κάμειρον
⁷⁴πρεσβύτατόν τε ἔτεκεν Ἰάλυσον
Λίνδον τ᾽. ἀπάτερθε δ᾽ ἔχον,
⁷⁵διὰ γαῖαν τρίχα δασσάμενοι πα-
τρωΐαν, ⁷⁶ἀστέων μοῖ-
ραν, κέκληνται δέ σφιν ἔδραι.

Στρ. ε'.   ⁷⁷τόθι λύτρον συμφορᾶς οἰκ-
τρᾶς γλυκὺ Τλαπολέμῳ
⁷⁸ἵσταται Τιρυνθίων ἀρχαγέτᾳ,
⁷⁹ὥσπερ θεῷ,
⁸⁰μήλων τε κνισάεσσα πομπὰ
καὶ κρίσις ἀμφ᾽ ἀέθλοις. τῶν
ἄνθεσι Διαγόρας ⁸¹ἐστεφανώσατο δίς, κλει-
νᾷ τ᾽ ἐν Ἰσθμῷ τετράκις εὐτυχέων,
⁸²Νεμέᾳ τ᾽ ἄλλαν ἐπ᾽ ἄλλᾳ,
καὶ κρανααῖς ἐν Ἀθάναις.

Ἀντ. ε'.   ⁸³ὅ τ᾽ ἐν Ἄργει χαλκὸς ἔγνω
μιν, τά τ᾽ ἐν Ἀρκαδίᾳ
⁸⁴ἔργα καὶ Θήβαις, ἀγῶνές τ᾽ ἔννομοι
⁸⁵Βοιωτίων,
⁸⁶Πέλλανά τ᾽· Αἴγινα τε νικῶν-
θ᾽ ἑξάκις· ἐν Μεγάροισίν
τ᾽ οὐχ ἕτερον λιθίνα ⁸⁷ψᾶφος ἔχει λόγον. ἀλλ᾽, ὦ
Ζεῦ πάτερ, νώτοισιν Ἀταβυρίου
⁸⁸μεδέων, τίμα μὲν ὕμνου
τεθμὸν Ὀλυμπιονίκαν,

69 ἀληθείᾳ B πεσοῖσαι A   73 μὲν om. B   74 τέκε(ν A) B] em. Mosch.
ἔχοντα B, ἔχοντι rell.   75 γᾶν solus A τριχθὰ A   75 πατρώαν] em. Mosch.

Sprachs, und der Ausgang krönte mit Erfüllung
der Worte Wahrheit. Aus des Meers Umhüllung

erwuchs das Land: und Helios gewann es,
der Herr des feuerschnaubenden Gespannes,
der schaffend wirkt im warmen Sonnenstrahl.
Er zeugte dort, der Rhodos' Ehgemahl,
der Söhne sieben, die der Vorzeit Weisen
als die erfindungsreichsten Köpfe preisen:
und unter ihnen zeugt der eine wieder
Jalysos, als erstgebornen Sohn,
darauf Kamir und Lindos, dessen Brüder.
Die theilen dreifach ihres Ahnherrn Thron,
und jeder herrscht, vom anderen getrennt,
in seiner Mark, die er nach sich benennt.

(σφραγίς)

Erwünschte Rast hat hier nach trüben Stunden
auch der Tirynther Tlapolem gefunden.
Hier lodert ihm der Lammesopfer Fettdampf,
hier schlichtet er der Spiele heil'gen Wettkampf.
Schon zweimal schmückt Diagoras ihr Kranz,
nachdem er viermal stolz im Isthmos siegte,
und in Nemea und Athen den Glanz
des zweiten Sieges zu dem ersten fügte.

Auch Argos Erzschild, Thebens Festgepränge,
Arkadien, Pellene kennen ihn,
ihn der Böoter alte Waffengänge
und sechsmal sah Aegina sein Bemühn
von Sieg gekrönt: von gleicher Anzahl weiss
die Ehrensäule Megara's zu singen.

(ἐπίλογος)

Drum lass die Weisen, welche jetzt, o Zeus,
dem Sieger zu Olympia erklingen,

77 τληπολέμω A   79 θεοῖς solus A   80 μάλων solus A   κνισσάεσσα B ἄν-
θεσσι A   81 κλεινῶ A   83 νιν A   85 Βοιωτίων A Βοιωτῶν B   86 αἴ-
γινά A   μεγάροισι δ᾽ A |σι τ᾽ B] em. F   ἑτέρου A

4 *

Ἐπ. ε'.   ⁸⁹ἄνδρα τε πὺξ ἀρετὰν εὑρόντα, δίδοι τέ οἱ αἰδοί-
αν χάριν ⁹⁰καὶ ποτ' ἀστῶν
καὶ ποτὶ ξείνων. ἐπεὶ ὕβριος
ἐχϑρὰν ὁδὸν
⁹¹εὐϑυπορεῖ, σάφα δαεὶς ἅ τε
οἱ πατέρων ὀρϑαὶ φρένες ἐξ ἀγαϑῶν
⁹²ἔχραον. μὴ κρύπτε κοινὸν
⁹³σπέρμ' ἀπὸ Καλλιάνακτος.

Ἐρατιδᾶν τοι σὺν χαρίτεσσιν ἔχει
⁹⁴ϑαλίας καὶ πόλις· ἐν δὲ μιᾷ μοίρᾳ χρόνου ⁹⁵ἄλλοτ' ἀλλοῖ-
αι διαιϑύσσουσιν αὖραι.

89 δίδου A   92 ἔχρεον solus A   93 ἐραστειδᾶν] em. Mosch.   τὲ solus A
94 ϑαλίας ἔχει solus A   μοίρᾳ μιᾷ B.

auch dir, o Hort von Tabors Höhn, gefallen!
und walte Gott, dass achtungsvoller Scheu
sich bei den Bürgern, bei den Fremden allen
der Mann der sieggekrönten Faust erfreu'!
Ein treuer Schüler wohlberathner. Ahnen
aus edlem Blute lebt er schlicht und recht,
ein Feind der Hofart: ja, auf sonn'gen Bahnen
geleite Zeus Kallianax Geschlecht!
Denn traun, ein Fest im Haus der Eratiden
ist auch ein Fest für jeglich Bürgerhaus;
verwandelt gleich ein Augenblick hienieden
der Lüfte Kosen in des Sturms Gebraus.

ΟΛΥΜΠΙΟΝΙΚΑΙ Η΄.
ΑΛΚΙΜΕΔΟΝΤΙ ΑΙΓΙΝΗΤΗι
ΠΑΙΔΙ ΠΑΛΑΙΣΤΗι.

Στρ. α΄.   ¹Μᾶτερ ὦ χρυσοστεφάνων ἀέθλων Ὀ-
λυμπία, ²δέσποιν᾽ ἀλαθεί-
ας· ἵνα μάντιες ἄνδρες ³ἐμπύροις τεκ-
μαιρόμενοι παραπειρῶνται Διὸς ἀργικεραύνου,
   ⁴εἴ τιν᾽ ἔχει λόγον ἀνθρώπων πέρι
⁵μαιομένων μεγάλαν
⁶ἀρετὰν θυμῷ λαβεῖν,
⁷τῶν δὲ μόχθων ἀμπνοάν·

Ἀντ. α΄.   ⁸ἄνεται δὲ πρὸς χάριν εὐσεβίας ἀνδρῶν λιταῖς. ⁹ἀλλ᾽ ὦ Πίσας εὔ-
δενδρον ἐπ᾽ Ἀλφεῷ ἄλσος, ¹⁰τόνδε κῶμον
καὶ στεφαναφορίαν δέξαι. μέγα τοι κλέος αἰεί,
   ¹¹ᾧτινι σὸν γέρας ἕσπετ᾽ ἀγλαόν·
¹²ἄλλα δ᾽ ἐπ᾽ ἄλλον ἔβαν
¹³ἀγαθῶν, πολλαὶ δ᾽ ὁδοὶ
¹⁴σὺν θεοῖς εὐπραγίας.

Ἐπ. α΄.   ¹⁵Τιμόσθενες, ὔμμε δ᾽ ἐκλάρωσεν πότμος
¹⁶Ζηνὶ γενεθλίῳ· σὲ μὲν ἐν Νεμέᾳ πρόφατον,
¹⁷Ἀλκιμέδοντα δὲ πὰρ Κρόνου λόφῳ
¹⁸θῆκεν Ὀλυμπιονίκαν.
   ¹⁹ἦν δ᾽ ἐσορᾶν καλός, ἔργῳ τ᾽ οὐ κατὰ εἶδος ἐλέγχων
²⁰ἐξένεπε κρατέων
πάλᾳ δολιχήρετμον Αἴγιναν πάτραν·
²¹ἔνθα Σώτειρα Διὸς ξενίου
²²πάρεδρος ἀσκεῖται Θέμις

1 χρυσεοστ| Α   2 ἀληθείας Β   8 ἀργειχ| Β   8 εὐσεβείας] em. Böckh
9 ἄλσος ἔχων Α   12 ἄλλων Α   15 -σε] σεν recc.   16 πρόφαντον] em. Zᵃᶜ
17 παρὰ Ą   18 ἔθηκεν solus Α   19 κατ᾽ Α   20 ἐξέννεπεν Α ἐξέννεπε Β] em. C

Στρ. β'.   23 ἔξοχ' ἀνθρώπων. ὅ τι γὰρ πολὺ καὶ πολλᾷ ῥέποι, 24 ὀρθᾷ διακρί-
νειν φρενὶ μὴ παρὰ καιρόν, 25 δυσπαλές, τεθ-
μὸς δέ τις ἀθανάτων καὶ τάνδ' ἁλιερκέα χώραν
    26 παντοδαποῖσιν ὑπέστασε ξένοις
27 κίονα δαιμονίαν·
28 ὁ δ' ἐπαντέλλων χρόνος
29 τοῦτο πράσσων μὴ κάμοι·

'Αντ. β'.   30 Δωριεῖ λαῷ ταμιευομέναν ἐξ
Αἰακοῦ· 31 τὸν παῖς ὁ Λατοῦς
εὐρυμέδων τε Ποσειδᾶν, 32 Ἰλίῳ μέλ-
λοντες ἐπὶ στέφανον τεῦξαι, καλέσαντο συνεργὸν
    33 τείχεος, ἦν ὅτι νιν πεπρωμένον
34 ὀρνυμένων πολέμων
35 πτολιπόρθοις ἐν μάχαις
36 λάβρον ἀμπνεῦσαι καπνόν.

Ἐπ. β'.   37 γλαυκοὶ δὲ δράκοντες, ἐπεὶ κτίσθη νέον,
38 πύργον ἐσαλλόμενοι τρεῖς, οἱ δύο μὲν κάπετον,
39 αὖθι δ' ἀτυζομένω ψυχὰς βάλον·
40 εἷς δ' ἀνόρουσε βοάσας.
    41 ἔννεπε δ' ἀντίον ὁρμαίνων τέρας εὐθὺς Ἀπόλλων·
    42 Πέργαμος ἀμφὶ τεαῖς,
ἥρως, χερὸς ἐργασίαις ἁλίσκεται·
43 ὡς ἐμοὶ φάσμα λέγει Κρονίδα
44 πεμφθὲν βαρυγδούπου Διός·

Στρ. γ'.   45 οὐκ ἄτερ παίδων σέθεν, ἀλλ' ἅμα πρώτοις
ἄρξεται 46 καὶ τετράτοις. ὣς
ἄρα θεὸς σάφα εἴπας 47 Ξάνθον ἤπει-
γεν καὶ Ἀμαζόνας εὐίππους καὶ ἐς Ἴστρον ἐλαύνων.
    48 Ὀρσοτρίαινα δ' ἐπ' Ἰσθμῷ ποντία
49 ἅρμα θοὸν τάνυεν,

23 πολλὰ A   24 διακρῖναι A   26 παντοδαποῖς B   33 μιν A   36 λαῦ-
ρον A   38 γε τρεῖς solus A   οἱ μὲν δύο solus A   κάππετον B   39 αὖ B   ἀτυ-
ζόμενοι A   40 δ' ὄρουσε solus A   42 χειρὸς A   44 βαρυκτύπου A   45
πρώτοισιν B   Ξάνθου τε A   47 ἤπειγε] em. E   εὐίπποις solus B   ἐς om. B

⁵⁰ἀποπέμπων Αἰακὸν
⁵¹δεῦρ' ἀν' ἵπποις χρυσέαις,

'Αντ. γ'.   ⁵²καὶ Κορίνθου δειράδ', ἐποψόμενος δαῖ-
τα κλυτάν. ⁵³τερπνὸν δ' ἐν ἀνθρώ-
ποις ἴσον ἔσσεται οὐδέν. ⁵⁴εἰ δ' ἐγὼ Με-
λησίᾳ ἐξ ἀγενείων κῦδος ἀνέδραμον ὕμνῳ,
⁵⁵μὴ βαλέτω με λίθῳ τραχεῖ φθόνος·
⁵⁶καὶ Νεμέᾳ γὰρ ὁμῶς
⁵⁷ἐρέω ταύταν χάριν,
⁵⁸τὰν δ' ἔπειτ' ἀνδρῶν μάχαν

'Επ. γ'.   ⁵⁹ἐκ παγκρατίου. τὸ διδάξασθαι δέ τοι
⁶⁰εἰδότι ῥᾴτερον· ἄγνωμον δὲ τὸ μὴ προμαθεῖν·
⁶¹κουφότεραι γὰρ ἀπειράτων φρένες.
⁶²κεῖνα δὲ κεῖνος ἂν εἴποι
⁶³ἔργα περαίτερον ἄλλων, τίς τρόπος ἄνδρα προβάσει
⁶⁴ἐξ ἱερῶν ἀέθλων
μέλλοντα ποθεινοτάταν δόξαν φέρειν.
⁶⁵νῦν μὲν αὐτῷ γέρας 'Αλκιμέδων
⁶⁶νίκαν τριακοστὰν ἑλών·

Στρ. δ'.   ⁶⁷ὃς τύχᾳ μὲν δαίμονος, ἀνορέας δ' οὐκ
ἀμπλακὼν ⁶⁸ἐν τέτρασιν παί-
δων ἀπεθήκατο γυίοις ⁶⁹νόστον ἔχθι-
στον καὶ ἀτιμοτέραν γλῶσσαν καὶ ἐπίκρυφιν οἶμον,
⁷⁰πατρὶ δὲ πατρὸς ἐνέπνευσεν μένος
⁷¹γήραος ἀντίπαλον.
⁷²'Αΐδα τοι λάθεται
⁷³ἄρμενα πράξας ἀνήρ.

'Αντ. δ'.   ⁷⁴ἀλλ' ἐμὲ χρὴ μναμοσύναν ἀνεγείρον-
τα φράσαι ⁷⁵χειρῶν ἄωτον
Βλεψιάδαις ἐπίνικον, ⁷⁶ἕκτος οἷς ἤ-
δη στέφανος περίκειται φυλλοφόρων ἀπ' ἀγώνων

53 ἔσεται B   54 ὕμνων Apc   55 βαλλέτω A   59 δέ τοι τί solus B
64 ἄθλων solus B -τάτην B   65 νῦν μὲν γὰρ solus A   68 τέτρασι]ν ꞅecc.
70 -σε]ν Fac   74 μνημοσύναν A

⁷⁷ἔστι δὲ καί τι θανόντεσσιν μέρος
⁷⁸κὰν νόμον ἐρδόμενον·
⁷⁹κατακρύπτει δ' οὐ κόνις
⁸⁰συγγόνων κεδνὰν χάριν.

Ἐπ. δ'.   ⁸¹Ἑρμᾶ δὲ θυγατρὸς ἀκούσας Ἰφίων
⁸²Ἀγγελίας, ἐνέποι κεν Καλλιμάχῳ λιπαρὸν
⁸³κόσμον Ὀλυμπίᾳ, ὅν σφι Ζεὺς γένει
⁸⁴ὤπασεν. ἐσλὰ δ' ἐπ' ἐσλοῖς
    ⁸⁵ἔργα θέλοι δόμεν, ὀξείας δὲ νόσους ἀπαλάλκοι.
    ⁸⁶εὔχομαι ἀμφὶ καλῶν
μοίρᾳ Νέμεσιν διχόβουλον μὴ θέμεν·
⁸⁷ἀλλ' ἀπήμαντον ἄγων βίοτον
⁸⁸αὐτούς τ' ἀέξοι καὶ πόλιν.

77 ἔστι καὶ θ| Β -τεσσι] em. V   82 ἐννέποι] κε Β   87 ἔχων Α¹
ἄγων Α²

ΟΛΥΜΠΙΟΝΙΚΑΙ Θ'.
ΕΦΑΡΜΟΣΤΩι ΟΠΟΥΝΤΙΩι
ΠΑΛΑΙΣΤΗι.

Στρ. α'. ¹Τὸ μὲν Ἀρχιλόχου μέλος ²φωνᾶεν Ὀλυμπίᾳ,
καλλίνικος ὁ τριπλόος κεχλαδώς,
³ἄρκεσε Κρόνιον παρ' ὄχϑον ἀγεμονεῦσαι
⁴κωμάζοντι φίλοις Ἐφαρμόστῳ σὺν ἑταίροις·
⁵ἀλλὰ νῦν ἑκαταβόλων Μοισᾶν ἀπὸ τόξων
⁶Δία τε φοινικοστερόπαν σεμνόν τ' ἐπίνειμαι
⁷ἀκρωτήριον Ἄλιδος ⁸τοιοῖσδε βέλεσσιν,
⁹τὸ δή ποτε Λυδὸς ἥρως Πέλοψ
¹⁰ἐξάρατο κάλλιστον ἔδνον Ἱπποδαμείας·

Ἀντ. α'. ¹¹πτερόεντα δ' ἵει γλυκὺν ¹²Πυϑῶνάδ' ὀϊστόν· οὔ-
τοι χαμαιπετέων λόγων ἐφάψεαι
¹³ἀνδρὸς ἀμφὶ παλαίσμασιν φόρμιγγ' ἐλελίζων
¹⁴κλεινᾶς ἐξ Ὀπόεντος, αἰνήσαις ἓ καὶ υἱόν·
¹⁵ἃν Θέμις ϑυγάτηρ τέ οἱ Σώτειρα λέλογχε
¹⁶μεγαλόδοξος Εὐνομία, ϑάλλει δ' ἀρεταῖσιν
¹⁷ἔν τε Κασταλίᾳ παρὰ ¹⁸Ἀλφεοῦ τε ῥέεϑρον·
ὅϑεν στεφάνων ἄωτοι κλυτὰν
²⁰Λοκρῶν ἐπαείροντι ματέρ' ἀγλαόδενδρον.

Ἐπ. α'. ²¹ἐγὼ δέ τοι φίλαν πόλιν
²²μαλεραῖς ἐπιφλέγων ἀοιδαῖς,
²³καὶ ἀγάνορος ἵππου ²⁴ϑᾶσσον καὶ
ναὸς ὑποπτέρου παντᾷ
²⁵ἀγγελίαν πέμψω ταύταν,
²⁶εἰ σύν τινι μοιριδίῳ παλάμᾳ
²⁷ἐξαίρετον Χαρίτων νέμομαι
κᾶπον· ²⁸κεῖναι γὰρ ὤπα-

2 κεχλαδώς Α   4 φίλοι Β (φίλος?)   8 μέλεσι] em. Nˢ   13 παλαίσμασι]
em. C   14 κλειτᾶς solus A   16. 17 ἀρεταῖς ἰσόν τε Aˢ B] em. solus Aⁱ
18 ἀλφειοῦ Α   21 τοι om. solus A

Neunte Olympische Ode.

Auf Epharmost aus Opus

den Sieger im Ringkampfe.

(ἀρχά)

Archilochos' olymp'sche Siegesweise,
ein dreifach „Heil" der vollen Brust entstiegen,
das mochte wohl im trauten Freundeskreise
dem Epharmost am Kronosstein genügen;
heut übt der Musen Bogen sich im Schuss,
und Zeus, umsprüht vom Purpur seiner Blitze,
theilt ihrer Pfeile fernentsandten Gruss,
mit Elis allverehrter Felsenspitze,
das einst als schönsten Zuwachs seiner Macht
Hippodameia Pelops zugebracht.

Auch Pytho nimm, mein süsses Pfeilgefieder,
zu deinem Ziel; nicht machtlos sinkst du nieder,
wenn wackrem Ringer unsre Saiten beben,
wenn wir Opunt und seinen Sohn erheben:
das waldumsäumte, stattliche Opunt,
das in den Kränzen der Kastalia
und des Alpheios Siegerkränzen prunkt,
wenn seiner Bürger Tugend sich entfaltet:
Opunt, wo Themis mit der Tochter waltet,
der städtesegnenden Eunomia.

(μεταρχά)

Bei Gott, im Lichtmeer meiner Lieder soll
der Lokrer theure Mutterstadt sich spiegeln!
den stolzen Renner will ich überflügeln,
und schneller noch, als auf des Schiffes Schwingen,
in alle Welt die Siegeskunde bringen.
Ich pflege ja mit gottgeweihter Hand
die Feeengärten in der Anmuth Land;

σαν τὰ τέρπν'· ἀγαθοὶ δὲ καὶ σοφοὶ κατὰ δαίμον' ἄνδρες

Στρ. β΄.   ²⁹ἐγένοντ'. ἐπεὶ ἀντίον ³⁰πῶς ἂν τριόδοντος Ἡ-
ρακλέης σκύταλον τίναξε χερσίν,
   ³¹ἁνίκ' ἀμφὶ Πύλον σταθεὶς ἤρειδε Ποσειδᾶν,
   ³²ἤρειδέ τέ μιν ἀργυρέῳ τόξῳ πολεμίζων
     ³³Φοῖβος, οὐδ' Ἀΐδας ἀκινήταν ἔχε ῥάβδον,
     ³⁴βρότεα σώμαθ' ᾇ κατάγει κοίλαν ἐς ἀγυιὰν
   ³⁵θνασκόντων; ἀπό μοι λόγον ³⁶τοῦτον, στόμα, ῥῖψον·
   ³⁷ἐπεὶ τό γε λοιδορῆσαι θεοὺς
   ³⁸ἐχθρὰ σοφία, καὶ τὸ καυχᾶσθαι παρὰ καιρὸν

Ἀντ. β΄.   ³⁹μανίαισιν ὑποκρέκει. ⁴⁰μὴ νῦν λαλάγει τὰ τοι-
αῦτ'· ἔα πόλεμον μάχαν τε πᾶσαν
   ⁴¹χωρὶς ἀθανάτων· φέροις δὲ Πρωτογενείας
   ⁴²ἄστει γλῶσσαν, ἵν' αἰολοβρόντα Διὸς αἴσᾳ
     ⁴³Πύρρα Δευκαλίων τε Παρνασοῦ καταβάντε
     ⁴⁴δόμον ἔθεντο πρῶτον, ἄτερ δ' εὐνᾶς ὁμόδαμον
   ⁴⁵κτησάσθαν λίθινον γόνον· ⁴⁶Λαοὶ δ' ὀνόμασθεν.
   ⁴⁷ἔγειρ' ἐπέων σφιν οἶμον λιγύν,
   ⁴⁸αἴνει δὲ παλαιὸν μὲν οἶνον, ἄνθεα δ' ὕμνων

Ἐπ. β΄.   ⁴⁹νεωτέρων. λέγοντι μὰν
   ⁵⁰χθόνα μὲν κατακλύσαι μέλαιναν
     ⁵¹ὕδατος σθένος, ἀλλὰ ⁵²Ζηνὸς τέχ-
ναις ἀνάπωτιν ἐξαίφνης
   ⁵³ἄντλον ἑλεῖν. κείνων δ' ἔσσαν
   ⁵⁴χαλκάσπιδες ὑμέτεροι πρόγονοι
     ⁵⁵ἀρχᾶθεν Ἰαπετεονίδος
φύτλας ⁵⁶κοῦροι κορᾶν καὶ
φερτάτων Κρονιδᾶν, ἐγχώρι-
οι βασιλῆες αἰεί, .

28 τερπνὰ] em. C   δαίμονα B   31 ἡνίκ' A   32 πελεμίζων Bergk
34 ἐς A   πρὸς B (?)   θνήσκ| B   43 παρνασσοῦ A   καταβάντες solus A   44 δὲ
εὐνᾶς B   45 κτισάσθαν A   47 σφίσιν A   52 ἄμπωτιν] rece. ἐξαίφνας A
53 κἀκείνων solus A   ἔσαν] em. Moschop.

und sie allein verleihet Reiz dem Leben,
wie Muth und Weisheit auch nur Götter geben.

Wie hätte sonst, als ihn Neptun bedrängte,
Herákles Faust mit hochgeschwungner Keule
in Pylos des Tridentes sich erwehrt,
wie gegen Phöbus mit dem Silberpfeile,
den zweiten Dränger, streitbar sich gekehrt?
wie jenes Stabes Allgewalt gebrochen
mit welchem Hades, was ein Weib gebiert,
einst durch des Todes hohle Gasse führt? —
$(\varkappa\alpha\tau\alpha\tau\varrho o\pi\acute{\alpha})$
Doch still mein Mund! Die hohen Götter schmähen
ist schlimmer Fürwitz und der Wahnsinn jubelt,
wenn sich die Narren selbstvergötternd blähen.

Drum lass auf solche Stoffe uns verzichten!
Nicht von der Götter Zwist und Kriegesnoth, —
$(\mathring{o}\mu\varphi\alpha\lambda\acute{o}\varsigma)$
lass uns vom Heim Protogeneia's dichten,
wo auf des donnerfrohen Zeus Gebot
Deukalion und Pyrrha vom Parnasse
die erste Stadt zu gründen niedersteigen,
und unvermählt ein Steingeschlecht erzeugen,
genannt die Laen, eingeborne Sassen;
ein helles Lied ertöne ihrem Ruhme!
alt sei mein Wein, jung meines Liedes Blume!

Das schwarze Erdreich, wie die Sage kündet,
lag einst vom Schwall der Wässer überschwemmt,
bis mit der Ebbe rasch die Fluth entschwindet
von Jovis Macht urplötzlich eingedämmt.
Aus jenen Tagen stammen Eure Ahnen,
die erzbeschildeten Iapetiden
im ersten Glied, die Männer wie die Frauen,
die Söhn' und Töchter stattlicher Kroniden;
zum Thron geboren in des Landes Gauen,

Στρ. γ'.　⁵⁷πρὶν Ὀλύμπιος ἀγεμὼν ⁵⁸θύγατρ' ἀπὸ γᾶς Ἐπει-
　　　　ῶν Ὀπόεντος ἀναρπάσαις ἔκαλος
　　⁵⁹μίχθη Μαιναλίαισιν ἐν δειραῖς καὶ ἔνεικε
　⁶⁰Λοκρῷ, μὴ καθέλοι μιν αἰὼν πότμον ἐφάψας
　　⁶¹ὀρφανὸν γενεᾶς. ἔχεν δὲ σπέρμα μέγιστον
　　⁶²ἄλοχος, εὐφράνθη τε ἰδὼν ἥρως θετὸν υἱόν,
　⁶³μάτρωος δ' ἐκάλεσσέ μιν ⁶⁴ἰσώνυμον ἔμμεν,
　⁶⁵ὑπέρφατον ἄνδρα μορφᾷ τε καὶ
　⁶⁶ἔργοισι. πόλιν δ' ὤπασεν λαόν τε διαιτᾶν.

Ἀντ. γ'.　⁶⁷ἀφίκοντο δέ οἱ ξένοι ⁶⁸ἔκ τ' Ἄργεος ἔκ τε Θη-
　　　　βᾶν, οἱ δ' Ἀρκάδες, οἱ δὲ καὶ Πισᾶται·
　　⁶⁹υἱὸν δ' Ἄκτορος ἐξόχως τίμασεν ἐποίκων
　⁷⁰Αἰγίνας τε Μενοίτιον· τοῦ παῖς ἅμ' Ἀτρείδαις
　　⁷¹Τεύθραντος πεδίον μολὼν ἔστα σὺν Ἀχιλλεῖ
　　⁷²μόνος, ὅτ' ἀλκᾶντας Δαναοὺς τρέψαις ἁλίαισι
　⁷³πρύμναις Τήλεφος ἔμβαλεν· ⁷⁴ὥστ' ἔμφρονι δεῖξαι
　⁷⁵μαθεῖν Πατρόκλου βιατὰν νόον.
　⁷⁶ἐξ οὗ Θέτιος γόνος οὐλίῳ μιν ἐν Ἄρει

Ἐπ. γ'.　⁷⁷παραγορεῖτο μή ποτε
　⁷⁸σφετέρας ἄτερθε ταξιοῦσθαι
　　⁷⁹δαμασιμβρότου αἰχμᾶς. ⁸⁰εἴην εὑ-
　ρησιεπὴς ἀναγεῖσθαι
　⁸¹πρόσφορος ἐν Μοισᾶν δίφρῳ·
　⁸²τόλμα δὲ καὶ ἀμφιλαφὴς δύναμις
　　⁸³ἔσποιτ' αἰεί. ξενίᾳ δ' ἀρετᾷ
　τ' ἦλθον ⁸⁴τιμάορος Ἰσθμί-
　αισι Λαμπρομάχου μίτραις, ὅ-
　τ' ἀμφότεροι κράτησαν

Στρ. δ'.　⁸⁵μίαν ἔργον ἀν' ἀμέραν. ⁸⁶ἄλλαι δέ δι' ἐν Κορίν-
　　　　θου πύλαις ἐγένοντ' ἔπειτα χάρμαι,

58 θυγατέρ' A　ἀρπάσας A　ἀναρπάσας B⁸] em. B¹　　59 Μεναλ- A　　61 ἔχε
B Aᵖᶜ　　62 τ' ἰδὼν A　　63 νίν soli A C　　65 ὑπέρφυτον A　　66 ὤπασε] em.
recc.　　71 ἀχιλεῖ A　　72 ἀλκάεντας A　τρέψας] αις soli B¹ D　　73 ἔβαλε A
76 Diatr.　　79 -βρόται B¹　　80 εὑρεσ- A　　81 τε ante πρόσφορος A solus
83 ἔσποιτο B　αἰεὶ solus A addit　προξενίᾳ] em. A, ἤλυθον] em. recc.　　84 μί-
τραισιν solus A　　86 δύο ἐν B rell. χάρμα A.

bevor der Herrscher des Olymp die Maid,
des Opus Tochter, vom Epeerlande
nach Mänal's Höh'n in stiller Heimlichkeit
ins Brautbett führte; und dem Lokros sandte,
auf dass der Greis, wenn seine Stunde käme,
nicht ohne Sohn vom Leben Abschied nähme.
Und auf den Bastard aus des Gottes Saamen,
den stattlichen, an Thaten reichen Mann,
blickt stolz der Held, giebt ihm des Ahnherrn Namen,
und Staat und Volk vertraut er dreist ihm an.

Und Arkader, Thebaner und Pisaten
verweilten dort und Argos Helden nahten;
doch hoch vor allen stand der Aeginet'
in seiner Gunst, des Aktor Kind, Menöt:
dess' Sohn allein im Heerbann der Atriden
auf Teuthras Ebne bei Achill verblieb,
als Telephos dereinst die kampfesmüden
Argiver strandwärts zu den Schiffen trieb.
Patroklos' Muth hat damals schon erkannt,
wer sich auf Muth, wie Thetis Sohn, verstand.

Wie mahnt er ihn, wenn heiss der Kampf entbrenne,
dass er sich nie von seiner Seite trenne,
und im Gewühl des Streites zu ihm stehe,
wo sich sein Mordspeer seinen Mann ersähe. —
                (μετακατατροπά)
O fänd' ich jetzt des rechten Wortes Weisen,
vom Sitz der Musen mein Gespann zu leiten,
und möchte Kraft und Kühnheit uns geleiten,
so Gastlichkeit wie Heldenmuth zu preisen!
                (σφραγίς)
Seid mir gegrüsst, die ihr dereinst im Bunde
im Isthmos siegtet zu derselben Stunde:

Mein Lampromach und du, mein Epharmost,
der du so oft des Sieges Glück genoss'st:

⁸⁷ταὶ δὲ καὶ Νεμέας Ἐφαρμόστῳ κατὰ κόλπον·
⁸⁸Ἄργει τ' ἔσχεθε κῦδος ἀνδρῶν, παῖς δ' ἐν Ἀθάναις.
  ⁸⁹οἷον δ' ἐν Μαραθῶνι συλαθεὶς ἀγενείων
  ⁹⁰μένεν ἀγῶνα πρεσβυτέρων ἀμφ' ἀργυρίδεσσι·
⁹¹φῶτας δ' ὀξυρεπεῖ δόλῳ ⁹²ἀπτῶτι δαμάσσαις
⁹³διήρχετο κύκλον ὅσσα βοᾷ,
⁹⁴ὡραῖος ἐὼν καὶ καλὸς κάλλιστά τε ῥέξαις.

Ἀντ. δ'. ⁹⁵τὰ δὲ Παρρασίῳ στρατῷ ⁹⁶θαυμαστὸς ἐὼν φάνη
Ζηνὸς ἀμφὶ πανήγυριν Λυκαίου,
⁹⁷καὶ ψυχρᾶν ὁπότ' εὐδιανὸν φάρμακον αὐρᾶν
⁹⁸Πελλάνᾳ φέρε· σύνδικος δ' αὐτῷ Ἰολάου
  ⁹⁹τύμβος ἐναλία τ' Ἐλευσὶς ἀγλαΐαισι.
  ¹⁰⁰τὸ δὲ φυᾷ κράτιστον ἅπαν· πολλοὶ δὲ διδακταῖς
¹⁰¹ἀνθρώπων ἀρεταῖς κλέος ¹⁰²ὤρουσαν ἀρέσθαι.
¹⁰³ἄνευ δὲ θεοῦ σεσιγαμένον
¹⁰⁴οὐ σκαιότερον χρῆμ' ἕκαστον. ἐντὶ γὰρ ἄλλαι

Ἐπ. δ'. ¹⁰⁵ὁδῶν ὁδοὶ περαίτεραι,
¹⁰⁶μία δ' οὐχ ἅπαντας ἄμμε θρέψει
  ¹⁰⁷μελέτα· σοφίαι μὲν ¹⁰⁸αἰπειναί·
τοῦτο δὲ προσφέρων ἄεθλον,
¹⁰⁹ὄρθιον ὤρυσαι θαρσέων,
¹¹⁰τόνδ' ἀνέρα δαιμονίᾳ γεγάμεν
  ¹¹¹εὔχειρα, δεξιόγυιον, ὁρῶν-
τ' ἀλκάν, ¹¹²Αἰάντιόν τ' ἐν
δαιτὶ Ἰλιάδα νικῶν ἐπ-
εστεφάνωσε βωμόν.

87 τᾶ δε A   91 δ' om. A.   92 δαμάσ (σ Bᵉ) ας A] αις soli B D   94 ῥέξας A   99 ἐναλία] em. Z recc.   ἀγλαΐαισι μέμικται A Thom.   100 πολὺ Aⁱ
102 ἀνελέσθαι B rell.   103 ἄνευθε δὲ B   106 ἅμε sive ἅμα A ἀμέρᾳ B] em.
F Thom. recc.   109 ὄρουσαι A ᾽ρ.᾽σαι B ὤρυσαι rell.   110 ἄνδρα solus A
112 Diatr. οἰλιάδα A

als Mann in Argos, in Athen als Kind,
in Nemea, und dreimal in Korinth!
Und welchen Beifall jauchzte dir die Masse
in Marathon, als du des Volkes Gasse
in frischer Anmuth sieggekrönt durchschritt'st,
und gegen Männer den Pokal erstritt'st.
Du wanktest nicht, indessen schlau verdeckt
dein rascher Wurf den Gegner niederstreckt.

Wie staunte dich an Jovis Fest die Menge
der Arkader am Berg Lykäos an,
wie in Pellene's harter Winterstrenge,
wo dir dein Sieg des Mantels Schutz gewann:
und endlich sei zu deinem Ruhm genannt
Jolaos' Grabmal und Eleusis' Strand. —

(ἐπίλογος)

Vollendet prangt, was die Natur erschaffen:
und wähnt auch mancher der Vollendung Schimmer
durch anerlerntes Können zu erraffen,
ihm schweigt das Lied, die Gottheit sucht ihn nimmer. —

Ein Weg führt weiter, als der andre bringt.
Für Eines sind nicht alle gleich berufen.
Hoch thront die Weisheit auf den höchsten Stufen;
doch dieses Lied, was deinem Siege klingt,
betheure laut mit fester Ueberzeugung:
den schönen Arm, der Glieder weiche Beugung
erschuf die Gottheit unsrem Freunde an.
Denn sieh! den Kranz, den ihm sein Sieg gewann,
giebt er am Festschmaus Ileus Sohn zu eigen,
des Helden Macht in Demuth sich zu beugen. —

————

ΟΛΥΜΠΙΟΝΙΚΑΙ Γ΄. (ΙΑ΄.)

ΑΓΗΣΙΔΑΜΩι ΛΟΚΡΩι ΕΠΙΖΕΦΥΡΙΩι

ΠΑΙΔΙ ΠΥΚΤΗι.

Στρ.　　¹Ἔστιν ἀνθρώποις ἀνέμων ὅτε πλεῖστα
²χρῆσις, ἔστιν δ᾽ οὐρανίων ὑδάτων
³ὀμβρίων, παίδων νεφέλας.
⁴εἰ δὲ σὺν πόνῳ τις εὖ
　πράσσοι, μελιγάρυες ὕμνοι
⁵ὑστέρων ἀρχαὶ λόγων
⁶τέλλεται καὶ πιστὸν ὅρκι-
ον μεγάλαις ἀρεταῖς.

Ἀντ.　　⁷ἀφθόνητος δ᾽ αἶνος Ὀλυμπιονίκαις
⁸οὗτος ἔγκειται. τὰ μὲν ἀμετέρα
⁹γλῶσσα ποιμαίνειν ἐθέλει·
¹⁰ἐκ θεοῦ δ᾽ ἀνὴρ σοφαῖς
　ἀνθεῖ πραπίδεσσιν . . . . .
¹¹ἴσθι νῦν, Ἀρχεστράτου
¹²παῖ, τεᾶς, Ἀγησίδαμε,
πυγμαχίας ἕνεκεν

Ἐπ.　　¹³κόσμον ἐπὶ στεφάνῳ χρυσέας ἐλαίας
¹⁴ἁδυμελῆ κελαδήσω,
¹⁵τῶν Ἐπιζεφυρίων Λο-
κρῶν γενεὰν ἀλέγων.
　¹⁶ἔνθα συγκωμάξατ᾽, ἐγγυ-
άσομαι ¹⁷μή μιν, ὦ Μοῖ-
σαι, φυγόξενον στρατὸν
¹⁸μηδ᾽ ἀπείρατον καλῶν,
　¹⁹ἀκρόσοφον δὲ καὶ αἰχματὰν ἀφίξεσθαι. τὸ γὰρ
²⁰ἐμφυὲς οὔτ᾽ αἴθων ἀλώπηξ
²¹οὔτ᾽ ἐρίβρομοι λέον-
τες διαλλάξαιντο ἦθος.

1 ἔστι] em. CF　　5 ἀρχὰ Α　　8—10 Diatr.　　10 Post πραπίδεσσιν (πραπίσιν C). ὅμως ὦν porrigunt CNO — ἀνθεῖ ἐσαεὶ πραπίδεσσιν Moschop.　　12

Zehnte Olympische Ode.

Auf Agesidamus den Sohn des Archestratus
aus dem epizephyrischen Lokri,
unmittelbar nach dessen Siege im Faustkampf in Olympia gedichtet.

Zu Zeiten thut der Lüfte Gruss uns wohl,
Zu Zeiten auch ein Gruss der Wolkensöhne
aus Himmelshöh'n in dichten Regenschauern.
Doch wer im Schweisse sich ein Glück ermühte,
lechzt nach dem Grusse süssen Liederklangs,
der redlichem Verdienst ein sichres Pfand
zukünft'gen Nachruhms und die erste Staffel
zum späten Preise seines Namens ist.

Aus Herzens Grund wird solchen Liedes Zoll
dem Sieger in Olympia gebracht.
Auch dir ihn darzubringen ist mein Mund,
o Liebling des Archestratos, gewillt;
wenn nur der Genius seine Blüthenkelche
nicht in geweihten Stunden nur erschlösse. —
Doch sei gewiss, Agesidam, es trägt
dein Sieg im Faustkampf zu des Oelbaums Reis

noch einen unvergänglich schönen Lohn,
mein mächtig brausend Harfenspiel, dir ein.
Denn hoch verehr' ich das Geschlecht der Lokrer
Zephyriums. Zur Siegesfeier seid,
o Musen, mir entboten: auf mein Wort,
ihr findet dort kein Volk, das gegen Fremdes
und gegen fein're Bildung sich verschlösse;
ihr trefft ein mannhaft, hochbegabt Geschlecht,
das treu sein altes Naturell bewahrt,
nach Reinekes und König Nobels Art.

ἕνεχε B　　13 ἀμφὶ ˉA solus　　15 τῶν ἐπὶ Ζεφυρίῳ?　　17 μοῦσαι A　-ξεινον A
19 τε] em. E F　　20 εὐφυὲς A　　21 οὐδ' A

ΟΛΥΜΠΙΟΝΙΚΑΙ ΙΑ΄. (Ι΄.)

ΑΓΗΣΙΔΑΜΩι ΛΟΚΡΩι ΕΠΙΖΕΦΥΡΙΩι
ΠΑΙΔΙ ΠΥΚΤΗι.

Στρ. α΄.   ¹Τὸν Ὀλυμπιονίκαν ἀνάγνωτέ μοι
²Ἀρχεστράτου παῖδα πόθι φρενὸς
³ἐμᾶς γέγραπται. γλυκὺ γὰρ αὐτῷ μέλος ὀφείλων
ἐπιλέλαϑ᾽. ὦ Μοῖσ᾽, ἀλλὰ σὺ καὶ ϑυγάτηρ
⁴Ἀλάϑεια Διός, ὀρϑᾷ χερὶ
⁵ἐρύκετον ψευδέων ⁶ἐνιπὰν ἀλιτόξενον.

Ἀντ. α΄.   ⁷Ἕκαϑεν γὰρ ἐπελϑὼν ὁ μέλλων χρόνος
⁸ἐμὸν καταίσχυνε βαϑὺ χρέος.
⁹ὅμως δὲ λῦσαι δυνατὸς ὀξεῖαν ἐπιμομφὰν
τόκος· ϑνατῶν νῦν ψᾶφον ἑλισσομέναν
¹⁰ὅπα κῦμα κατακλύσσει ῥέον
¹¹ὅπα τε κοινὸν λόγον ¹²φίλαν τίσομεν ἐς χάριν.

Ἐπ. α΄.   ¹³νέμει γὰρ Ἀτρέκεια πόλιν Λοκρῶν Ζεφυρίων,
¹⁴μέλει τέ σφισι Καλλιόπα ¹⁵καὶ χάλ-
κεος Ἄρης. τράπε δὲ Κύκνεια μάχα καὶ ὑπέρβιον
¹⁶Ἡρακλέα· πύκτας δ᾽ ἐν Ὀλυμπιάδι νικῶν
¹⁷Ἴλᾳ φερέτω χάριν
¹⁸Ἀγησίδαμος, ὡς
¹⁹Ἀχιλεῖ Πάτροκλος.
²⁰ϑήξαις δέ κε φύντ᾽ ἀρετᾷ ποτὶ

---

2 ἀρχιστράτου A   4 χειρὶ B   7 ἕκαϑε]ν C   8 καταισχύνει] em. Böckh
βαϑὺ   άχ   ιν
βραχὺ A solus   9 ἐπὶ μορφὴν A   13 ἀτρέκεια πόλις A   ἐπιζεφυρίων] em. CD
14 μέλλει B   σφι A   15 κυκνέα] em. Mosch.   16 ὀλυμπιονικῶν A ὀλυμπία νικῶν B] em. D E   17 ἰόλα A   19 ἀχιλλεῖ C   20 ϑήξας Aˢ καὶ A, φύντ᾽]
φῶτ᾽ C   ποτὲ solus A

Elfte Olympische Ode.

Auf Agesidamos den Lokrer
Sieger im Faustkampf der Knaben.

‘Dem Sieger in Olympia, dem Sohne
des Archestrat’, hier steht es, leset selbst,
verzeichnet im Gedenkbuch meines Herzens,
‘ein süsses Lied’ und dieser Ehrenschuld
vergass ich dennoch bis auf diese Stunde.
Denn dass ich mich an meinem alten Freund
durch schnöden Wortbruch wissentlich versündigt,
vor diesem Vorwurf schütze mich, o Muse,
und du, o Wahrheit, mit erhobner Hand.

Mit Scham gedacht’ ich meiner tiefen Schuld,
als aus dem Dunkel der Erinnerung
der Schatten des Verfalltags vor mich trat.
Bewährt denn, Zinsen, eure Wunderkraft,
dem Vorwurf seine Schärfe zu benehmen!
Das Steinchen rollt — wir fragen nicht, wohin es
die Fluth entführe; noch mit welcher Summe
die Rechnung abschliesst, wenn um Freundes Gunst
wir mit des Liedes goldner Münze zahlen.

O Volk der Lokrer am Zephyrion,
du redlich treues, dessen Herz der Muse
und für den erzbewehrten Kriegsgott schlägt,
Heil dir! Im Kampfe mit dem Kyknos wankte
selbst Herakles der allgewalt’ge Held.
Heil auch dem Sieger zu Olympia!
und dankbar sei des Ilas mitgedacht,
der, wie Achilles einst Patroklos’ Arm,
im Faustkampf dich, Agesidam, gestählt.

[21]πελώριον ὁρμάσαι κλέος ἀ-
νὴρ θεοῦ σὺν παλάμᾳ.

Στρ. β'.   [22]ἄπονον δ' ἔλαβον χάρμα παῦροί τινες,
[23]ἔργων πρὸ πάντων βιότῳ φάος.
[24]ἀγῶνα δ' ἐξαίρετον ἀεῖσαι θέμιτες ὦρσαν
Διός, ὃν ἀρχαίῳ σάματι πὰρ Πέλοπος
[25]βωμῶν ἑξάριθμον ἐκτίσσατο,
[26]ἐπεὶ Ποσειδάνιον [27]πέφνε Κτέατον ἀμύμονα,

Ἀντ. β'.   [28]πέφνε δ' Εὔρυτον, ὡς Αὐγέαν λάτριον
[29]ἀέκονθ' ἑκὼν μισθὸν ὑπέρβιον
[30]πράσσοιτο. λόχμαισι δὲ δοκεύσαις ὑπὸ Κλεωνᾶν
δάμασε κἀκείνους Ἡρακλέης ἐφ' ὁδῷ,
[31]ὅτι πρόσθε ποτὲ Τιρύνθιον
[32]ἔπερσαν αὐτῷ στρατὸν[33]μυχοῖς ἥμενοι Ἄλιδος

Ἐπ. β'.   [34]Μολίονες ὑπερφίαλοι. καὶ μὰν ξεναπάτας
[35]Ἐπειῶν βασιλεὺς ὄπιθεν [36]οὐ πολ-
λὸν ἴδε πατρίδα πολυκτέανον ὑπὸ στερεῷ πυρὶ
[37]πλαγαῖς τε σιδάρου βαθὺν εἰς ὀχετὸν ἄτας
[38]ἵζοισαν ἑὰν πόλιν.
[39]νεῖκος δὲ κρεσσόνων
[40]ἀποθέσθ' ἄπορον.
[41]καὶ κεῖνος ἀβουλίᾳ ὕστατος
[42]ἁλώσιος ἀντάσας θάνατον
αἰπὺν οὐκ ἐξέφυγεν.

Στρ. γ'.   [43]ὁ δ' ἄρ' ἐν Πίσᾳ ἔλσαις ὅλον τε στρατὸν
[44]λαίαν τε πᾶσαν Διὸς ἄλκιμος
[45]υἱὸς σταθμᾶτο ζάθεον ἄλσος πατρὶ μεγίστῳ·
περὶ δὲ πάξαις Ἄλτιν μὲν ὅγ' ἐν καθαρῷ

21 παλάμαις A   24 Θέμιστες A   25 βωμῶ Ἐξάριθμον ἡρακλέης B] βίη ἡρακλέος Moschop.   26 ποσειδάνειον B   28 ὥστ' A   30 δάμασε B   34 ἥ-μενον A ἅμενον B] em. Böckh   34 μολίωνες A ξειν- A   35 βασιλεὺς ἐπειῶν B ὄπισθεν]   36 εἶδε] em. N   37 σιδήρου A   39 κρεισσόνων A   41 ἀβου-λίαις] em. Mosch.   43 ἑάσας A   45 πάξας A

Den Hochbegabten spornt des Meisters Stimme,
dass er mit Gott das höchste Ziel erklimme.

Denn eine Freude, die uns allerwegen
des Lebens Pfad mit ihrem Glanz erhellt,
ward sonder Müh' nur wenigen zu Theil.
Mich aber drängt es, heil'gem Brauch getreu,
anjetzt das Fest der Feste zu besingen,
($\mathring{o}\mu\varphi\alpha\lambda\acute{o}\varsigma$)
das mit der Spiele Sechszahl Herakles
einst an des Pelops Hünengrabe weihte,
als er den tadellosen Kteatos,
Poseidons Sohn, und Eurytos erschlagen.

Molione's tollkühne Söhne hatten
vorlängst den Pass nach Elis ihm verlegt
und seinen Trupp tirynthisch Volk versprengt.
Drum bei Kleonä lagernd im Verhak
Warf er auch sie, da sie des Weges zogen:
denn heute galt es, von Augeas Trotz
wohl oder übel den bedungnen Lohn
für harten Frohndienst endlich zu erzwingen.

Und so geschah es, binnen kurzer Frist
traf den Epeer seines Wortbruchs Strafe.
Vor seinen Augen bricht die stolze Pracht
der reichen Heimath unter Feuerflammen
in Staub zerschlagen durch des Eisens Macht
in der Vernichtung tiefem Schlund zusammen.
Sinnloser Thor, der sich des bessren Manns
im Kampfe zu erwehren keck vermisst!
Gefangen fällst du in des Siegers Hände
und jäher Tod ist deines Wahnes Ende.

Aber er, der wackre Streiter, Jovis vielgeliebter Spross,
hegt in Pisa drauf die Beute und den ganzen Kriegertross.
Dem erhabnen Vater weihet heil'gen Boden hier der Held;
drauf umfriedet er die Altis mitten in dem freien Feld,

⁴⁶διέκρινε, τὸ δὲ κύκλῳ πέδον
⁴⁷ἔθηκε δόρπου λύσιν, ⁴⁸τιμάσαις πόρον Ἀλφεοῦ

Ἀντ. γ΄.   ⁴⁹μετὰ δώδεκ' ἀνάκτων θεῶν. καὶ πάγον
⁵⁰Κρόνου προσεφθέγξατο· πρόσθε γὰρ
⁵¹νώνυμνος, ἃς Οἰνόμαος ἄρχε, βρέχετο πολλᾷ
νιφάδι. ταύτᾳ δ' ἐν πρωτογόνῳ τελετᾷ
⁵²παρέσταν μὲν ἄρα Μοῖραι σχεδὸν
⁵³ὅ τ' ἐξελέγχων μόνος ⁵⁴ἀλάθειαν ἐτήτυμον

Ἐπ. γ΄.   ⁵⁵χρόνος. τὸ δὲ σαφανὲς ἰὼν πόρσω κατέφρασεν,
⁵⁶ὅπα τὰν πολέμοιο δόσιν ⁵⁷ἀκρόθι-
να διελὼν ἔθυε καὶ πενταετηρίδ' ὅπως ἄρα
⁵⁸ἔστασεν ἑορτὰν σὺν Ὀλυμπιάδι πρώτᾳ
⁵⁹νικαφορίαισί τε.
⁶⁰τίς δὴ ποταίνιον
⁶¹ἔλαχε στέφανον
⁶²χείρεσσι, ποσίν τε καὶ ἅρματι,
⁶³ἀγώνιον ἐν δόξᾳ θέμενος
εὖχος, ἔργῳ καθελών;

Στρ. δ΄.   ⁶⁴σταδίου μὲν ἀρίστευσεν εὐθὺν τόνον
⁶⁵ποσσὶ τρέχων παῖς ὁ Λικυμνίου
⁶⁶Οἰωνός· ἵκεν δὲ Μιδέαθε στρατὸν ἐλαύνων·
ὁ δὲ πάλᾳ κυδαίνων Ἔχεμος Τεγέαν·
⁶⁷Δόρυκλος δ' ἔφερε πυγμᾶς τέλος
⁶⁸Τίρυνθα ναίων πόλιν· ⁶⁹ἀν' ἵπποισι δὲ τέτρασιν

Ἀντ. δ΄.   ⁷⁰ἀπὸ Μαντινέας Σᾶμ' ἁλιρροθίου·
⁷¹ἄκοντι Φράστωρ ἔλασε σκοπόν·
⁷²μᾶκος δὲ Νικεὺς ἔδικε πέτρῳ χέρα κυκλώσαις
ὑπὲρ ἁπάντων, καὶ συμμαχία θόρυβον
⁷³παραίθυξε μέγαν. ἐν δ' ἕσπερον
⁷⁴ἔφλεξεν εὐώπιδος ⁷⁵σελάνας ἐρατὸν φάος.

46 δάπεδον] em. Mosch.   51 νώνυμον] em. Mosch.   51 ἄρχεν Α   52 ταύτῃ Α   53

giebt den Plan, der die Umfriedung rings umspannt in weitem Kreis,
dem gesammten Volk als Festsaal, dort sein Mahl zu rüsten, preis.
Einen namenlosen Hügel einst bedeckt mit ew'gem Schnee,
als Oenomaos noch herrschte, spricht er an als Kronos' Höh'.
Und den Stromgott des Alpheios heisst er an den sechs Altären
als den zwölften Hort und Schutzgeist des geweihten Raums verehren.
Also ward des Festes Grundstein dort gelegt, als Zeuge stand
ihm die ernste Macht des Schicksals und der Zeiten Gott zur Hand,
der allein der Wahrheit huldigt und auf weitem Wanderzug
von Geschlechte zu Geschlechte die getreue Kunde trug:
Wie der Held aus reicher Beute, so der Kriegsgott ihm bescheert,
frommen Sinns vorweg das Beste den Unsterblichen gewährt;
den Beginn der Olympiaden festgesetzt, das Spiel, die Preise,
und im fünften Jahr des Festes Wiederkehr in gleicher Weise. —
    Und so vernehmt denn, wer im Kampf der Wagen,
    behenden Fusses, und gewandter Hand
    den frischen Kranz zuerst davongetragen,
    wem schwerermüht der Sieg sich zugewandt!

    Heerfolge leistend war aus Midea
    der Likymnid Oeonus hergezogen:
    er hat im Schnelllauf sich hervorgethan,
    rastlos die langgestreckte Bahn durchflogen.
    Der Preis im Ringen fiel auf Echemos,
    die Zierde Tegea's. Doryklos gewann
    den Sieg im Faustkampf, Bürger in Tirynth;
    ein Mantineer, Halirrhochthos' Kind,
    Samos, den Rennsieg mit dem Viergespann.
    Das Ziel traf Phrastor mit dem Eschenspeere;
    in hohem Wirbel, aus Enipeus Faust
    geschleudert, flog des Diskus Zentnerschwere
    weit über's Ziel; ein Beifallssturm erbraust,

ὅτε A   54 ἀληϑ] A   55 πρόσω] em. Θ.   57 ἔϑυεν A ἄρ' A   59 νικηφ] A
62 ποσί] em. F recc.   64 εὐϑύτονον] em. Thom.   66 ἵκε] em. D F μηδέάϑεν A
πάλη A   67 ἄπο πυγμᾶς solus B   69 ἀνίπτοισι καὶ τ| ἐν A solus   70 σᾶμ' ἁλιρ-
ροϑίου]   71 ἄκοντι δὲ] em. Mosch.   73 παρέϑηξε] em. C

Ἐπ. δ΄.   ⁷⁶ἀείδετο δὲ πᾶν τέμενος τερπναῖσι θαλίαις
⁷⁷τὸν ἐγκι΄μιον ἀμφὶ τρόπον. ⁷⁸ἀρχαῖς
δὲ προτέραις ἑπόμενοι καί νυν ἐπωνυμίαν χάριν
⁷⁹νίκας ἀγερώχου, κελαδησόμεθα βροντὰν
     ⁸⁰καὶ πυρπάλαμον βέλος
⁸¹ὀρσικτύπου Διός,
⁸²ἐν ἅπαντι κράτει
⁸³αἴθωνα κεραυνὸν ἀραρότα.
     ⁸⁴χλιδῶσα δὲ μολπὰ πρὸς κάλαμον
ἀντιάξει μελέων,

Στρ. ε΄.   ⁸⁵τὰ παρ᾽ εὐκλέϊ Δίρκᾳ χρόνῳ μὲν φάνεν·
⁸⁶ἀλλ᾽ ὥστε παῖς ἐξ ἀλόχου πατρὶ
⁸⁷ποθεινὸς ἵκοντι νεότατος τὸ πάλιν ἤδη,
μάλα δέ τοι θερμαίνει φιλότατι νόον·
     ⁸⁸ἐπεὶ πλοῦτος ὁ λαχὼν ποιμένα
⁸⁹ἐπακτὸν ἀλλότριον ⁹⁰θνάσκοντι στυγερώτατος·

Ἀντ. ε΄.   ⁹¹καὶ ὅταν καλὰ ἔρξαις ἀοιδᾶς ἄτερ,
⁹²Ἀγησίδαμ᾽, εἰς Ἀΐδα σταθμὸν
⁹³ἀνὴρ ἵκηται, κενεὰ πνεύσας ἔπορε μόχθῳ
βραχύ τι τερπνόν. τὶν δ᾽ ἁδυεπής τε λύρα
     ⁹⁴γλυκύς τ᾽ αὐλὸς ἀναπάσσει χάριν.
⁹⁵τρέφοντι δ᾽ εὐρὺ κλέος ⁹⁶κόραι Πιερίδες Διός.

Ἐπ. ε΄.   ⁹⁷ἐγὼ δὲ συνεφαπτόμενος σπουδᾷ, κλυτὸν ἔθνος
⁹⁸Λοκρῶν ἀμφέπεσον μέλιτι ⁹⁹εὐά-

85 εὐκλεεῖ] em. recc.   87 νεότατι Α¹Β] em. Α² τοὐμπαλιν] em. recc.
91 καλὰ μὲν] em. X recc. ῥέξας Α solus ἀοιδῆς Α solus   93 πνεύσας ΑΒ² C
rell. δὲ ἁδ| solus Α   94 ἀναπλάσσει Α   94 Diatr.

indess des Mondes weiches Zauberlicht
mit süssem Liebreiz durch die Dämm'rung bricht:
und bald erklingt der weite Festplatz wieder
vom Siegesjubel froher Tafellieder.
(μετακατατροπά)
So lasset denn nach Väterbrauch auch uns
glorreichen Sieg in Siegeshymnen preisen!
Ja, Preis dem Gotte, der im Wettergrollen
sich offenbart in seines Donners Rollen,
aus dessen Faust der Blitze Feuerschwert
den Sieg verkündend zuckend niederfährt.

Doch dieses Liedes weiche Melodie,
die mir an Dirke's frischem Quell entsprang,
lasst sich vermählen mit der Flöte Klang!
Ein Spätling zwar, wird's doch willkommen sein,
als Kind der Sehnsucht; wie den wärmsten Gruss
der väterlichen Lieb' ein Sohn empfängt,
den dem Gemahle noch die Gattin schenkte,
als abwärts schon sein Lebenspfad sich senkte.
(σφραγίς)
Denn auf den Gütern, auf den Schätzen allen,
die herrenlos dem fernen Seitenerben,
dem eingedrungnen fremden Herrn verfallen,
ruht unser Auge schmerzlich noch im Sterben.

So hat auch der vergeblich nur gefrohnt,
und sieht des Lebens lange Mühe nur
mit kurzer Lust, Agesidam, gelohnt,
der klanglos einzieht in des Hades Nacht
nachdem er glorreich wackre That vollbracht.
Doch dich, o Hochbegnadeter, begrüsst
der Laute Klang, der Flöte schmelzend Spiel.
Die Pieriden selber sind erschienen,
die Töchter Jovis, deinem Ruhm zu dienen.

Auch meines Eifers in der Muse Dienst
mag nun der Lokrer wackres Volk sich rühmen.

νορα πόλιν καταβρέχων· παῖδ᾽ ἐρατὸν δ᾽ Ἀρχεστράτου
¹⁰⁰αἴνησα, τὸν εἶδον κρατέοντα χερὸς ἀλκᾷ
 ¹⁰¹βωμὸν παρ᾽ Ὀλύμπιον,
¹⁰²κεῖνον κατὰ χρόνον
¹⁰³ἰδέᾳ τε καλὸν
¹⁰⁴ὥρᾳ τε κεκραμένον, ἅ ποτε
 ¹⁰⁵ἀναιδέα Γανυμήδει θάνατον ἄ-
λαλκε σὺν Κυπρογενεῖ.

ΟΛΥΜΠΙΟΝΙΚΑΙ ΙΒ΄.

ΕΡΓΟΤΕΛΕΙ ΙΜΕΡΑΙΩι

ΔΟΛΙΧΟΔΡΟΜΩι.

Στρ.   ¹Λίσσομαι, παῖ Ζηνὸς Ἐλευθερίου,
²Ἱμέραν εὐρυσθενέ᾽ ἀμφιπόλει, Σώτειρα Τύχα. ³τὶν γὰρ ἐν πόντῳ κυβερνῶνται θοαὶ
 ⁴νᾶες, ἐν χέρσῳ τε λαιψηροὶ πόλεμοι
 ⁵κἀγοραὶ βουλαφόροι. αἵ γε μὲν ἀνδρῶν
⁶πόλλ᾽ ἄνω, τὰ δ᾽ αὖ κάτω ψεύδη μεταμώνια τάμνοι-
σαι κυλίνδοντ᾽ ἐλπίδες·

Ἀντ.   ⁷σύμβολον δ᾽ οὔ πώ τις ἐπιχθονίων
⁸πιστὸν ἀμφὶ πράξιος ἐσσομένας εὗρεν θεόθεν· ⁹τῶν δὲ μελλόν-
των τετύφλωνται φραδαί.
 ¹⁰πολλὰ δ᾽ ἀνθρώποις παρὰ γνώμαν ἔπεσεν,
 ¹¹ἔμπαλιν μὲν τέρψιος, οἱ δ᾽ ἀνιαραῖς
¹²ἀντικύρσαντες ζάλαις ἐσ-
λὸν βαθὺ πήματος ἐν μι-
κρῷ πεδάμειψαν χρόνῳ.

99 ἐρατὸν ἁ|] em. Θᵇ   100 αἰνήσας Α   χειρὸς] em. recc.   104 ἄποτ᾽] em. Herm.   105 γαννυμήδει Β θάνατον omnes l. m.

Mit meines Liedes Honigseim erquickt
hab ich die Stadt, und des Archestratos
geliebten Sohn gepriesen, den ich selbst
am heil'gen Altar zu Olympia
mit starker Faust den Sieg erringen sah.
Noch seh' ich ihn in voller Jugendfrische
in seiner Formen Liebreiz vor mir prangen:
gleich Ganymedes, der, dem Tod entgangen,
in Eros Armen ruht am Göttertische.

Zwölfte Olympische Ode.

Auf Ergoteles von Himera
Sieger im Strecklaufe.

Auf, lasst uns beten: Tochter Jupiters,
der uns die Freiheit wiedergab, behüte
das mächt'ge Himera, heilbringend Glück!
Dein Steuer lenkt im Meer das schnelle Schiff,
zu Land das Kriegsrad, und den Endbeschluss
der tagenden Versammlung; Menschenahnen
wogt auf und ab auf trügerischen Bahnen.

Kein Erdensohn empfing aus Götterhand
ein sichres Pfand, wie sich sein Loos gestalte.
Sein blöder Blick reicht in die Zukunft nicht.
Oft trifft uns gegen menschliches Berechnen
das Unerfreulichste, und den vom Sturm
des Leids Gebeugten hebt ein Augenblick
aus tiefem Weh zu himmelhohem Glück.

2 ἱμέρα Bᵃᶜ τύχᾳ solus A   6 τέμνοισαι B Mosch.   8 πράξηος A εὗρε A
εὗρε B] ν C Ͽεόϑε B solus   10 ἀνϑρώποισι A solus ἔπεσσεν B   12 παῖϑ
ἄμειψαν A ποτάμ| Bˢ] em. Bⁱ

Ἐπ.   [13]υἱὲ Φιλάνορος, ἤτοι καὶ τεά κεν,
[14]ἐνδομάχας ἅτ᾽ ἀλέκτωρ, συγγόνῳ παρ᾽
ἑστίᾳ [15]ἀκλεὴς τι-
μὰ κατεφυλλορόησε ποδῶν,
    [16]εἰ μὴ στάσις ἀντιάνειρα
Κνωσίας σ᾽ ἄμερσε πάτρας.
    [17]νῦν δ᾽ Ὀλυμπίᾳ στεφανωσάμενος
[18]καὶ δὶς ἐκ Πυθῶνος Ἰσθμοῖ τ᾽, Ἐργότελες,
[19]θερμὰ Νυμφᾶν λουτρὰ βαστάζεις, ὁμι-
λέων παρ᾽ οἰκείαις ἀρούραις.

ΟΛΥΜΠΙΟΝΙΚΑΙ ΙΓ΄.

Ξ Ε Ν Ο Φ Ω Ν Τ Ι   Κ Ο Ρ Ι Ν Θ Ι Ωι

ΣΤΑΔΙΟΔΡΟΜΩι ΚΑΙ ΠΕΝΤΑΘΛΩι.

Στρ. α΄.   [1]Τρισολυμπιονίκαν
[2]ἐπαινέων οἶκον ἅμερον
ἀστοῖς, [3]ξένοισι δὲ θεράποντα, γνώσομαι
    [4]τὰν ὀλβίαν Κόρινθον, Ἰσθμί-
ου [5]πρόθυρον Ποσει-
δᾶνος, ἀγλαόκουρον.
[6]ἐν τᾷ γὰρ Εὐνομία
    ναίει, κασίγνηταί τε, βάθρον πολίων
ἀσφαλές, [7]Δίκα καὶ ὁμότροπος Εἰράνα, ταμίαι ἀνδράσι πλούτου, [8]χρύσεαι
παῖδες εὐβούλου Θέμιτος·

Ἀντ. α΄.   [9]ἐθέλοντι δ᾽ ἀλέξειν
[10]ὕβριν, κόρου ματέρα θρασύ-
μυθον. [11]ἔχω καλά τε φράσαι, τόλμα τέ μοι

16 κνωσσίας A   σ᾽ solus A   18 δι᾽ ἐκ solus A   19 θερμᾶν–λουτρᾶν A

O Sohn Philanors, wie im eignen Hof
des Hahnes Siegruf ungehört verhallt,
so würd' auch deinen Sieg im Dauerlaufe
nicht dieses Kranzes voller Blattschmuck ehren,
wenn nicht aus Knosos, deinem Vaterlande,
Mann gegen Mann der Aufruhr dich vertrieb;
jetzt aber in Olympia, im Isthmus,
und zweimal auch in Pytho schon gekränzt,
bist du, Ergoteles, der Nymphen Stolz,
ein freier Grundherr in der Stadt der Thermen.

Dreizehnte Olympische Ode.

Auf Xenophon von Korinth

Sieger im Bahnlaufe und Fünfkampf.

(ἀρχά)

An olympischen Siegen reiches
bürgerfreundliches, gastliches Haus, dein Sänger
versetzt sich heut ins prächtige Korinth, des isthmischen
Poseidon Vorhof, edler Jungfraun Heimath.
Denn dort weilt die Gesetzlichkeit, dort ihr einmüthig Schwesternpaar,
das Recht, der Staaten Grundmacht, und der Frieden, Hüter des Bür-
                            gerwohlstands,
goldene Töchter der wohlberathnen Ordnung,

die entschlossen den Kampf aufnehmen
mit der Vermessenheit, des Uebergriffs frechzüngiger Mutter.
Ein herrlicher Stoff erfüllt mich und grader Freimuth
löst meinem Lied die Zunge.

XIII sq. non habet A   3 ξείνοισι δὲ B] em. E   5 ποτιδᾶνος D E   6 τᾶδε
B] C κασιγνήτα C ἀσφαλὴς] em. Schmid   7 ὁμότροφος C εἰρήνα] C   10 Ͽρα-
σύϑυμον C   11. καλά τοι solus B

¹²εὐθεῖα γλῶσσαν ὀρνύει λέγειν. ¹³ἄμαχον δὲ κρύ-
ψαι τὸ συγγενὲς ἦθος.
¹⁴ὔμμι δέ, παῖδες Ἀλάτα,
 πολλὰ μὲν νικαφόρον ἀγλαΐαν
ὤπασαν ¹⁵ἄκραις ἀρεταῖς ὑπερελθόν-
των ἱεροῖς ἐν ἀέθλοις, ¹⁶πολλὰ δ᾽ ἐν
καρδίαις ἀνδρῶν ἔβαλον

Ἐπ. α'. ¹⁷Ὧραι πολυάνθεμοι ἀρχαῖα σοφίσμαθ᾽· ἄπαν δ᾽ εὑ-
ρόντος ἔργον. ¹⁸ταὶ Διωνύ-
σου πόθεν ἐξέφανεν ¹⁹σὺν βοηλάτᾳ χάριτες διθυράμβῳ;
 ²⁰τίς γὰρ ἱππείοις ἐν ἔντεσσιν μέτρα,
²¹ἢ θεῶν ναοῖσιν οἰω-
νῶν βασιλῆα δίδυμνον ²²ἐπέθη-
κ᾽; ἐν δὲ Μοῖσ᾽ ἁδύπνοος,
 ²³ἐν δ᾽ Ἄρης ἀνθεῖ νέων
οὐλίαις αἰχμαῖσιν ἀνδρῶν.

Στρ. β'. ²⁴ὕπατ᾽ εὐρὺ ἀνάσσων
²⁵Ὀλυμπίας, ἀφθόνητος ἔ-
πεσσι ²⁶γένοιο χρόνον ἅ-
παντα, Ζεῦ πάτερ,
 ²⁷καὶ τόνδε λαὸν ἀβλαβῆ νέμων ²⁸Ξενοφῶντος εὔ-
θυνε δαίμονος οὖρον·
²⁹δέξαι δέ οἱ στεφάνων
 ἐγκώμιον τεθμόν, τὸν ἄγει πεδίων
ἐκ Πίσας, ³⁰πενταέθλῳ ἅμα σταδίου νικῶν δρόμον· ἀντεβόλησε ³¹τῶν ἀνὴρ
θνατὸς οὔπω τις πρότερον.

Ἀντ. β'. ³²δύο δ᾽ αὐτὸν ἔρεψαν
³³πλόκοι σελίνων ἐν Ἰσθμιά-
δεσσιν ³⁴φανέντα· Νέμεά
τ᾽ οὐκ ἀντιξοεῖ·

Es drängt den Geist zum Preis der Geistesbrüder,
Euch, Söhnen des Aletes aber bescheerten die blüthenreichen Horen
schon manche Siegesfreude, wenn höchste Gewandtheit obsiegte in heiligem Festspiel,
und schärften eurer Ahnen Witz zu manchem sinnigen Einfall.

So nun dem Erfinder jeglicher Schöpfung Ruhm voll gebührt,
wo hat alsdann die Dionysoslust,
der Dithyramb mit seinem Stierpreis, seine Heimath?
Wer lehrte der Rosse Zügellenkung,
oder schmückte die Göttertempel mit doppeltem Giebelfelde?
Euch blüht die Muse im süssen Liederduft
Ares im Speerwald jugendfrischen Kriegsvolks.

($\grave{\epsilon}\pi\alpha\varrho\chi\acute{\alpha}$)

Vater Zeus, hochgebietender Herr
Olympia's, zu Liedern in Fülle
bescheere Stoff uns immerdar;
gieb dieser Gemeinde Gedeihn,
Xenophons Glücksschiff stetigen Wind,
und willkommen heisse den Festzug, der nach Väterbrauch den Be-
kränzten heimführt aus den Gefilden Pisa's
als Sieger im Faustkampf zugleich und Wettlauf;
was zuvor noch keinem sterblichen Manne glückte,

wenngleich schon zweimal ihn selbst
der Eppichkranz schmückte, als er im Isthmos
auftrat, und ihm Nemea hold war,
an den Fluthen des Alpheos aber fortlebt der Ruhm

21 δίδυμον] em. Böckh   26 μένοιο B solus   29 τέ οἱ C   31 πρό-
τερος C

³⁵πατρὸς δὲ Θεσσαλοῖ᾿ ἐπ᾿ Ἀλφεοῦ ³⁶ῥεέθροισιν αἴ-
γλα ποδῶν ἀνάκειται,
³⁷Πυθοῖ τ᾿ ἔχει σταδίου
τιμὰν διαύλου τ᾿ ἀελίῳ ἀμφ᾿ ἑνί, μη-
νός τέ οἱ ³⁸τωὐτοῦ κρανααῖς ἐν Ἀθάναι-
σι τρία ἔργα ποδαρκὴς ³⁹ἀμέρα
θῆκε κάλλιστ᾿ ἀμφὶ κόμαις,

Ἐπ. β΄.   ⁴⁰Ἑλλώτια δ᾿ ἑπτάκις· ἐν δ᾿ ἀμφιάλοισι Ποσειδᾶ-
νος τεθμοῖσιν ⁴¹Πτοιοδώρῳ
σὺν πατρὶ μακρότεραι ⁴²Τερψίᾳ θ᾿ ἕ-
ψοντ᾿ Ἐριτίμῳ τ᾿ ἀοιδαί.
⁴³ὅσσα τ᾿ ἐν Δελφοῖσιν ἀριστεύσατε
⁴⁴ἠδὲ χόρτοις ἐν λέοντος,
δηρίομαι πολέσι ⁴⁵περὶ πλή-
θει καλῶν, ὡς μὰν σαφὲς
⁴⁶οὐκ ἂν εἰδείην λέγειν
ποντιᾶν ψάφων ἀριθμόν.

Στρ.γ΄.   ⁴⁷Ἕπεται δ᾿ ἐν ἑκάστῳ
⁴⁸μέτρον. νοῆσαι δὲ καιρὸς ἄ-
ριστος. ⁴⁹ἐγὼ δὲ ἴδιος
ἐν κοινῷ σταλεὶς
⁵⁰μῆτίν τε γαρύων παλαιγό-
νων ⁵¹πόλεμόν τ᾿ ἐν ἡ-
ρωΐαις ἀρεταῖσιν
⁵²οὐ ψεύσομαι ἀμφὶ·Κορίνθῳ,
Σίσυφον μὲν πυκνότατον παλάμαις
ὡς θεόν, ⁵³καὶ τὰν πατρὸς ἀντία Μήδειαν θεμέναν γάμον αὐτᾷ, ⁵⁴καὶ σώ-
τειραν Ἀργοῖ καὶ προπόλοις.

Ἀντ.γ΄.   ⁵⁵τὰ δὲ καί ποτ᾿ ἐν ἀλκᾷ
⁵⁶πρὸ Δαρδάνου τειχέων ἐδό-
κησαν ⁵⁷ἐπ᾿ ἀμφότερα μα-
χᾶν τέμνειν τέλος,

35 Θεσσαλοῖο ἐπ᾿] em. N Oᵇ   37 τ᾿] δ᾿ C τἀλίῳ] em. Bergk   38 ποδαρ-

von Thessalos' Wettlauf, seines Vaters,
der auch in Pytho den Preis im Rennen und Doppellauf empfing an
einem Tage
und dem im nämlichen Monde ein flüchtiger Tag im felsigen Athen
drei Siegeskränze in die Locken drückte,

und sieben ellotische Preise wurden. Poseidons meerumfluthete Fest-
lust aber besingt ihn
in langer Liederreihe sammt seinem Vater
Ptöodor, mit Terpsias und Eritimos:
auch eure Thaten in Delphi
und im Löwengehege dürfen an Menge der Preise
mit jedem sich messen; traun, auf's Körnchen
lässt Sand am Meere sich nicht berechnen.

(κατατροπά)
Ich kam auf Einzelnes vom Allgemeinen.
Doch jetzt — denn alles hat sein Mass,
es taktvoll finden aber, ist die Kunst —
will ich hinwieder der Altvordern Klugheit
und kriegstüchtige Heldenkraft
mit Farben der Wahrheit schildern im Bilde Korinth's (ὀμφαλός), hier
Sisyphos' kunstgeübte Götterhand
und wie dem Vater zum Trotz Medea ihren Ehbund schloss
zum Heil der Argo und ihrer Bemannung,

Dort jene Recken der Sage,
die einst vor Dardanos' Mauern
sich gegenüberstanden in der Entscheidungsschlacht,
diese mit Atreus' Söhnen im Bund

κὲς B   39 ἡμέρα B   42 τέρψιες ἔψοντ' C   ἐρίτιμοί τ'] em. schol. vett.   44
πολέεσσι D F   47 δ' ἑκάστω C N O   49 δ'   53 ἀντίαν Bac   54 προσπόλοις
Cpc NOpc

⁵⁸τοὶ μὲν γένει φίλῳ σὺν Ἀτρέ-
ος ⁵⁹Ἑλέναν κομί-
ζοντες, οἱ δ᾽ ἀπὸ πάμπαν
⁶⁰εἴργοντες· ἐκ Λυκίας δὲ
Γλαῦκον ἐλθόντα τρόμεον Δαναοί.
τοῖσι μὲν ⁶¹ἐξεύχετ᾽ ἐν ἄστεϊ Πειρά-
νας σφετέρου πατρὸς ἀρχὰν ⁶²καὶ βαθὺν
κλᾶρον ἔμμεν καὶ μέγαρον·

Ἐπ. γʹ.　　⁶³ὃς τᾶς ὀφιώδεος υἱόν ποτε Γοργόνος ἦ πόλ-
λ᾽ ἀμφὶ κρουνοῖς ⁶⁴Πάγασον ζεῦ-
ξαι ποθέων ἔπαθε, ⁶⁵πρίν γέ οἱ χρυ-
σάμπυκα κούρα χαλινὸν
　　⁶⁶Παλλὰς ἤνεγκ᾽· ἐξ ὀνείρου δ᾽ αὐτίκα
⁶⁷ἦν ὕπαρ· φώνασε δ᾽· Εὕδεις,
Αἰολίδα βασιλεῦ; ⁶⁸ἄγε φίλ-
τρον τόδ᾽ ἵππειον δέκευ,
　　⁶⁹καὶ Δαμαίῳ μιν θύων
ταῦρον ἀργᾶντα πατρὶ δεῖξον.

Στρ. δʹ.　　⁷⁰κυαναιγὶς ἐν ὄρφνᾳ
⁷¹κνώσσοντί οἱ παρθένος τόσα
εἰπεῖν ⁷²ἔδοξεν· ἀνὰ δ᾽ ἔ-
παλτ᾽ ὀρθῷ ποδί.
　　⁷³παρκείμενον δὲ συλλαβὼν τέρας, ⁷⁴ἐπιχώριον
μάντιν ἄσμενος εὗρεν,
⁷⁵δεῖξέ τε Κοιρανίδᾳ
　　πᾶσαν τελευτὰν πράγματος, ὥς τ᾽ ἀνὰ βωμῷ θεᾶς ⁷⁶κοιτάξατο νύκτ᾽ ἀπ᾽ ἐκείνου
χρήσιος, ὥς τέ οἱ αὐτὰ ⁷⁷Ζηνὸς ἐγ-
χεικεραύνου παῖς ἔπορε

Ἀντ. δʹ.　　⁷⁸δαμασίφρονα χρυσόν.
⁷⁹ἐνυπνίῳ δ᾽ ᾇ τάχιστα πι-
θέσθαι ⁸⁰κελήσατό μιν, ὅ-
ταν δ᾽ εὐρυσθενεῖ

zu Helena's Wiedergewinnung, jene zu mannhafter Abwehr.
Denn rühmte Gláukos, der Danaer Schrecken, den Lykien sandte,
sich nicht der Veste Pirene's als der Herrschaft
Stammburg und reichen Erbtheils seines Ahnen,

der einst am Spring sich vergeblich mühte, den Pegasos zu schirren,
der schlangengestaltigen Gorgo Sohn,
bis ihm die jungfräuliche Pallas den goldenen Stirnschmuck
des Rosszaums reichte? Ein Traum war's
und doch Wahrheit. Schläfst du, sprach sie, Aeolidenfürst?
Nimm diesen Reiterzauber hier,
und deinem Vater weih' ihn, als Damäos, wenn du den weissen Stier
ihm opferst.

Also, vermeint er, rede
zu ihm im Schlummer der Nacht
die Schildjungfrau, und auf beide Füsse sprang er.
Da lag das Wundergebild'. Er hob es auf
und eilte frohgemuth zu Köranos' Sohne,
dem heimischen Seher. Ihm erzählt er der Sache ganzen Verlauf:
wie er am Altar der Göttin
zur Nacht den Schlaf gesucht auf sein Geheiss und wie ihm die
Tochter
das Blitzspeer-Zeus mit eigener Hand gereicht,

den goldenen Trotzbezwinger.
Der aber gebot ihm stracks zu gehorchen
der Traumerscheinung und, wenn er dem hehren
Erdumgürter rüste den festauftretenden Opferstier,

⁸¹καρταίποδ' ἀναρύῃ Γαιαό-
χῳ, ⁸²θέμεν Ἱππείᾳ
βωμὸν εὐθὺς Ἀθάνᾳ.
⁸³τελεῖ δὲ θεῶν δύναμις
    καὶ τὰν παρ' ὅρκον καὶ παρὰ ἐλπίδα κού-
φαν κτίσιν. ⁸⁴ἤτοι καὶ ὁ καρτερὸς ὁρμαί-
νων ἕλε Βελλεροφόντας, ⁸⁵φάρμακον
πραῢ τείνων ἀμφὶ γένυι,

Ἐπ. δ'.   ⁸⁶ἵππον πτερόεντ'· ἀναβὰς δ' εὐθὺς ἐνόπλια χαλκω-
θεὶς ἔπαιζε. ⁸⁷σὺν δ' ἐκείνῳ
καί ποτ' Ἀμαζονίδων ⁸⁸αἰθέρος ψυ-
χρᾶς ἀπὸ κόλπων ἐρήμων
    ⁸⁹τοξόταν βάλλων γυναικεῖον στρατόν,
⁹⁰καὶ Χίμαιραν πῦρ πνέοισαν
καὶ Σολύμους ἔπεφνε. ⁹¹διασω-
πάσομαί οἱ μόρον ἐγώ·
⁹²τὸν δ' ἐν Ὀλύμπῳ φάτναι
Ζηνὸς ἀρχαῖαι δέκονται.

Στρ. ε'.   ⁹³ἐμὲ δ' εὐθὺν ἀκόντων
⁹⁴ἱέντα ῥόμβον παρὰ σκοπὸν
οὐ χρὴ ⁹⁵τὰ πολλὰ βέλεα
καρτύνειν χεροῖν.
    ⁹⁶Μοίσαις γὰρ ἀγλαοθρόνοις εἴ-
κων ⁹⁷Ὀλιγαιθίδαι-
σί τ' ἔβαν ἐπίκουρος
⁹⁸Ἰσθμοῖ τά τ' ἐν Νεμέᾳ.
    παύρῳ δ' ἔπει θήσω φανέρ' ἀθρό' ἀλα-
θής τέ μοι ⁹⁹ἔξορκος ἐπέσσεται ἐξη-
κοντάκι δὴ ἀμφοτέρωθεν ¹⁰⁰ἀδύγλωσ-
σος βοὰ κάρυκος ἐσλοῦ.

Ἀντ. ε'.   ¹⁰¹τὰ δ' Ὀλυμπίᾳ αὐτῶν
¹⁰²ἔοικεν ἤδη πάροιθε λε-
λέχθαι· ¹⁰³τὰ δ' ἐσσόμενα τό-
τ' ἂν φαίην σαφές·

auch einen Altar zu weihn der reisigen Athene.
Spielend vollführt Göttermacht, was wir verschwuren und nie ver-
hofften.
Traun auch Held Bellerophon bändigte flugs
das Flügelross, sobald er um's Kinn ihm gelegt

den sanften Zwang, sass auf und tanzte gewappnet den Waffen-
reigen.
Dank ihm erlegt' er aus den eisigen Höhen
der Himmelsöden einst mit dem Todesgeschoss der Amazonen
bogenführendes Weiberheer,
die feuerschnaubende Chimäre und der Solymer Volk.
Des Reiters Ende soll mein Mund verschweigen.
Dem Rosse winkten im Olymp Zeus' ew'ge Krippen.

(μετακατατροπά)

Gradaus entsend' ich wirbelnde Speere.
Erröthen müsst' ich, triebe die nerwige Faust
so viele Geschosse am Ziel vorüber.
Denn Oligäthos' Haus zu feiern warben mich
die herrlichthronenden Musen.

(σφραγίς)

Sein Glück im Isthmos und in Nemea fasse kurz ein klares Wort zusammen:
Des wackren Herolds süsstönender Siegesgruss, ein geschworner Bürge
der Wahrheit,
grüsste sie hier wie dort schon dreissig Male.

Ihrer olympischen Siege
hab ich rühmend gedacht bereits.
Von künftigen künftig!
Noch ahn' ich sie nur. Bei Gott steht der Ausgang.

83 καὶ τὰν παρ' ἐλπίδα] em. Mosch. κτῆσιν] em. Thom.   86 ἔπαιξε CNO
92 οὐλύμπῳ recc. δέχονται solus C δέχονται rell.   96 μοίσαισι] em. Mosch.
97 -σίν recc.   98 ἐπιθήσω] em. NOPᶜ   99 δ'] δή Herm. τὰ δ' CNO
τά τ' B.

[104]νῦν δ' ἔλπομαι μέν, ἐν θεῷ γε
μὰν [105]τέλος· εἰ δὲ δαί-
μων γενέθλιος ἕρποι,
[106]Δὶ τοῦτ' Ἐνναλίῳ
τ' ἐκδώσομεν πράσσειν. τὰ δ' ἐπ' ὀφρύϊ Παρνασίᾳ, ἓξ ἄρατο. [107]ἐν Ἄργει δ' ὅσσα καὶ ἐν Θήβαις, ὅσσα τ' Ἀρκάσιν ἀνάσσων [108]μαρτυρή-
σει Λυκαίου βωμὸς ἄναξ,

Ἐπ. ε΄.   [109]Πέλλανά τε καὶ Σικυὼν καὶ Μέγαρ' Αἰακιδᾶν τ' εὐ-
ερκὲς ἄλσος, [110]ἅτ' Ἐλευσὶς
καὶ λιπαρὰ Μαραθών, [111]ταί θ' ὑπ' Αἴτνας
ὑψιλόφου καλλίπλουτοι
[112]πόλιες, ἅ τ' Εὔβοια. καὶ πᾶσαν κατὰ
[113]Ἑλλάδ' εὑρήσεις ἐρευνῶν
μάσσον' ἢ ὡς ἰδέμεν. [114]ἀλλὰ, κού-
φοισί μ' ἐκνεῦσαι ποσί·
[115]Ζεῦ τέλει', αἰδῶ δίδοι
καὶ τύχαν τερπνῶν γλυκεῖαν.

ΟΛΥΜΠΙΟΝΙΚΑΙ ΙΔ΄.

ΑΣΩΠΙΧΩι ΟΡΧΟΜΕΝΙΩι
ΠΑΙΔΙ ΣΤΑΔΙΕΙ.

Στρ. α΄.   [1]Καφισίων ὑδάτων
[2]λαχοῖσαι αἵτε ναίετε καλλί-
πωλον ἕδραν, [3]ὦ λιπαρᾶς ἀ-
οίδιμοι βασίλειαι
[4]Χάριτες Ὀρχομενοῦ, παλαιγό-
νων Μινυᾶν ἐπίσκοποι,
[5]κλῦτ', ἐπεὶ εὔχομαι. σὺν γὰρ ὑ-
μῖν τὰ τερπνὰ καὶ

105 ὁ γενέθλιος] ὁ om. N recc.   106 διΐ]. em. Böckh ὑπ' CNO -σσίᾳ CO
107 ἓξ — δ'] solus B, ἓξ ἐν ἄργει Ƽ C solus, ἐν ἄργει Ƽ NO ἐν ἄργει δ' D E

Doch bleibt des Hauses guter Geist euch treu,
stell' ich das Weitre Zeus anheim und Enyalios.   Andre Siege schauten
die Höhen des Parnassos,
zahllose Argos und Theben: und die Fülle arkadischer Kränze
bezeugt der Altar, der Lykäos' Stirne krönt.

Zeuget auch ihr, Pellene, Sikyon und Megara, und du, wohlumfriede-
ter Bezirk der Aeakiden,
rede Eleusis und du, gesegnetes Marathon,
redet, ihr prangenden Städte unterm hohen Gipfel des Aetna
und du, Euböa.   Durchfrügst du die Gauen von Hellas,
schier unabsehbar fändest du ihrer Siege Reihe.

(ἐπίλογος)

Lass, Zeus Vollbringer,
sie ihre Bahn durchlaufen munteren Schritts.
Gieb ihnen Demuth, Herr, und ihr süsses Theil an Freuden.

Vierzehnte Olympische Ode.

Auf Asopichos von Orchomenos

Sieger im Stadium.

Die hochgepriesen im Lied
ihr an Kephisos' Fluthen, der rosse-
reichen Trift, weilt, Götter der Anmuth,
und der sagenberühmten
Stadt Orchomenos Herrscherinnen
Minyas späte Enkel schirmt,
hört mein Gebet! Verleiht doch nur ihr
Allem, was hold und süss

ὅσα τ' E cf. Diatr.   112 καϑ'] em. recc.   113 Diatr.   115 τέλεαι B τέλεις
C b rell.] em. C a   αἰδῶ τε] em. Böckh
      5 τε καὶ C

⁶τὰ γλυκέα γίνεται πάντα βροτοῖς,
⁷εἰ σοφός, εἰ καλός, εἴ τις ἀγλαὸς ἀνήρ.
⁸οὔτε γὰρ θεοὶ σεμνᾶν Χαρίτων ἄτερ ⁹κοιρανέοντι χο-
                              ροὺς οὔτε δαῖτας·
ἀλλὰ πάντων ταμίαι ¹⁰ἔργων ἐν οὐρανῷ,
χρυσότοξον θέμεναι παρὰ ¹¹Πύθιον Ἀπόλλωνα θρόνους,
¹²ἀέναον σέβοντι πατρὸς Ὀλυμπίοιο τιμάν.

Στρ. β΄.   ¹³ὦ πότνι᾿ Ἀγλαΐα
¹⁴φιλησίμολπέ τ᾿ Εὐφροσύνα, θεῶν κρατίστου ¹⁵παῖδες, ἐπάκο-
οι νῦν, Θαλία τε
      ¹⁶ἐρασίμολπε, ἰδοῖσα τόνδε
κῶμον ἐπ᾿ εὐμενεῖ τύχᾳ
¹⁷κοῦφα βιβῶντα· Λυδίῳ γὰρ
Ἀσώπιχον ἐν τρόπῳ
      ¹⁸ἐν μελέταις τ᾿ ἀείδων ἔμολον,
¹⁹οὕνεκ᾿ Ὀλυμπιόνικος ἁ Μινυεία
      ²⁰σεῖ ἕκατι. μελανοτειχέα νῦν δόμον ²¹Φερσεφόνας ἐλθέ,
                              Ἀχοῖ, πατρὶ κλυ-
τὰν φέροισ᾿ ἀγγελίαν, ²²Κλεόδαμον ὄφρ᾿ ἰδοῖσ᾿
υἱὸν εἴπῃς, ὅτι οἱ νέαν ²³κόλποις παρ᾿ εὐδόξου Πίσας
²⁴ἐστεφάνωσε κυδίμων ἀέθλων πτεροῖσι χαίταν.

8 Diatr. οὐδὲ Rauchenstein   9 κοιρανέοισιν Böckh   12 ἀένναον] em. Moschop.   13 ὦ om. C B etc.] habet B   πότνια B] em. C   τε] em. C   15 ἐπα-
κοοῖτέ νῦν Bergk   θάλεια] em. D   18 τὲ B   19 |ἵα C   20 μελαντείχεα C B?]
em. Böckh   21 περσ| C N   ἐλθ᾿ N ἐλυθ᾿ Ahrens; forte ἔθελ᾿, Ἀχοῖ, περᾷν.   22
κλεοδάμῳ B solus   νέον B   23 κόλποισι] em. E   εὐδόξοιο] em. Böckh

Menschen auf Erden däucht, sprühenden Geist
oder den Reizen des Leibes, höheren Zauber —
   und der Grazie Huld mögen die Götter selbst nimmer entbehren
                beim Tanz, nicht beim Schmause;
Wächterin jeglichen Thuns im heitren Göttersaal
huldigt sie, Phöbos Apoll zunächst dem Gotte von Pytho ihren Platz
kürend, des Göttervaters ewiger lichtverklärter Hoheit.

   Aglaja, züchtige Maid,
und Euphrosyne, heitere Fee, des
Götterfürsten Töchter, und du, Tha-
lia, heiter gestimmte,
   hört anjetzo mein Lied und seht, wie
zierlichen Schritts der Reigen zur
Feier des Siegs sich schwingt. Denn ein schmuck
lydisches Lied zu weihn
   unserm Asopichos fand ich mich ein,
der ein olympischer Sieger Minyas' Heimath
   kränzte. Echo jedoch dringe hinab ins Haus düsterer Todesnacht;
               und erblickt Kleu-
damos sie, bringe vom Sohn dem Vaterherzen sie
frohe Mär: dass er ein Knabe noch an Pisa's ehrenreicher Bucht
rühmlich im Siegeskranze festlichen Spiels das Haupt sich schmückte.

Druck von Fr. Frommann in Jena.

Chor aus Euripides Cyclops comp. von Müller-Hartung.

König Oedipus V. 1086_1097. comp. von E. Lassen.

Wenn mir im Geist Se-her-kunde, wenn Verstand im Bu-sen wohnt,
Wel-che, mein Kind, wel-che Tochter war's der E-wig wal-ten-den,

Soll dir die Lust, o Ki-thä-ron, Beim O-lym-pos werden, wann Der
Die dich ge-bo-ren und war ihr Pan, der Berghöh'n Schirmer, war A-

vol-le Mond morgen aufstrahlt, Das du ver-herr-li-chet
po-lon ihr zu-ge-stellt? Der Liebt ja die Wild-nis-se,

wirst als Oe-di-pus' Landsgenoss und Amm und Mutter, Dass wir dich mit
liebt Berg-wal-dungen! O- der war's Kyl-le-nes Herrscher, War es Bacchos

Reigen fei-ern, Weil du so freundlich ge we-sen Mei-nes Lan-des
droben wohnend Auf den ge-bir-gi-gen Höh'n, der Dich ge-wann von

Herrschern Heilbringen der Phö-bos, dir, ge-fall auch dir sol-ches!
Ei- ner Aus He-li-kons Nymphenchor, mit dem er oft Scherz treibt?

Chor aus Sophocles' O.T. 1086–1107.

mzf.

Ja beim O - lymp, wenn mein Seh - nen, mein pro - phe - tisch
Selt - sa - mes Kind, wer ge - bar Dich aus der ew' - gen

Herz nicht trügt, hoff' ich im Jubel der Fest - lust, eh' Se-
Göt - ter schaar? Ber - ge durchstreifender Pan, bist du sein

cresc.

le - nen's gold'ne Scheibe voll sich schliesst, dich als Mut - ter
Ahn - herr? Oder du, dem je - de Thal - schlucht mit lus - tig

cresc.

f.

mzf.

Landsman u. Amme des Schirmherrn Oe - di - pus o Ki - thä - ron
grasender Heerde ge - weiht ist, Lo - xi - as? O - der wär's der

f.

mzf.

leicht
hoch zu prei-sen! Mei-nes Tanzes Lust ver-gel-te was du zu Lie-be ge-
Hort Kyl-le-nes? O-der schenkte dich dem Bacchos als er auf wonnigen
c.oct. oct.
p
für Strophe 2.
than hast un — serm Fürs — — ten hau — — — se!
Berg — höhn schlief als Pfand der Lie — — — be der
für Strophe 2.
gnä-di-ger Phö-bus mög' es so auch dir lieb sein.
He-li-kon-nymphen ei — — ne, sei-ne Spielge-nos — sin.
I.
II.
Fine.
II.
I.
c. oct.
con 8va